지도로 읽는다
세계사
명장면97
지식도감

이다미디어

시작하는 글

누구나 외워두면 쓸모 있는 세계사 명장면 97가지

한 장의 지도를 보는 것만으로 세계사의 흐름을 한눈에 꿰뚫는다!

이 책은 역사를 바라보는 새로운 관점을 제시한다. 읽는 역사책이 아니라 보는 역사책이다. 그리고 사람 중심의 역사가 아니고, 땅 중심의 역사를 보여준다. 땅에 기록된 역사는 과거의 단순한 기록에 그치지 않고, 현재를 만나고 미래를 내다볼 수 있게 한다. 그래서 살아 있는 역사를 만나고 대화하고 배울 수 있다.

이 책은 지도를 중심으로 세계사를 소개한다. 유사 이래 인류의 역사를 바꾼 세계사 명장면을 올컬러 그래픽 지도 위에다 생생하게 재현한다. 역사적 사실과 진실을 읽어내는 데는 백 마디 말보다 한 장의 지도가 훨씬 더 웅변적이기 때문이다.

이 책에 등장하는 지도는 세계지도, 시가(市街)지도, 전쟁지도, 진형(陣形)지도 등 다양하다. 여러 형태의 지도 자료를 활용해 세계사의 명장면을 한 장의 지도에 압축해놓았다. 4대 문명의 발생, 페르시아제국의 흥망성쇠, 프랑스혁명의 시가전, 제2차 세계대전 등 한 장의 지도를 보는 것만으로도 세계사의 흐름을 한눈에 꿰뚫을 수 있다.

이것이 바로 세계사를 즐기는 새로운 방식이다. 지도 위에서 역사의 사실과 진실을 발견하고, 이해하고, 상상한다는 것은 신나는 일이다. 이 책에서 다루는 세계사의 주요 명장면은 다음과 같다.

— 어떻게 도시국가 아테네에서 민주주의가 출발했는가?
기원전 6세기부터 2세기까지 고대 그리스의 아테네는 어떤 도시국가였는가? 당시 아테네의 시가지도를 펼치면 민주정치에 알맞은 도시구조와 민주시민의 생활상을 자세히 알 수 있다.

— 서로마제국의 프랑크 왕국은 어떻게 분열되었는가?
프랑크 왕국의 영토 계승이 골육상쟁으로 발전하면서 현재의 독일, 프랑스, 이탈리아로 국경이 결정되는 복잡한 과정을 한눈에 볼 수 있다.

— 페스트가 단기간에 유럽 전역으로 퍼진 이유는 무엇인가?
14세기, 유럽 인구 3분의 1의 목숨을 앗아간 '페스트 유행'은 크림 반도(우크라이나 남부) 연안의 도시에서 시작되었다. 페스트 전염 지도에서 뜻밖의 진실을 발견할 수 있다.

— 트라팔가르 해전에서 나폴레옹이 영국의 넬슨 제독에게 패한 이유는?
영국의 넬슨 제독이 파죽지세였던 나폴레옹군을 손쉽게 물리친 전술은 무엇인가? 19세기, 지브롤터 해협 근해에서 발발한 해전의 진형도를 보면 그 이유를 한눈에 파악할 수 있다.

지도를 통해 '역사적 현장'에서 '역사적 인물'을 만나고, '역사의 주인공'이 되는 흥미진진한 현장감을 경험

인류의 유구한 역사를 명쾌하게 이해하는 것은 쉽지 않다. 이름조차 낯설고 외우기 힘든 다양한 나라와 민족, 종교, 문화 등이 등장하기 때문에 선뜻 다가가기 어려운 게 현실이다. 또한 이리저리 얽히고설킨 복잡함 때문에 세계사를 다룬 역사책은 여러 권을 많이 읽어도 전체상을 파악하기란 불가능하다. 그러나 지도를 통해 보는 역사적 사건은 시각적으로 한눈에 파악이 가능하다. 그래서 역사적 인물과 사건의 복잡한 관계도 단순하고 명쾌하게 이해할 수 있다.

이 책은 역사적으로 중요한 사건들을 시대순으로 나열해 설명하고 있다. 동서양을 넘나들며 통사적으로 세계사의 전체상을 일목요연하게 파악할 수 있으며, 세계사의 흐름이 한눈에 들어온다.

예를 들면 유럽의 역사를 다루면서 기원전 3세기경에 시작한 로마제국의 화려한 시대와, 4세기경 게르만 민족이 대이동을 하며 로마 대신 유럽에 새로운 국가들을 차례로 세우는 과정이 지도에 보인다. 7세기에 이슬람 국가들이 지하드(성전)를 일으키며 유럽에 진출해 대륙과 지중해 패권을 차지하자 기독교 국가들이 연합해 이슬람 세력을 유럽에서 몰아내는 등 유럽 역사의 큰 줄기를 파악할 수도 있다.

대륙과 해양을 중심으로 세력의 판도와 국경의 변화를 지도로 살펴보면 더욱 실감 나는 세계사 공부가 될 것이다. 특히 민족과 국가의 경계가 바뀌는 과정을 지도로 유추하면 어느새 변화무쌍한 세계사의 큰 줄기를 한눈에 꿰는 경험을 하게 될 것이다.

이 책을 통해 대립 관계에 있는 주변국들의 정치적, 종교적, 민족적 특징과 전쟁의 승패를 좌우하는 지휘관의 전술도 알 수 있다.

이 책은 독자들이 꼭 외워두고 싶은 세계사 명장면 97가지를 다루고 있다. 97개의 역사적 사건을 올컬러 그래픽 지도와 풍부한 도판, 그리고 명쾌한 기술 등을 활용해 살아 있는 역사로 만들고 있다. 아무쪼록 독자들이 이 책을 통해 재미있는 세계사를 만났으면 하는 바람이다.

역사미스터리클럽

차 례

2장 종교의 대립, 국가의 충돌

3장 제국주의의 승자와 패자

4장 혁명과 전쟁의 시대

5장 세계대전과 냉전 시대

1장

인류의 탄생과 문명의 발전

세계 4대 문명의 탄생 기원전 40~20세기경

4대 문명의 '지리적 공통점'은 큰 강 중심으로 농경문화가 발달

비옥한 나일강의 이집트 문명은 태양력과 상형문자를 창안

약 400만 년 전, 인류의 조상이 탄생했다. 처음에는 수렵·채집 생활을 했고, 차츰 농경·목축 생활을 하면서 정착하게 되었다. 치수·관개 등의 농업 기술이 발달하면서 그들은 집단을 이루게 되었고, 이윽고 세계 4대 문명이 탄생했다.

세계 4대 문명으로는 티그리스·유프라테스강 유역의 메소포타미아 문명, 나일강변의 이집트 문명, 중국 황하 유역의 황하 문명, 인더스강 유역의 인더스 문명을 들 수 있다. 이들 지역은 큰 강의 유역으로 농업용수가 풍부하고, 온난한 기후 때문에 수준 높은 농경문화가 발달했다는 특징이 있다.

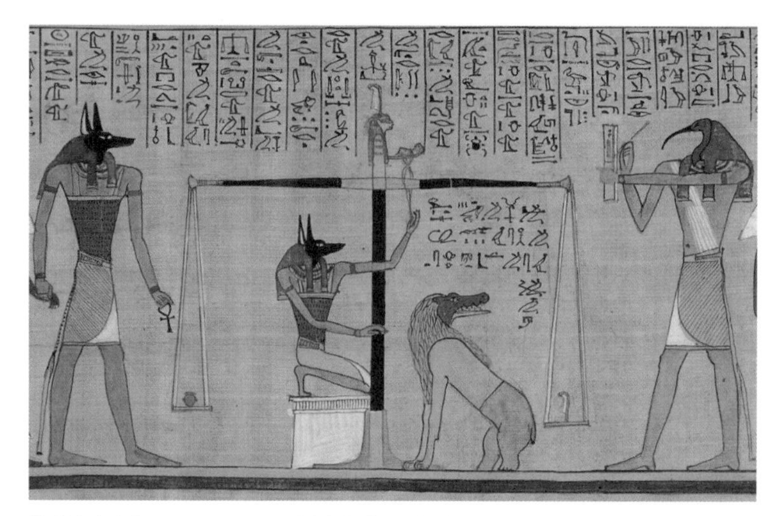

후네퍼*의 파피루스(Papyrus of Hunefer) '사자의 서' 중 심장의 무게 달기(Weighing of heart), BC 1275년경, 영국박물관

후네퍼(Hunefer): 고대 이집트 제19왕조 때 제사를 관장하던 서기관으로 자신이 죽은 후 통과해야 하는 과정을 그림과 문자로 파피루스에 남겼다. 이것이 '사자의 서'다.

먼저 기원전 4000년경, 유프라테스강과 티그리스강의 주변 지역인 현재 이라크 근방('비옥한 초승달 지대')에서 메소포타미아 문명이 탄생했다. 메소포타미아는 그리스어로 '강 사이의 땅'이라는 뜻이다. 메소포타미아는 비옥한 토지로 인하여 기원전 약 6000년 구석기 시대에 인간이 정착하기 시작했다. 개방적인 지리적 요건 때문에 항상 이민족의 침입이 잦았고, 외부 세력과의 교류도 빈번해 다양한 문화가 발달할 수 있었다.

그 시기, 이집트 나일강 유역에서는 이집트 문명이 발달했다. 그곳 사람들은 정기적으로 범람하는 나일강을 관측하여 태양력을 만

세계 4대 문명의 발상지
메소포타미아 문명(BC 4000년경)
→ 두 개의 강으로 둘러싸인 '비옥한 초승달 지대' 에서 성립.
황하 문명(BC 4000년경)
→ 채도(彩陶) 토기가 출토되어 메소포타미아 문명과의 교류 가능성이 지적된다.
유프라테스 강
터키
시리아
이라크
이란
티그리스 강
인더스 강
황하
중국
장강
이집트
사우디 아라비아
파키스탄
인도
나일 강
아라비아 해
아집트 문명(BC 4000년경)
→ 나일 강의 정기적 범람으로 형성된 비옥한 토지에서 성립.
인더스 문명(BC 2300년경)
→ 바둑판 모양으로 정비된 시가지가 있었다.
인도양
비옥한 초승달 지대

들었다. 천문학과 수학이 발달한 덕분에 화려한 고대 문명을 꽃피웠고, 상형문자를 만들어 자신들의 문명을 기록으로 남겼다.

역시 비슷한 시기에 중국의 황하 유역에서는 황하 문명이 꽃을 피웠다. 황하 문명은 황하 유역의 비옥한 황토 지대에서 태어난, 동아시아에서 가장 오래된 문명이다. 이 지역에서는 중국 최고의 농경문화인 앙소문화(仰韶文化)가 기원전 5000년에 시작되었고, 기원전 2500년경에는 용산문화(龍山文化)가 나타났다.

마지막으로 기원전 2300년경, 인도의 인더스강 유역에서 인더스 문명이 탄생했다. 인더스 문명은 바둑판 형태의 도로와 배수 시설이 정비된 계획도시로 유명하다. 인더스 문명의 특색은 인도양에서 히말라야 산기슭까지 1,000㎞ 이상에 이르는 넓은 지역에 걸쳐 동일한 문화를 형성하고 있다는 것이다. 지금의 파키스탄 지역에서 발견된 모헨조다로와 하라파 도시 유적은 인더스 문명을 대표하는 유적이다.

인도·유럽어족의 대이동 기원전 20세기경

인도·유럽어족의 대이동으로 인도어와 영어의 뿌리가 같다?

인도어의 고어인 산스크리트어와 라틴어, 영어에서 여러 공통점 발견

18세기 말 인도에 체류 중이던 영국인 윌리엄 존스는 인도어의 고어인 산스크리트어와 라틴어, 영어에 여러 가지 공통점이 있다는 것을 깨달았다. 그 언어들의 뿌리는 하나일 수도 있다는 논쟁이 벌어졌고, 그 과정에서 '인도·유럽어족의 대이동'설이 탄생했다.

이 설에 의하면 기원전 2000년경, 인도·유럽어족이 동쪽으로는 인도, 서쪽으로는 유럽을 향해 대이동을 시작했다. 이 민족은 카스피해 북쪽에서 유목 생활을 했으며, 흑해부터 카스피해의 북쪽, 우크라이나, 러시아 남부의 초원 지대를 본거지로 삼았다.

이와 같이 그들이 이동하며 확산되는 과정에서 그리스어파, 인

튀르키예 베이셰히르 지역에서 발견된 히타이트 유적지인 에플라툰피나르(Eflatun Pınar) 기념비.
© Noumenon

도·이란어파, 아나톨리아어파, 게르만어파, 켈트어파 등으로 어파가 갈라졌다. 그 경로를 지도로 살펴보자.

먼저 서쪽으로 간 사람들은 현재의 그리스 근방에 정착하여 그리스어파가 되었고, 동쪽으로 간 사람들은 인도와 이란 근처로 이동하여 인도·이란어파로 불리게 되었다. 이후 아리아인으로 총칭되는 이 민족은 인더스강을 넘어 데칸 고원까지 이르게 된다.

한편 현재의 튀르키예 근방인 아나톨리아 지방으로 건너간 사람들도 있었다. 그들은 기원전 1700년 초경 도시국가를 형성한 원주민 히타이트인을 정복한 후 히타이트제국을 세웠고, 이후 아나톨리

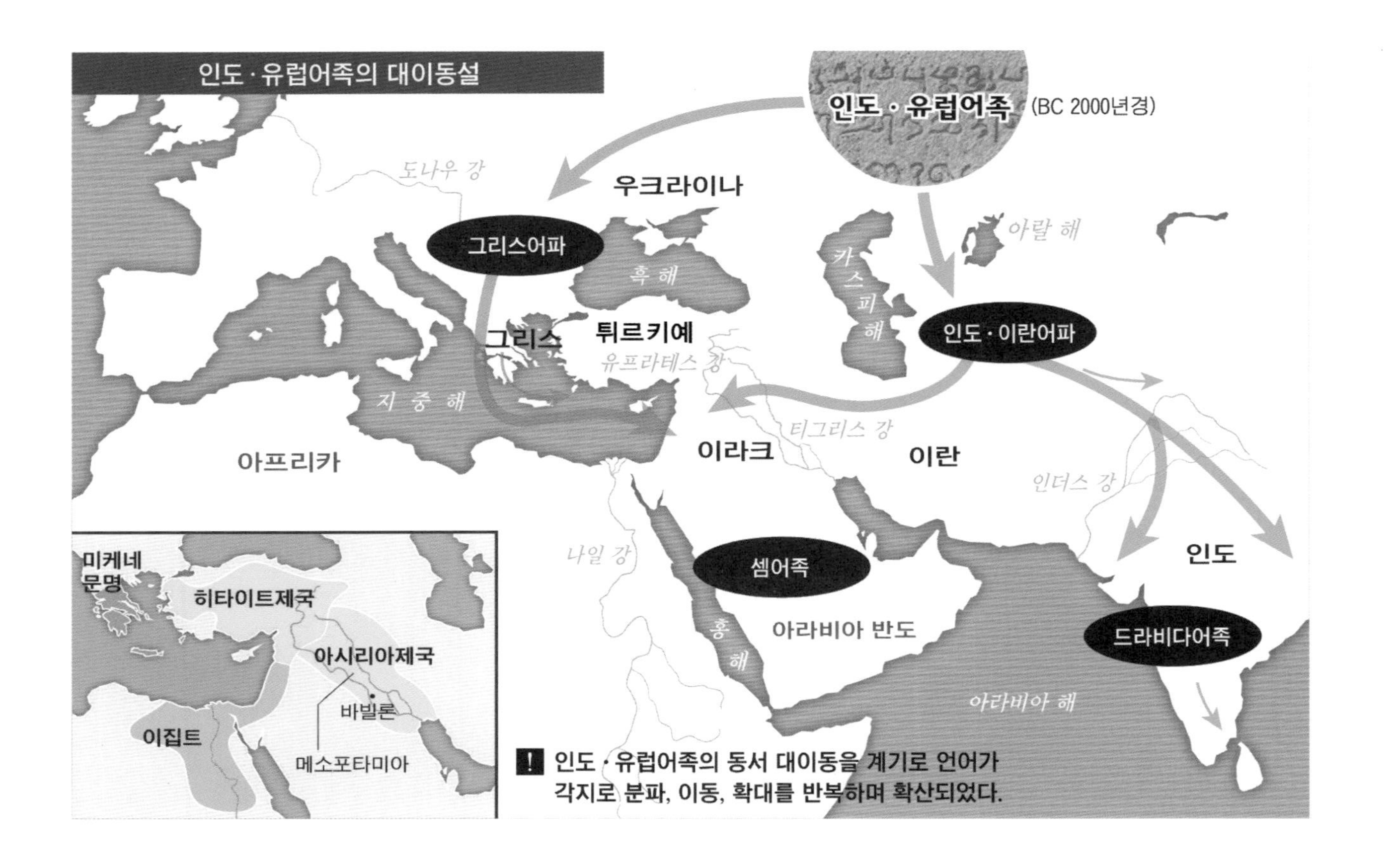

! 인도·유럽어족의 동서 대이동을 계기로 언어가 각지로 분파, 이동, 확대를 반복하며 확산되었다.

아어파로 불리게 된다. 그들은 나라를 강대한 제국으로 발전시켰고, 기원전 1600년경에는 고(古) 바빌로니아 왕국을 멸망시킨다. 또한 전성기인 기원전 1300년경, 시리아의 패권을 놓고 이집트의 람세스 2세와 격전을 치르기도 했는데 이것이 바로 카데시 전투이다.

같은 시기, 현재의 이라크에 해당하는 메소포타미아 지방은 셈어를 사용하는 민족이 침입해 그 일대를 지배한다. 이처럼 인도·유럽어족은 각지로 이동하는 과정에서 여러 민족을 끌어들이고 원주민의 언어를 정복하면서 세계의 역사를 새롭게 써 내려갔다.

중국 춘추전국 시대 기원전 770~221년

춘추오패와 전국칠웅을 거쳐 진시황이 최초로 중국을 통일

기원전 770년~403년 동안 춘추 시대, 기원전 403년~221년 동안 전국 시대

은(殷) 왕조를 무너뜨리고 나라를 세운 주(周) 왕조는 약 300년 후 쇠퇴기에 접어들었다. 주 왕조가 이민족의 침략을 피해 기원전 770년, 수도를 동쪽의 낙양(洛陽)으로 옮기자(주 왕조가 낙양으로 천도하기 이전의 시대를 서주 시대, 이후를 동주 시대라고 한다) 패권을 장악하려던 지방의 유력 제후들이 각지에서 군사를 일으켰다. 처음에는 200여 명에 이르던 제후는 약 360년간의 동란을 거치며 20여 명으로 줄어들었다. 이 시기에 해당하는 기원전 770년부터 기원전 403년까지를 춘추(春秋) 시대라고 한다.

이후 사실상 권력을 잃은 주 왕조 대신 패자(霸者)라 불리는 유력 제후가 천하를 다스리게 되었다. 그들은 군사력을 강화하며 이민족의 침략을 막았는데 그중에서도 제(齊), 초(楚), 진(晉), 오(吳), 월(越) 등의 춘추오패가 두각을 나타냈다.

기원전 403년, 진(晉)나라의 대부(大夫)인 한(韓)·위(魏)·조(趙) 삼웅이 진나라를 분할하여 제후로 독립하자 상황은 걷잡을 수 없는 혼란에 빠졌다. 그 무렵부터 각 지방의 패자들이 격렬하게 싸우는 전국(戰國) 시대로 돌입했다. 실력 없는 제후가 잇달아 패하면서 '전국칠웅'이 등장했다. 그것이 진(秦), 초(楚), 제(齊), 연(燕), 위(魏), 한(韓), 조(趙)이며, 다음 지도처럼 국경이 생겼다. 이 같은 난립 상태는 기원전 221년, 진(秦)나라가 중국 최초의 통일 국가를 수립할 때까지 계속되었다.

이렇게 춘추 시대와 전국 시대를 합쳐 춘추전국 시대라 부른다. 춘추전국 시대를 거치는 동안 중국 사회는 큰 변혁이 일어났다. 각지에서 제후들이 독립함으로써 전쟁이 발발하고, 사회는 극도의 혼란 속으로 빠져들었다. 왕조 중심의 봉건 체제가 무너지면서 새로운 지배 체제와 사상의 태동을 요구하는 변혁의 시기였다. 귀족을 중심으로 하는 전통적인 계급 문화가 지배력을 상실하고, 신진 세력으로 떠오른 각 제후들은 자신의 지배 이념을 적극적으로 뒷받침해줄 새로운 지식인을 과감하게 발탁했다.

당시 공자를 중심으로 제자백가라 불리는 수많은 지식인들이 사회의 혼란을 타개하기 위해 자기들의 사상을 적극적으로 전파하기 시작했다. 제자백가는 여러 사상가들을 제자(諸子)라 하고, 그 학파

중국 고대의 춘추전국 시대
■ 춘추 시대 : 주 왕조가 쇠퇴하고, 지방의 유력 제후들 간의 패권 다툼이 시작된다.
연
계
발해 만
황하
제
임치
위
한단
진
노
황 해
진
옹
주
조
곡부
낙읍(낙양)
정
상구
송
등
호경(서안)
진
채
오
장강
초
영(언영)
회계
월
주 왕실의 제후
춘추 5패
제후의 거성

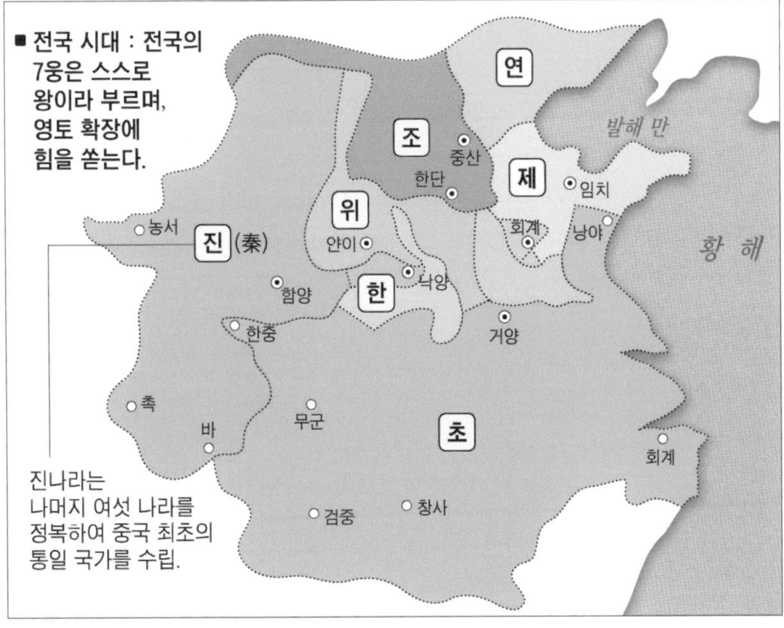
■ 전국 시대 : 전국의 7웅은 스스로 왕이라 부르며, 영토 확장에 힘을 쏟는다.
연
발해 만
조
중산
한단
제
임치
위
회계
낭야
황 해
농서
진(秦)
안이
낙양
함양
한
거양
한중
촉
바
무군
초
회계
검중
창사
진나라는 나머지 여섯 나라를 정복하여 중국 최초의 통일 국가를 수립.

들을 백가(百家)라 부르는 데서 유래한다. 유가(儒家)·도가(道家)·묵가(墨家)는 그중 가장 뛰어난 3대 학파이다.

동서양 잇는 3개의 실크로드 기원전 6세기 이후

초원길, 오아시스길, 바닷길 등 3가지 교역로로 동서양을 연결

유라시아 대륙의 중앙을 가로질러 동서양을 최단 거리로 잇는 오아시스길

실크로드는 '동서양의 교역과 문화를 이어주는 길'이었다. 서쪽으로는 로마제국, 동쪽으로는 중국의 장안(長安)까지 이어진 이 교역로는 일반적으로 세 가지 루트가 잘 알려져 있다.

가장 오래된 것은 '초원길(스텝로드)'이다. 초원길은 북위 45도 이북을 지나는 최북단 루트이며, 지도에서는 맨 윗줄에 해당한다. 남러시아에서 몽골 고원을 가려면 넓은 스텝(건조 초원) 지대를 거쳐야 한다.

이 지대는 유목이 매우 발달했다. 기원전 6세기경 현재의 우크라이나 근방을 지배한 기마민족 스키타이인은 그곳에서 매우 중요한 역할을 했다. 그들은 말을 타고 이동하며 흑해 북부의 그리스 식민

실크로드의 캐러밴, 1375, Abraham Cresque, © Gallica Digital Library

도시 등과 왕성한 교역 관계를 맺었다. 그리고 뛰어난 기동성을 발휘해 초원길을 개척하면서 모직물, 말, 금제품 등을 유통했다. 특히 알타이 산맥에서 채굴한 금으로 여러 가지 제품을 만들어 서양의 도나우강 유역까지 전파했다. 그런 이유로 이 루트를 '금길'이라고도 한다.

기원전 1세기경부터는 유라시아 대륙의 중앙을 가로질러 동서양을 최단 거리로 이어주는 루트가 활발하게 이용되었다. 이 길은 장안에서 타클라마칸 사막의 북길, 남길, 천산(天山) 북로를 거쳐 아프가니스탄, 이란, 이라크, 시리아, 튀르키예까지 이어졌다. 사막에

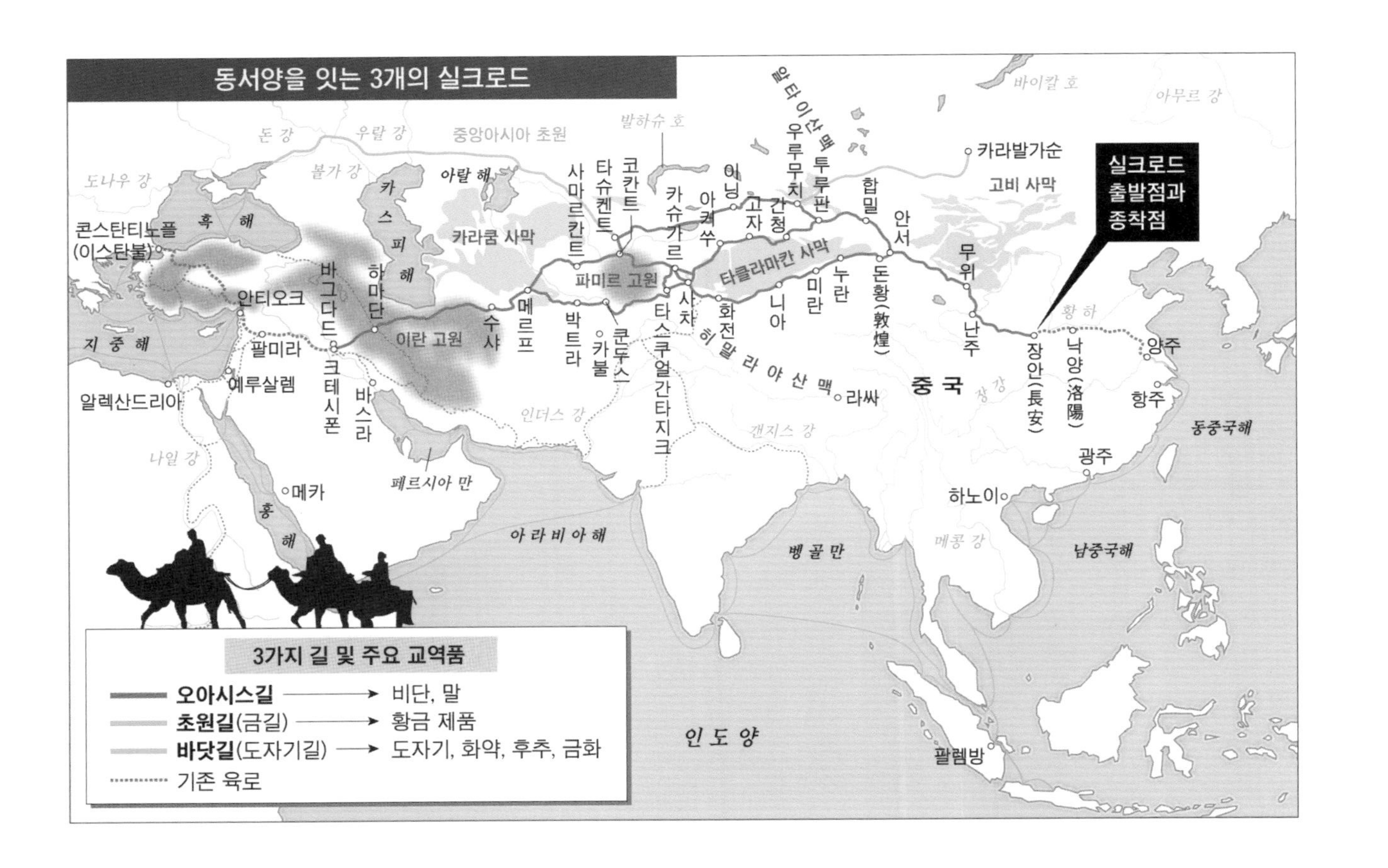
동서양을 잇는 3개의 실크로드
실크로드
출발점과
종착점
바이칼 호
아무르 강
돈 강
우랄 강
중앙아시아 초원
발하슈 호
알타이산맥
도나우 강
볼가 강
아랄 해
카스피 해
흑해
콘스탄티노플
(이스탄불)
카라쿰 사막
사마르칸트
타슈켄트
코칸트
카슈가르
아커쑤
이닝
고자
간청
우루무치
투루판
합밀
안서
카라발가순
고비 사막
파미르 고원
타클라마칸 사막
무위
안티오크
바그다드
하마단
이란 고원
수사
메르프
박트라
쿤두스
카불
타스쿠얼간타지크
사차
화전
니아
미란
누란
돈황(敦煌)
난주
장안(長安)
낙양(洛陽)
양주
황하
지중해
팔미라
예루살렘
크테시폰
바스라
히말라야 산맥
라싸
중국
장강
항주
알렉산드리아
인더스 강
갠지스 강
동중국해
광주
나일 강
메카
페르시아 만
하노이
홍해
아라비아해
메콩 강
벵골 만
남중국해
3가지 길 및 주요 교역품
오아시스길 → 비단, 말
초원길(금길) → 황금 제품
바닷길(도자기길) → 도자기, 화약, 후추, 금화
기존 육로
인도양
팔렘방

흩어져 있는 오아시스의 역할이 매우 중요해서 '오아시스길'로 불렸다. 낙타를 끌고 이동하는 대상(카라반)뿐 아니라 이슬람 원정군 및 현장(玄奘)을 비롯한 승려들이 인도(천축)로 갈 때 사용한 길이기도 하다. 이 길을 통해 중국에서 발명된 양잠(養蠶)과 종이 제조 기술이 서양으로 전해졌고, 서양의 헬레니즘 문화와 페르시아 문화가 동양으로 전해졌다. 특히 이란의 조로아스터교·마니교 및 로마에서 이단시되었던 그리스도교의 한 파인 네스토리우스파도 중국으로 전래되었다. 명실공히 실크로드의 가장 중요한 루트라 할 수 있다.

실크로드의 종착지라 일컫는 일본에도 선진 대륙 문화가 전파되었다. 인도에서 출발해 중국, 한반도를 거쳐 들어온 불교와, 나라(奈良)의 쇼소인(正創院) 유물 창고로 운반된 페르시아 문물이 모두 이 루트로 들어왔다.

7세기 이후에는 배를 이용한 '바닷길'이 개척되었다. 이 길을 통해 서양 문화의 기틀이 된 중국의 화약과 나침반 제조 기술이 전파되었고, 대량 수송이 가능해져 중국의 경덕진(景德鎮) 도자기, 일본의 가키에몬(柹右衛門)과 이마리(伊万里) 도자기 등이 배로 운반되었다. 그런 이유로 이 루트를 '도자기길(세라믹 로드)'이라고도 한다.

페르시아제국의 흥망성쇠 기원전 6세기 이후

에게해에서 인더스강까지, 오리엔트를 통일한 제국의 흥망

페르시아 전쟁에서 그리스에 패한 후, 기원전 330년 알렉산드로스 대왕에게 멸망

기원전 612년, 앗시리아가 멸망하자 오리엔트는 4개 국가로 분열됐다. 당시 이란 남서부를 지배했던 페르시아인 아케메네스 왕조의 키루스 2세는 기원전 550년 메디아 왕국을 쓰러뜨리고 페르시아제국의 건국을 선언했다. 이후 세력 확장을 위해 서방의 리디아 왕국 정벌에 나선 그는 소아시아 연안 이오니아의 여러 시에 리디아 왕국을 상대로 반란을 일으키라고 제안했다. 당시 그들은 리디아 왕국에 세금을 과도하게 헌납할 의무가 있었기 때문이다. 하지만 예상과 달리 제안을 거부당한 키루스 2세는 기원전 548년 팀브라 전투에 돌입했고 순식간에 리디아 왕국을 멸망시켰다.

알렉산드로스 대왕에 의해 불태워지는 페르세폴리스, 1890년, Georges Antoine Rochegrosse

기원전 525년, 키루스 2세의 아들 캄비세스 2세가 이집트를 병합함으로써 페르시아제국은 오리엔트 세계를 통일하는 데 성공했다. 그리고 다리우스 1세 시대에 대제국이 건설되었다. 이로써 동으로는 인더스강 유역, 서로는 에게해 연안, 남으로는 이집트에 이르는 광대한 영토를 손에 넣었다.

■ 웅장하고 화려했던 페르세폴리스 내부 구조 개념도

페르시아제국이 전쟁에서 패한 후
알렉산드로스 대왕은 페르세폴리스의
건축물을 대부분 파괴하였다.

페르시아제국은 기존의 중앙집권 지배와는 달리 정복한 지역의 체제를 그대로 유지하면서 각 민족 고유의 종교와 관습을 존중하는 정책을 펼쳤다. 군대와 공납의 의무만 지키면 필요 이상으로 간섭하지 않겠다는 입장이었던 것이다.

한편 지배 지역인 3대륙을 20개 주로 나눠 교통을 정비하고, 각지의 정보 수집에 힘을 기울였다. 문자와 화폐의 통일로 여러 민족 간에 경제적, 문화적 교류가 활발해지면서 새로운 페르시아 문화가 탄생했다. 이처럼 고대 오리엔트 세계를 통일한 페르시아제국은 2세기에 걸쳐 중앙아시아부터 이집트 일대에 이르는 광대한 지역을 지배했다.

페르시아제국의 정치적 중심은 수도인 페르세폴리스였다. 수도 건설에 착수한 것은 다리우스 1세 때였으나 다음 왕인 크세르크세스 1세에 이르러서야 겨우 완성되었다.

이처럼 절대적인 세력을 자랑하던 페르시아제국에도 쇠퇴기가 찾아왔다. 기원전 5세기 초, 페르시아 전쟁에서 그리스에 패한 뒤 국력이 급격히 쇠약해졌고, 결국 기원전 330년 마케도니아의 알렉산드로스 대왕에게 멸망당했다. 그때 수도인 페르세폴리스를 점령한 알렉산드로스 대왕은 페르시아제국의 상징이자 화려한 문명을 자랑했던 왕조 도시를 불태워버렸다. 당시 마케도니아 군대는 노새 2만 마리와 낙타 5,000마리에다 페르세폴리스의 보물을 실어 갔다고 한다.

그리스의 아테네와 아고라 기원전 6~2세기

도시국가 아테네의 아고라는 시민들의 정치 광장이자 시장

언덕에는 수호신이 있는 아크로폴리스, 기슭에는 시민 생활의 중심지였던 아고라

고대 그리스의 대표적 폴리스인 아테네는 아티카 반도에 있었다. 이곳은 주위가 산으로 둘러싸여, 외부의 침략으로부터 도시를 방어하는 데 지리적으로 매우 유리했다. 또한 장기간에 걸쳐 완성한 견고한 성벽과 풍부한 수원 등 이상적인 도시의 기능을 두루 갖춘 도시였다.

지도를 보면서 폴리스 안으로 들어가 보자. 폴리스에는 도시의 수호신이 모셔져 있는 아크로폴리스라는 높은 언덕이 있고, 언덕 기슭에 시민 생활의 중심지였던 아고라가 펼쳐진다. 아고라는 시민들의 생활공간과 웅장한 공공건물들이 함께 배치되어 있다.

그리스 아테네의 파르테논 신전. 1978년, © Steve Swayne

아테네 중앙 북서부에 위치한 아고라는 주위에 각종 공공시설이 배치되어 민회가 열리는 정치의 광장이자, 시민들이 물품을 사고파는 시장이었다. 시민들이 공공 업무를 수행하기 위해 모여들다 보니 자연스럽게 상업의 중심지로 발전하게 되었다.

아고라에는 수준 높은 건축물도 즐비했다. 스토아는 눈부신 태양을 피할 수 있도록 훤히 트인 열주식 건축물이다. 사람들은 이 쾌적한 광장에 모여 이야기를 나누었다고 한다. 메트론(법률과 회계 문서 따위를 보존하는 기록보관소 겸 성소) 맞은편에는 아테네 고사에도 나오는 10개 부족을 모시기 위한 대좌가 지어져 있다. 그곳에 10명의 시

도시국가 아테네와 아고라
발달된 수로와
견고한 성벽으로
지켜진 아테네.
판아테나이아 길
아카르나이로 가는 길
성벽
발레리아누스의 벽
하드리아누스 도서관
발굴된 집들
판테온
하드리아누스
황제 시대에
연장된 성벽
스토아
북쪽의 긴 성벽
프닉스 언덕
아크로폴리스
로마 시대 목욕탕
수도
피레우스로 가는 길
디오니소스 극장
페리클레스의 오데이온
일리소스 강
마케도니아의
요새
판헬레니온
경기장
성벽
수도
기원전 5~6세기
기원전 4~2세기
스토아
제우스의 스토아
헤파이스토스 신전
12신의
제단
아폴론·파톨로스 신전
기원전 4세기의
아고라에는
수준 높은
건축물이
즐비했다.
평의회장
메트론
톨로스(행정관리본부)
시조 영웅 상
판아테나이아 길
민중재판소
남쪽 열주랑
대암거

조 영웅 동상을 세워 각 부족에 전하는 공지 사항을 게시했다. 또한 민회에 제안할 새로운 법률도 이곳에서 게시되었기 때문에 사람들은 그 내용을 파악할 수 있었다.

고대 아고라는 재판 및 공적 업무가 이루어지는 공간이기도 했다. 특히 이곳에서 법이 만들어지고, 그 법에 따라 심판이 이루어졌다. 아테네를 구성하는 10개 부족은 부족당 50명씩이나 법을 만드는 데 참여했는데, 이 인원을 매년 무작위로 선출했다고 한다. 당시 아테네가 직접 민주주의를 실천한 수준 높은 도시국가임을 짐작하게 하는 부분이다.

불교의 발생과 전파 경로 기원전 500년경

인도의 브라만교 제도에 반발한 붓다가 출가해 불교를 창시했다

소승불교는 개인의 수행과 해탈을 중시, 대승불교는 중생의 구제와 자비를 중시

기원전 1500년경 아리아인들이 정착한 이후 인도에서는 브라만교라는 종교가 신봉되기 시작했다. 불교, 힌두교 등 여러 인도 종교의 원천으로 간주되는 브라만교는 《베다》 성전의 이름을 따서 '베다교'라고 부르기도 한다.

브라만교는 《베다》 경전에 규정된 제례(祭禮)를 집행하는 브라만이라는 사제 계급을 중심으로 인간 사회를 브라만(사제)·크샤트리아(왕족, 귀족)·바이샤(평민)·수드라(노예)의 네 가지 계급 체계로 구분했다. 따라서 사생관을 설파하는 종교라기보다는 인도인의 생활, 윤리, 사상을 총괄하는 생활 철학에 가깝다.

기원전 6세기경에 접어들면서 사제를 정점으로 하는 엄격한 계급 제도로 이루어져 있던 브라만교에 대해 불만과 의문을 품은 사람들이 하나둘씩 나타났다. 이 시기에 기존의 사회 제도에 반기를 든 새로운 종교와 사상이 탄생하기 시작했는데, 그 가운데 하나가 불교이다.

히말라야 산기슭에서 번영을 누리던 샤카족의 왕가에서 고타마 왕자(싯다르타라고 불리다가 후일 깨달음을 얻은 후에 붓다로 불린다)가 태어난다. 성인이 된 왕자는 인간이 생로병사에서 자유롭지 못하다는 '무상관(無常觀)'을 깨달은 후 처자식과 왕자의 지위를 버리고 출가한다.

그는 가혹한 수행 끝에 '모든 인간은 평등하다. 바른 길을 가면 누구나 번뇌를 떨치고 해탈할 수 있으며, 궁극의 진리를 깨달은 부처가 될 수 있다'는 경지에 이른다. 그는 살아 있는 모든 것에 자비심을 가졌으며, 자신의 가르침을 들으려는 사람이라면 누구에게나 그의 처지와 수준에 걸맞은 대기설법의 방법으로 진리를 가르쳤다. 고타마(붓다)는 80세의 나이로 입적한다.

기원전 317년경에는 인도 최초의 통일 국가인 마우리아 왕조가 일어나면서 불교가 보호를 받았다. 3대 아소카 왕은 정복 활동의 와중에 발생한 전쟁 희생자를 기리고자 불탑을 세우고 경전을 편찬했다. 그러나 얼마 후 불교는 보수파와 진보파로 나뉘어 대립하기 시작했다. 보수파는 스리랑카와 태국, 미얀마 등 남쪽으로 불교를 전파했는데, 이 교파는 개인의 구제를 목적으로 한다고 해서 소승불

인도에서 아시아 각국에 전파된 불교
불교의 탄생지 인도에서는 붓다가 힌두교로 흡수되어, 비슈누 신의 9번째 화신으로 되어 있다.
불교의 전파 경로
몽골
서역(西域)
고구려
돈황(敦煌)
운강(雲崗)
간다라
누란
천룡산
신라
왜(倭)
백제
장안(長安)
낙양(洛陽)
파키스탄
티베트
중국
네팔
부다가야
베트남
인도
태국
캄보디아
스리랑카
룸비니
중 국
라싸
네 팔
카트만두
부탄
쿠시나가라
방글라데시
갠지스 강
사르나트
부다가야
인 도
미얀마
벵골만
❶ 붓다 탄생지
❷ 붓다 입적지
❸ 붓다가 깨달음을 얻은 곳
❹ 붓다가 설법을 시작한 곳

교라 불렸다. 소승불교는 사회와 분리된 개인의 수행과 해탈을 중시한다. 북쪽으로 전파되어 티베트, 중국, 한국, 일본으로 퍼진 불교는 중생의 구제를 목적으로 한다고 해서 대승불교라고 불렸다. 대승불교는 모든 중생이 부처가 될 수 있다며 타인에게 베푸는 자비를 중시한다.

제2차 페르시아 전쟁-마라톤 전투 기원전 490년

마라톤 해안에서 아테네군이 페르시아 대군을 포위해 승리

아테네 병사가 마라톤에서 아테네까지 달려가 마라톤 전투의 승전 소식을 전한 후 죽음

페르시아 전쟁은 아케메네스 왕조 페르시아와 그리스 세계가 대립하여 벌어진 전쟁이다. 페르시아는 당시 이오니아(현재의 튀르키예 서부 해안 지역)에서 발생한 그리스계 사람들의 반란으로 내정에 혼란을 겪고 있었다. 페르시아는 반란군의 배후에 당시 아테네와 스파르타 등이 있다는 주장을 명분 삼아 그리스 도시국가의 정복에 나선 것이다.

전제정치 체제의 페르시아 다리우스 1세가 세력 확장을 위해 민주정치 체제의 그리스를 자국 영토에 편입할 목적으로 침공에 나섰다는 게 정설이다. 페르시아는 모두 3차례에 걸쳐 그리스를 침략했다.

제1차 원정은 기원전 492년에 이루어졌다. 페르시아군은 배를 이

제2차 페르시아 전쟁 - 마라톤 전투

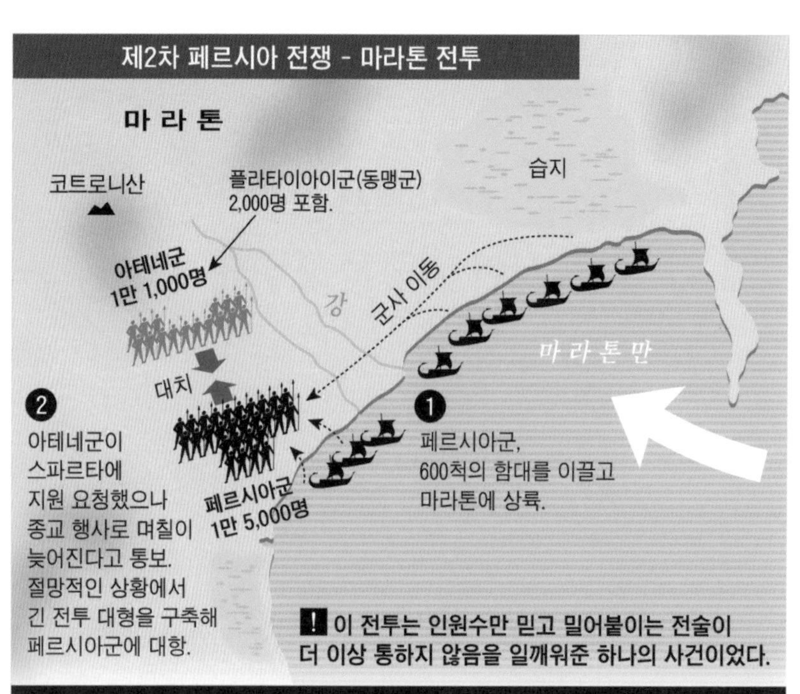

❶ 페르시아군, 600척의 함대를 이끌고 마라톤에 상륙.

❷ 아테네군이 스파르타에 지원 요청했으나 종교 행사로 며칠이 늦어진다고 통보. 절망적인 상황에서 긴 전투 대형을 구축해 페르시아군에 대항.

! 이 전투는 인원수만 믿고 밀어붙이는 전술이 더 이상 통하지 않음을 일깨워준 하나의 사건이었다.

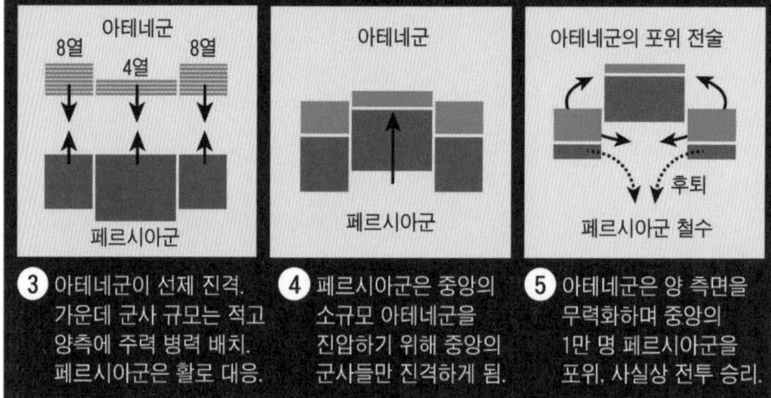

③ 아테네군이 선제 진격. 가운데 군사 규모는 적고 양측에 주력 병력 배치. 페르시아군은 활로 대응.

④ 페르시아군은 중앙의 소규모 아테네군을 진압하기 위해 중앙의 군사들만 진격하게 됨.

⑤ 아테네군은 양 측면을 무력화하며 중앙의 1만 명 페르시아군을 포위, 사실상 전투 승리.

전통적으로 페르시아군 중간은 매우 강한 반면에 양쪽의 측면은 취약하다는 점을 아테네군 지휘관 밀티아데스는 잘 알고 있었기에 새로운 전술로 승리할 수 있었다. (아테네군 전사자 190명, 페르시아군 전사자 6,400명) 이 전투로 아테네는 그리스 동맹군의 중심이 되었다.

용해 에게해에서 트라키아와 마케도니아로 진군했다. 이후 아테네, 에레트리아로 들어갈 예정이었으나 도중에 폭풍우를 만나 원정은 실패로 돌아갔다. 기록에 따르면 전함 300척과 군사 2만 명을 잃었다.

절치부심 재침의 기회를 엿보던 다리우스 1세는 기원전 490년, 제2차 원정에 나서 다티스를 지휘관으로 임명하고 다시 함대를 파견했다. 이번에는 에게해를 건너 에우보이아섬의 에레트리아와 아테네를 정벌할 계획이었다. 이것이 바로 유명한 '마라톤 전투'이다.

당시 군함의 수적 우세와 뛰어난 전투력으로 무장한 페르시아 원정군은 에레트리아를 점령하고, 다음 목표인 아테네를 공략하기 위해 마라톤 해안으로 군사를 이동했다. 아테네는 스파르타에 사자를 보내 지원군을 요청했지만, 스파르타는 종교 행사인 카르네이아 제전을 열고 있다는 이유를 내세워 참전을 미루었다.

아테네의 지휘관 밀티아데스는 대규모 병력을 앞세워 밀고 들어오는 페르시아에 대항하기 위해 지도와 같이 긴 전열을 구축하고 병사들을 구보로 돌격시키는 등 조직적인 공격을 펼쳤다. 그리고 전투가 시작되자 전투 대형의 중앙은 뒤로 물러나고 양쪽 끝은 강하게 압박하며 적을 포위하는 전술로 승기를 거머쥐었다. 페르시아군은 결국 아테네군의 포위 전술 앞에 무릎을 꿇고 말았다. 오늘날의 마라톤 경기는 이 전쟁에 기원을 두고 있다. 페르시아의 제2차 아테네 원정 당시 아테네 병사가 마라톤에서 아테네까지 달려가 마라톤 전투의 승전 소식을 전한 후 죽음을 맞이했다는 고사(후세에 창작)에서 유래한다.

제3차 페르시아 전쟁-살라미스 해전 기원전 480년

좁은 살라미스 해협으로 진격한 페르시아 함대가 아테네군에 참패

스파르타의 레오니다스 왕은 300명을 주력군으로 페르시아 대군에 맞서 3일간 항전하다 전멸

아버지 다리우스 1세가 죽고 난 다음 페르시아 왕위에 오른 아들 크세르크세스 1세는 제3차 그리스 원정을 준비했다. 에게해 북안 기지인 아토스 반도에 운하를 파는 등 전쟁 준비에 만전을 기한 크세르크세스 1세는 기원전 480년 그리스 원정에 나섰다. 육지와 바다를 통한 협공 작전을 목표로 약 20만 명의 병력과 1,200척의 함선을 동원했다.

그리스 연합군 진영에서는 스파르타의 레오니다스 왕이 지휘하는 육군은 테르모필레에 방어 진지를 구축했고, 아테네 해군은 바다에서 페르시아 함대를 맞았다.

살라미스 해전, 1868년, Wilhelm von Kaulbach, 뮌헨 바이에른주의회

페르시아 육군이 에게해 북쪽 해안을 따라 아테네를 향해 진격하자, 당시 아테네와 연합군을 이끄는 레오니다스 왕은 천혜의 요새인 테르모필레 협곡에 진지를 구축했다. 테르모필레 협곡에서 벌어졌던 전투에서 레오니다스는 스파르타군 300명을 주력군으로 구성한 연합군을 이끌고 크세르크세스 왕이 이끄는 페르시아 대군에 맞서 3일간 결사 항전하다가 끝내 전멸했다. 그 결과 아테네는 페르시아군에 무혈 점령당하고 말았다. 이 전투는 영화 〈300〉의 실제 배경으로 유명하다.

한편 페르시아 해군은 살라미스 수로를 점거한 그리스 연합군 함

제3차 페르시아 전쟁 - 살라미스 해전
페르시아군 육로
페르시아군 해상로
전투지
마케도니아
테르마
마르마라 해
아토스 반도
아비도스
테살리아
트로이
페르시아제국
에게 해
테르모필레 전투
(BC 480년)
에우보이아섬
테베
사르데스
마라톤 전투
(BC 490년)
펠로폰네소스
반도 아테네
이오니아 해
스파르타
아테네
밀레투스
스파르타
살라미스 해전
(BC 480년)
델로스섬
살라미스 해전 - 그리스 연합군의 전술
페르시아군 진영
그리스군 진영
1 페르시아군은 육지와 바다에 20만 명의 병력 투입. 육지에서 아테네와 연합한 스파르타 왕이 전투에 나섰으나 전멸한 후 아테네는 점령당한다.
엘레우시스 만
해상을 지키는 일부
페르시아 동맹국과 이집트 함대
해전 전날의
페르시아 함대 위치
아테네
살라미스섬
4
3
살라미스섬에 숨어 있던
아테네군 및 연합군 함정이
함께 공습하여 페르시아 함대가
엄청난 피해를 입어 철수.
그리스 연합군이 "그리스가 분열됐다"는
소문을 퍼트리자, 페르시아군 함정은
좁은 해협으로 함대를 이동.
0
5km
600여 척의 페르시아 함대,
살라미스 해역으로 진격.
2

대를 토벌하는 데 애를 먹고 있었다. 그때 아테네의 정치가 테미스토클레스는 노예 시킨노스를 보내 '아테네 해군이 아군을 배신하고 페르시아 측에 붙을 것이다'라는 정보를 페르시아군에 전했다. 그리스 연합군이 내부 분열을 일으켰다고 생각한 크세르크세스 1세는 바로 살라미스의 좁은 해협으로 함대를 이끌고 총공세에 나섰다. 하지만 그것은 아테네군이 쳐놓은 덫이었다. 페르시아군은 육지와 바다에서 그리스 연합군의 급습으로 혼란에 빠졌고, 주력 함대가 막대한 피해를 입은 후 철수했다.

살라미스 해전 후 승리한 그리스는 두 번 다시 페르시아의 침공을 받지 않았다. 그리고 승리의 주역 아테네도 그리스 반도와 에게해, 소아시아의 여러 지역을 델로스동맹에 가입시켜 이후 아테네제국으로 발전할 수 있는 기틀을 닦았다.

펠레폰네소스 전쟁-시라쿠스 전투 기원전 414년

시칠리아섬의 지배권 다툼에서 아테네가 스파르타에 대패했다

기원전 414년 시라쿠사 전투에서 패한 아테네는 스파르타에 항복한 이후 내리막길

스파르타와 아테네는 페르시아 전쟁에서 승리한 이후 에게해와 지중해의 패권을 두고 대립과 협력을 반복했다. 펠로폰네소스 전쟁은 델로스동맹의 맹주인 아테네의 융성에 대한 펠로폰네소스동맹의 중심인 스파르타의 불안과 반감이 원인이 되었다.

기원전 464년, 스파르타는 대지진과 농민 봉기로 위기를 맞이했다. 아테네는 스파르타군의 요청에 따라 지원병을 보내지만 배신을 염려한 스파르타군이 지원병들을 돌려보내자 이에 분노하여 스파르타와의 동맹을 끊어버렸다. 그로부터 약 30년간 두 나라는 충돌과 평화가 반복되는 시기를 보내다 기원전 431년, 결국 펠로폰네소

하늘에서 내려다 본 시라쿠사, 2011년, © Giorgio Bonomo
스파르타가 아테네를 상대로 한 전투에서 승리한 도시로 그리스 문화, 원형극장, 건축물이 많고 수학자 아르키메데스의 출생지로도 유명하다.

스 반도에서 전쟁으로 맞붙었다. 펠로폰네소스 전쟁에서 가장 유명한 전쟁은 아테네가 시칠리아섬의 시라쿠사를 공격한 전투일 것이다.

아테네는 풍요의 땅인 시칠리아를 지배하에 두고자 호시탐탐 기회를 노렸다. 그러던 중 기원전 416년, 둘도 없는 기회가 찾아왔다. 시칠리아 서부의 셀리누스가 시라쿠사를 끌어들여 세게스타를 공격해 교전 상태에 돌입했던 것이다. 세게스타가 아테네에 원조를 요청하자 스파르타는 상대편인 셀리누스 측에 섰다.

기원전 414년, 아테네가 방벽을 쌓아 시칠리아의 도시 시라쿠사

펠로폰네소스 전쟁 - 시라쿠사 전투
아테네 함대 상륙. 100척 이상의 함대와 5,000명 이상의 병력으로 시칠리아 정복을 위해 동맹국 전투에 투입.
헥사플라
랍달론
아크라디나
스파르타군
아테네 진영
시라쿠사(스파르타), 아테네에 대항하여 방벽 구축.
원형 요새
아테네군, 방벽을 쌓아 시라쿠사를 봉쇄.
시 라 쿠 사
아테네군의 막대한 피해로 인해 내륙으로 철수 후 니키아스와 데모스테네스는 지원 요청할 동맹국을 수소문. 1차 전투에 패한 이때부터 아테네제국은 서서히 내리막길.
극장
원형 극장
데메테르 신전
스파르타군
소항
아폴론 신전
대항
리시멜리아
시라쿠사
오르티기아
항구에서 치른 해전에서 아테네군이 스파르타군에 참패.
아테네군이 방벽을 쌓으려고 거점 구축.
올림포스 제우스 신전
지 중 해
세게스타(아테네 동맹국)
시칠리아 섬
시라쿠사
셀리누스
(스파르타 동맹국)
▪ 아테네, 세게스타 = 이오니아 인종
▪ 시라쿠사, 스파르타 = 도리아 인종

를 봉쇄하는 전술을 구사했다. 처음에 아테네군은 북쪽에서 시라쿠사로 접근하여 서쪽(원형 요새)에다 시를 포위하는 성채를 건설했다. 그리고 남쪽을 향해 성벽을 쌓아 셀리누스와의 연락을 두절하고, 동시에 아테네 해군이 항구를 봉쇄했다. 이에 대해 시라쿠사군도 도시의 서쪽을 향해 성벽을 쌓아 아테네군의 성벽 건설에 대항했다. 결국 아테네군은 서쪽 성채에서 남쪽 해안에 이르는 성벽을 완성했다.

그러자 시라쿠사(스파르타) 측도 이에 대항하여 방벽을 쌓았다. 아테네의 지휘관 니키아스는 대항(大港) 남쪽에 요새를 쌓지만 스파르타의 장군 길리포스가 이를 무너뜨리고 진군했다. 그 결과 병사들이 몰살당하면서 아테네군은 막대한 피해를 입고 내륙으로 철수했다. 이 전투는 아테네 최대의 패배로 알려졌고, 펠로폰네소스 전쟁의 향방을 결정지었다. 당시 아테네군의 피해는 4만에서 5만 명에 이르렀다고 한다.

결국 기원전 404년 아테네는 스파르타에 항복했고, 30년에 걸친 두 도시 사이의 전쟁은 완전히 막을 내렸다.

알렉산드로스의 동방 원정 기원전 334~324년경

페르시아제국을 멸망시키면서 그리스와 오리엔트 문화를 융합

그리스와 오리엔트를 융합한 헬레니즘 문화는 인간 중심의 예술과 철학을 꽃피웠다

알렉산드로스 3세는 기원전 356년, 그리스 북방에 있는 마케도니아 왕 필리포스 2세의 아들로 태어났다. 시칠리아섬에서 벌어진 아테네와 스파르타의 펠로폰네소스 전쟁 이후 그리스에서는 자유와 자치를 추구하는 폴리스 정치가 쇠퇴하기 시작했다. 이상적인 정치를 구현하는 도시로 추앙받던 아테네는 무너졌고, 바야흐로 중우정치가 지배하면서 쇠락의 길을 걸었다. 아테네를 항복시키고 그리스를 통합한 스파르타의 정세 또한 극도로 혼란스러운 상황이었다.

그런 가운데 마케도니아가 새로운 세력으로 부상했다. 알렉산드로스 3세는 즉위하자마자 그리스의 여러 도시를 제압했고, 기원전

334년에는 동방 원정에 나섰다. 화려한 업적으로 역사에 이름을 올리게 된 알렉산드로스 3세가 대국 페르시아를 정복해나간 과정은 한 편의 장대한 드라마와 같다.

먼저 천하의 대세를 겨룬 전투로 알려지는 그라니코스 전투에서 페르시아군에 승리를 거둔 후 거침없는 기세로 원정에 나설 수 있었다. 알렉산드로스 3세는 그대로 동진하여 기원전 333년, 이소스 근처에서 페르시아군과 대치했다. 페르시아의 다리우스 3세가 거느린 군대는 7만 2,000명이었다. 한편 알렉산드로스 3세의 마케도니아군은 3만 명이 채 안 됐다.

양쪽은 먼저 이소스의 남쪽인 피나로스강에서 맞붙었다. 페르시아군은 강을 건너자마자 마케도니아군의 공격을 받아 수많은 병사를 잃었다. 이후 양측은 일진일퇴를 거듭했으나 마케도니아군이 협공 등 유리한 전술을 구사하면서 통쾌한 승리를 거두었다. 알렉산드로스 3세는 페르시아군의 절반밖에 안 되는 병력으로 전쟁을 승리로 이끌었다.

이듬해 알렉산드로스 3세는 이집트를 점령한 뒤 자신의 이름을 따 알렉산드리아라는 도시를 건설했다. 기원전 331년에는 가우가멜라 전투에서 페르시아군에 대승을 거둠으로써 아케메네스 왕조 페르시아를 멸망시키는 대업을 이루었다.

알렉산드로스 3세는 계속 동진하면서 바빌론·수사·페르세폴리스·엑바타나 등의 여러 도시를 정복하는 데 성공했다. 그는 다시 동쪽으로 원정하여 아프가니스탄, 파키스탄, 인더스강까지 진군하

알렉산드로스 대왕의 점령 지역
1 그라니코스 강에서 페르시아군에 대승.
2 다리우스 3세에 승리.
3 압도적인 병력의 페르시아군을 격파.
1 (BC 334년)
그라니코스 전투
2 (BC 333년)
이소스 전투
3 (BC 331년)
가우가멜라 전투
마케도니아
흑 해
카 스 피 해
아랄 해
지 중 해
홍 해
나일 강
티그리스 강
유프라테스 강
옥수스 강
인더스 강
페르시아 만
아 라 비 아 해
사르디스
할리카르나소스
로도스
고르디온
타르소스
탑사쿠스
니네베
아르벨라
티레
다마스쿠스
(BC 332)
가자
알렉산드리아
시와
멤피스
바빌론
수사
엑바타나
라가이
(BC 330)
헤카톰필로스
알렉산드리아
페르세폴리스
(BC 331)
파사르가데
(BC 324)
알렉산드리아
푸라
(BC 325)
(BC 330)
알렉산드리아
알렉산드리아
(BC 330)
알렉산드리아
알렉산드리아
알렉산드리아
박트라
(BC 329)
알렉산드리아
알렉산드리아
(BC 326)
탁실라
(BC 326)
알렉산드리아
아라비아
프톨레마이오스 왕조(이집트)
마우리아 왕조
알렉산드로스의 정복지
격전지
원정지마다 자신의 이름을 딴 '알렉산드리아' 도시를 건설.

알렉산드로스 대왕에게 승리를 안겨 준 그라니코스강 전투 1665년, Charles Le Brun, Abraham Genoels, 루브르박물관

면서 원정지마다 건설한 알렉산드리아가 총 70여 곳에 달했다고 한다.

알렉산드로스 3세는 원정을 통해 유럽·아시아·아프리카를 잇는 대제국을 완성했다. 그가 일으킨 수많은 정복 전쟁은 그리스 문화와 오리엔트 문화가 융합하여 헬레니즘 문화가 탄생하는 계기로 작용했다. 헬레니즘 문화는 인간 중심의 예술과 철학을 꽃피웠으며, 로마 이후 유럽 문화를 주도하는 정신적 토대가 되었다.

알렉산드로스 3세는 바빌론에 돌아와 아라비아 원정을 준비하던 중, 기원전 323년 원인 모를 열병에 시달리다 33세의 젊은 나이로 갑자기 죽었다.

로마 가도의 건설과 확장 기원전 312년~

'모든 길은 로마로 통한다', 유럽 지배자 로마제국의 자부심

로마 가도는 경제 발전의 중심축이었고,
로마제국의 수준 높은 문화를 각국에 전파했다

로마 가도의 역사는 기원전 312년으로 거슬러 올라간다. 가도 설치를 요청한 사람은 당시 로마의 감찰관이었던 아피우스 클라우디우스 카이쿠스였다. 나중에 이 가도는 그의 이름을 따서 '아피아 가도'로 불리게 된다.

당초 이 길은 로마 군대의 신속한 이동과 이탈리아 반도 각 도시의 연결을 위해 건설되었다. 그러나 이베리아 반도와 그리스 등의 속주(屬州)로 범위를 넓혀 지중해 전역을 망라하게 되었다. 로마제국이 확장되면서 로마 가도의 범위도 함께 넓어졌던 것이다.

로마제국이 가장 안정적으로 번영을 누린 96~180년은 5명의 훌

이탈리아 민투르노의 아피아 가도, 2002년, © AlMare
2300년 전 로마가 군사 목적으로 건설한 세계 최초의 간선도로로 지금도 사용중이다.

륭한 황제가 통치한 시기라 하여 '5현제 시대'라고 한다.

그 무렵 로마 가도는 로마제국의 위세를 자랑하듯 더 이상 확장이 불가능할 정도로 연장된 상태였다. 아시아, 아프리카로 이어지는 주요 간선도로만 해도 375개였으며, 총 길이가 무려 8만㎞였다고 한다. 자갈 포장로 등의 지선까지 합치면 15만㎞에 육박하는 길이다. 프랑스 시인 라 퐁텐의 "모든 길은 로마로 통한다"라는 말이 현실이 되었다.

그러나 국가 방위 차원에서 보면 단점도 있었다. 로마군이 이 길을 통해 신속히 타국으로 이동할 수 있다는 것은 반대로 적군 또한

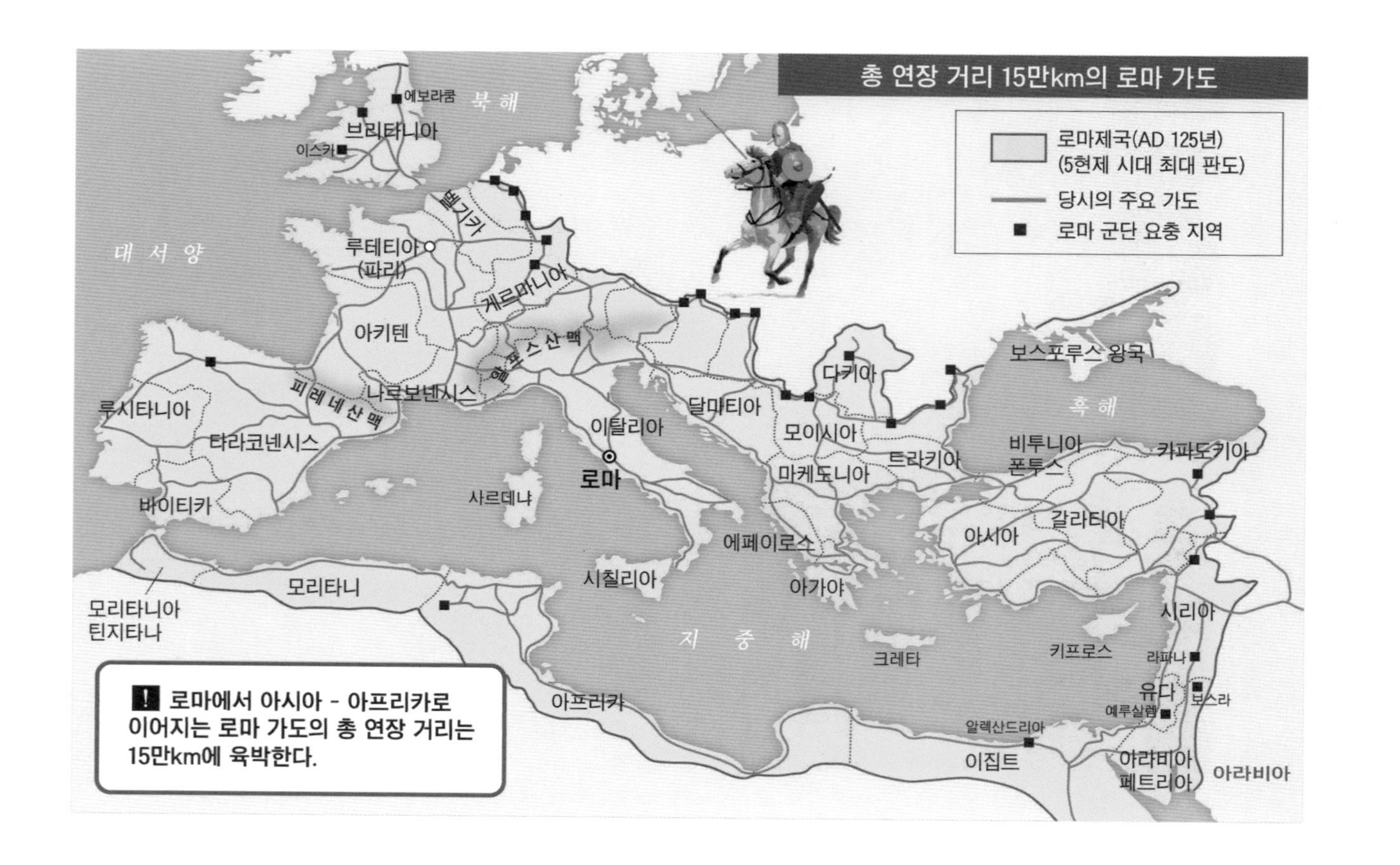

총 연장 거리 15만km의 로마 가도
로마제국(AD 125년)
(5현제 시대 최대 판도)
당시의 주요 가도
로마 군단 요충 지역
북 해
에보라쿰
브리타니아
이스카
대 서 양
벨기카
루테티아
(파리)
게르마니아
아키텐
알프스 산맥
피레네 산맥
나르보넨시스
루시타니아
타라코넨시스
바이티카
사르데냐
로마
이탈리아
달마티아
다키아
보스포루스 왕국
흑 해
모이시아
트라키아
비투니아
폰투스
카파도키아
마케도니아
갈라티아
아시아
에페이로스
아가야
시칠리아
모리타니
모리타니아
틴지타나
지 중 해
크레타
키프로스
시리아
라파나
유다
보스라
예루살렘
알렉산드리아
이집트
아라비아
페트리아
아라비아
아프리카
로마에서 아시아 - 아프리카로 이어지는 로마 가도의 총 연장 거리는 15만km에 육박한다.

로마를 향해 빠르게 쳐들어올 수 있다는 뜻이다. 하지만 로마는 거대한 스케일의 도로 건설을 포기하지 않았다. 그것은 로마인의 '패자도 동화시킨다'라는 식민지 정책의 일환이었기 때문이다. 로마인은 정복지의 민족을 복종시키고 엄격하게 지배하기보다는 로마인과 자연스럽게 어우러져 살 수 있도록 했다. 이를 위해 정복한 식민지에서도 적극적으로 도로를 만들고 수로를 정비했던 것이다.

모든 로마인이 인간답게 사는 것을 목적으로 한 이 정책은 식민지 사람들로 하여금 누구나 노력하면 로마 시민권을 얻을 수 있다는 사실을 일깨우기 위한 측면도 있었다. 로마제국이 세계를 지배하는 상황에서 로마인으로 산다는 것은 일종의 자부심이자 특권이었던 것이다.

로마 가도는 경제 발전에도 크게 기여했다. 이륜 또는 사륜 짐마차로 로마의 와인과 올리브오일뿐 아니라, 아라비아의 향료와 동남아시아의 향신료 등이 각국으로 운반되었다. 이 가도는 로마 경제를 발전시키는 중심축 역할을 했고, 지중해 세계를 지배하는 로마제국의 수준 높은 문화를 각국에 전파하는 역할도 했다.

100년 포에니 전쟁의 발발 기원전 264~146년

제2차 포에니 전쟁 때 한니발이 알프스 산맥을 넘어 로마 정벌

한니발은 이탈리아 반도를 남하하면서 칸나에 평원에서 포위 작전으로 로마군을 패퇴

로마는 기원전 272년 이탈리아 반도를 통일했다. 하지만 그로부터 8년 후, 지금의 튀니지에 해당하는 경제 대국 카르타고와 100년에 걸친 포에니 전쟁을 치르게 된다.

로마와 카르타고 간의 포에니 전쟁은 기원전 264년에 시작하여 기원전 146년에 막을 내리게 된다. 두 강대국이 지중해 패권을 두고 벌인 고대의 '백년전쟁'이었던 셈이다. 그런데 3차에 걸쳐 치러진 포에니 전쟁은 시기별로 전쟁의 원인과 성격이 서로 달랐다.

제1차 포에니 전쟁(기원전 264~기원전 241년)은 로마가 카르타고를 물리치고 시칠리아를 속주로 삼고 지중해 진출의 발판을 마련한 전

코끼리 전투 부대를 끌고 알프스 산맥을 횡단한 한니발, 프레스코화, 1510년경, Jacopo Ripanda,
© José Luiz Bernardes Ribeiro, 로마 카피톨리니박물관

쟁이었다. 당시 시칠리아의 서쪽 절반을 통치하던 카르타고가 섬 전체를 지배하려 했다가 로마가 개입하면서 전쟁이 확대되었다. 결국 로마에 패한 카르타고는 시칠리아를 로마에 내주고 거액의 전쟁 배상금까지 물어야 했다.

로마의 동맹 도시들을 침략하면서 벌어진 제2차 포에니 전쟁(기원전 219~기원전 201년)은 카르타고의 한니발 장군이 알프스 산맥을 넘어 이탈리아 본토 정벌에 나서 세계사에 남았다. 로마를 침략하기 위해 알프스 산맥을 넘어 이탈리아 반도로 들어간 한니발은 티키누스 전투, 트라시메노호 전투 등 이탈리아 반도를 남하하면서 연승

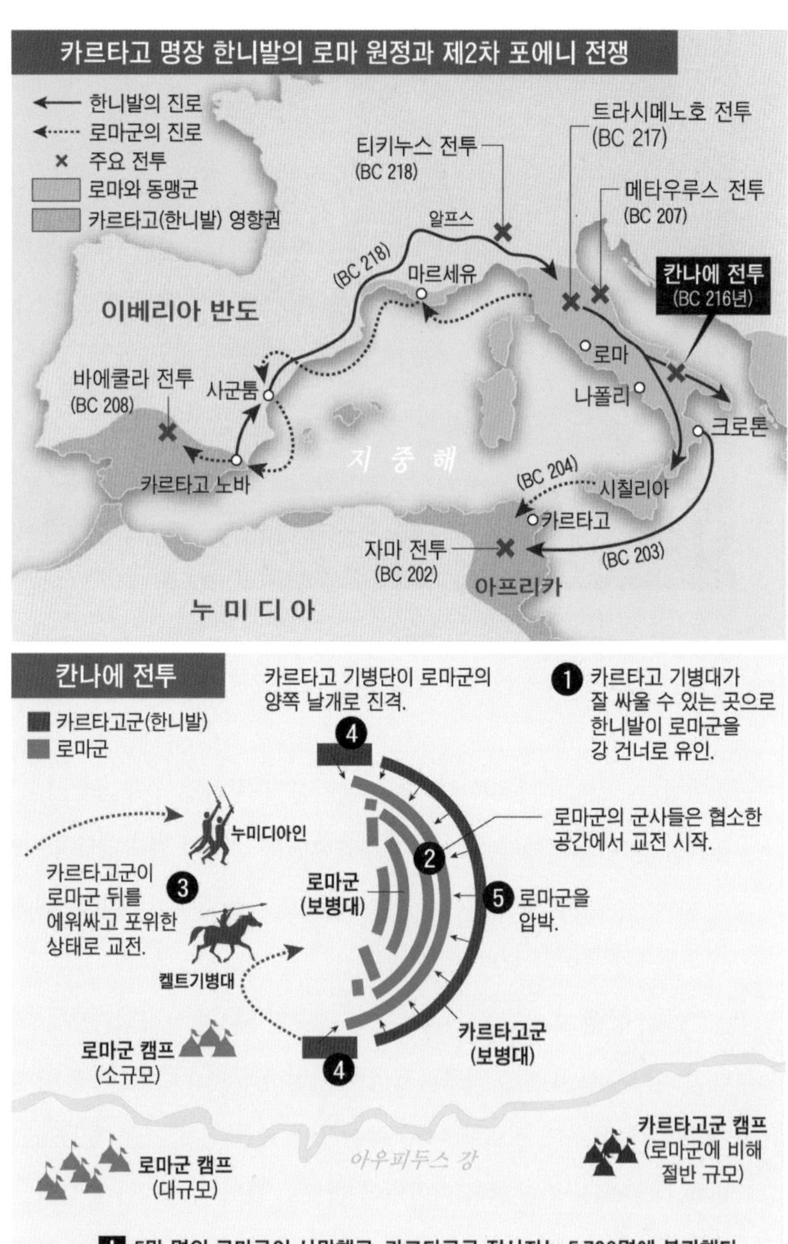
카르타고 명장 한니발의 로마 원정과 제2차 포에니 전쟁
한니발의 진로
로마군의 진로
주요 전투
로마와 동맹군
카르타고(한니발) 영향권
티키누스 전투 (BC 218)
트라시메노호 전투 (BC 217)
메타우루스 전투 (BC 207)
알프스
(BC 218)
마르세유
칸나에 전투 (BC 216년)
이베리아 반도
로마
바에쿨라 전투 (BC 208)
사군툼
나폴리
크로톤
지 중 해
카르타고 노바
(BC 204)
시칠리아
카르타고
자마 전투 (BC 202)
(BC 203)
아프리카
누 미 디 아
칸나에 전투
카르타고군(한니발)
로마군
카르타고 기병단이 로마군의 양쪽 날개로 진격.
4
1 카르타고 기병대가 잘 싸울 수 있는 곳으로 한니발이 로마군을 강 건너로 유인.
누미디아인
로마군의 군사들은 협소한 공간에서 교전 시작.
2
카르타고군이 로마군 뒤를 에워싸고 포위한 상태로 교전.
3
로마군 (보병대)
5 로마군을 압박.
켈트기병대
카르타고군 (보병대)
로마군 캠프 (소규모)
4
로마군 캠프 (대규모)
아우피두스 강
카르타고군 캠프 (로마군에 비해 절반 규모)
! 5만 명의 로마군이 사망했고, 카르타고군 전사자는 5,700명에 불과했다.

을 거두었다. 그리고 기원전 216년, 한니발은 칸나에 평원에서 적의 절반도 안 되는 군대를 이끌고 완벽한 포위 작전으로 로마군을 전멸시켰다. 이후 군사력을 재건한 로마가 반격을 가해 한니발은 본국으로 후퇴했고(기원전 203년), 이듬해인 기원전 202년에 벌어진 자마 전투에서 한니발은 로마의 스키피오 장군에게 패하고 말았다.

제3차 포에니 전쟁(기원전 149~기원전 146년)은 지중해와 그리스, 중동을 제패한 '제국 로마'가 이미 2류 국가로 전락해버린 카르타고를 역사 속으로 사라지게 만든 마지막 전쟁이었다.

진시황의 중국 통일과 멸망 기원전 221~206년

중국 최초의 통일 국가였던 진나라는 15년 만에 멸망했다

무리한 개혁 정책과 강압적인 통치 방식으로 민중의 불만이 쌓여 멸망 원인으로 작용

주나라 왕조가 무너지고 각지의 제후들이 발흥한 춘추전국 시대에서 살아남은 것은 '전국칠웅'이라 불린 일곱 나라였다.

그중에서도 북서쪽 변방에 있던 진(秦)은 다른 나라에 비해 지세가 유리했다. 자국을 견제하는 나라들과 국경이 맞닿아 있다는 점을 활용해 그들의 동태를 면밀히 살피면서 황하 지류인 위수를 따라 동으로 진격, 동맹국을 교묘히 바꾸며 세력을 확장했다.

그리고 기원전 221년, 진의 시황제가 중국 최초의 통일 국가를 세우고 함양(咸陽)에 수도를 정한다. 그는 부국강병책, 중앙집권화, 법치주의를 추진했으며, 도량형과 문자를 통일하고 농업 발전을 위해

진시황릉에서 1㎞ 떨어진 유적지의 테라코타 전사와 말. © Robin Chen, 진시황 병마용박물관

농지 개간을 실시했다. 이러한 내정 개혁으로 진의 국력은 큰 발전을 이루게 된다.

시황제는 수도 함양을 중심으로 황제의 위용을 과시하는 웅장한 궁전을 짓고, 그 주변에 많은 관청을 두고 지방의 호족을 강제 이주시키는 등 중앙집권의 강력한 통치를 실시했다. 그리고 함양의 남쪽에 아방궁을 건설해 궁전과 연결하겠다는 무모한 정책으로 큰 반발을 불러일으키기도 했다.

시황제는 법치 사상을 근간으로 하는 엄격한 질서를 추구했다. 법가 사상을 통치 이념으로 내세우고 전 국민의 생활을 통제하는 통

진시황이 통일 국가 진나라 건국
!
진나라의 시황제는 약 550년간 지속된 춘추전국 시대의 혼란을 종식하고 통일 왕조를 완성했지만, 진나라는 불과 15년 만에 항우와 유방에 의해 멸망하고 만다.
흉노
(연)
계(薊)
燕 멸망(BC 222년)
(조)
趙 멸망 (BC 228년)
(위)
魏 멸망 (BC 225년)
진양(晋陽)
齊 멸망(BC 221년)
(제)
(진)
秦
안읍(安邑)
옹(雍)
함양 (咸陽)
낙양 (洛陽)
양구 (陽瞿)
상구(商丘)
황 해
韓 멸망(BC 230년)
(한)
楚 멸망(BC 223년)
(초)
부국강병책의 성공으로 국력을 신장.

일적이고 방대한 법률을 제정하여 민간의 무기 소유도 금지했다. 이에 반발하는 유가들을 '분서갱유(焚書坑儒)'의 엄벌에 처했다. 또한 북방 유목 민족의 침입을 막기 위해 성벽을 쌓는 대사업에 착수했다. 이 성벽들은 나중에 만리장성의 토대가 되었다.

이런 무리한 정책과 강압적인 통치 방식으로 인해 민중의 불만이 쌓여 결국 제국을 멸망시키는 원인으로 작용했다. 기원전 210년, 시황제가 서거하자 억압을 견디다 못한 농민들이 반란을 일으켰고, 불과 4년 후 진나라는 멸망했다. 시황제가 진 왕조를 세운 지 불과 15년 만의 일이다.

진나라의 멸망 요인으로는 첫째 진시황 사후의 권력 투쟁, 둘째 대규모 토목 공사와 대외 전쟁으로 인한 민중의 부담, 셋째 급격한 통일에 따른 통일 정책의 미비, 넷째 진나라 및 다른 문화를 가진 지역과 사회에 진나라의 제도를 무리하게 적용하려고 한 데 따른 갈등과 불만 누적 등을 지적할 수 있다.

유방과 항우의 대결-해하 전투 기원전 202년

해하 전투에서 항우를 물리친 유방이 한나라 초대 황제에 즉위

시황제가 죽은 후 진승과 오광의 봉기를 계기로 초나라의 항우와 한나라의 유방이 반란군 주도

진나라의 시황제가 죽자 혹독한 지배를 견디다 못한 농민들이 각지에서 반란을 일으켰다. 기원전 209년에 일어난 중국 최초의 농민 반란인 '진승(陳勝)과 오광(吳廣)의 봉기'는 6개월 만에 진압되었지만 이후 진나라 멸망의 불씨로 작용했다.

먼저 반란을 일으킨 것은 초나라의 항우와 한나라의 유방이었다. 항우와 유방은 각각 진승과 오광의 봉기를 계기로 일어난 반란군 진영의 우두머리로 등장했다.

항우는 장군가의 후손으로 어린 시절부터 훌륭한 무장이 되기 위해 일류 교육을 받았다. 출중한 무술 실력을 갖춘 무장으로 전장에

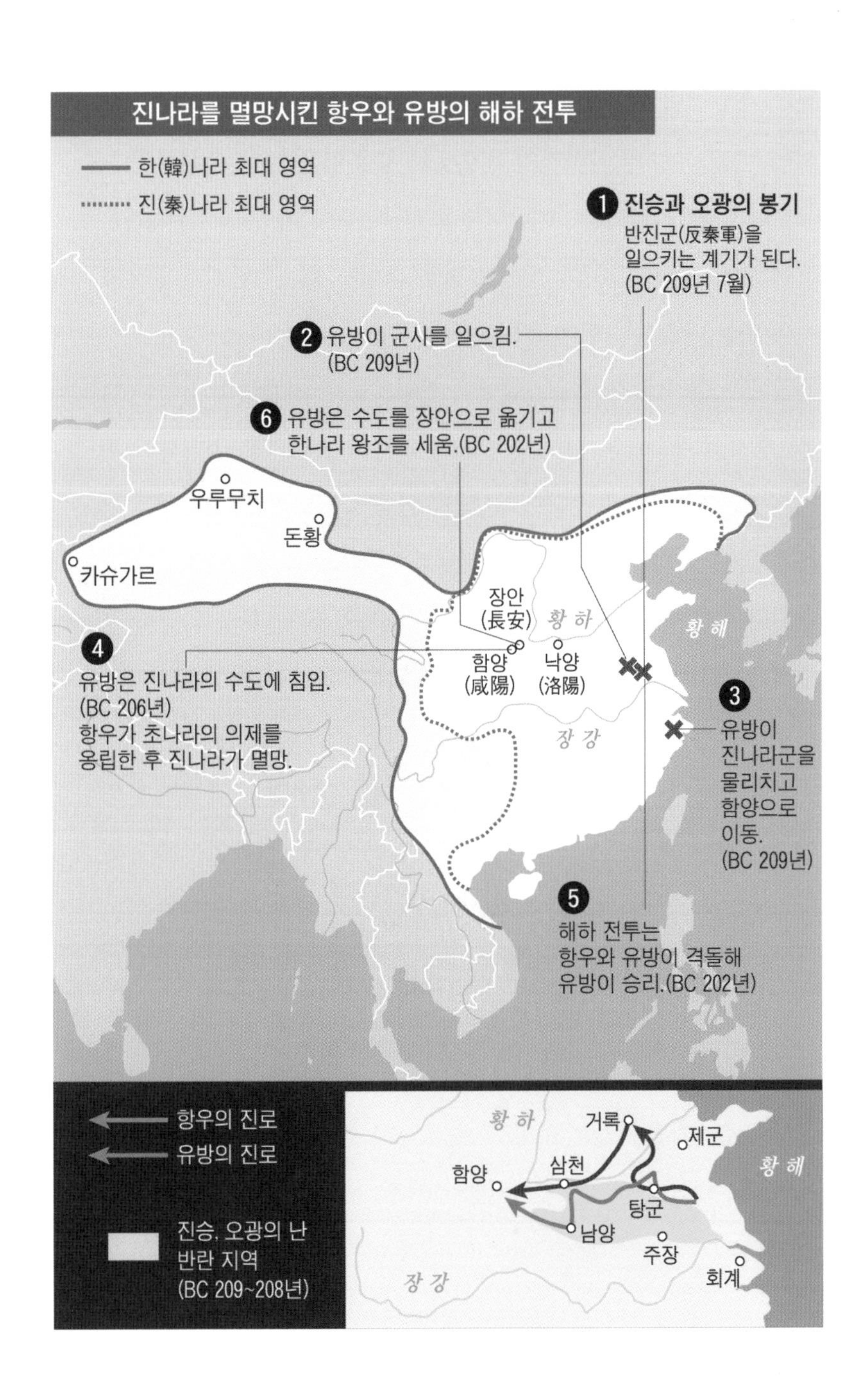
진나라를 멸망시킨 항우와 유방의 해하 전투
한(韓)나라 최대 영역
진(秦)나라 최대 영역
1 진승과 오광의 봉기
반진군(反秦軍)을
일으키는 계기가 된다.
(BC 209년 7월)
2 유방이 군사를 일으킴.
(BC 209년)
6 유방은 수도를 장안으로 옮기고
한나라 왕조를 세움.(BC 202년)
우루무치
돈황
카슈가르
장안
(長安)
황하
황해
4
유방은 진나라의 수도에 침입.
(BC 206년)
항우가 초나라의 의제를
옹립한 후 진나라가 멸망.
함양
(咸陽)
낙양
(洛陽)
3
유방이
진나라군을
물리치고
함양으로
이동.
(BC 209년)
장강
5
해하 전투는
항우와 유방이 격돌해
유방이 승리.(BC 202년)
항우의 진로
유방의 진로
진승, 오광의 난
반란 지역
(BC 209~208년)
황하
거록
제군
황해
함양
삼천
탕군
남양
주장
장강
회계

서는 영웅이었지만 평소 성격이 잔인하고 독선적인 면도 있었다. 이에 반해 유방은 아버지의 신원조차 불분명한 농민 출신이었다. 고향에서 말단 관리를 하다가 진승의 반란군에 가담하며 존재감을 드러냈다. 언행이 거칠었지만 사람을 끌어당기는 인간미가 풍부해 주위에 늘 다양한 사람이 모여들었다.

진나라 말기에 각지에서 일어난 반란군들은 연합군을 결성한 다음, 항우의 주력군과 유방의 별동대가 각자 진나라를 정벌하기 위해 수도 함양을 향해 진군했다. 먼저 함양에 진입해 진나라 왕의 항복을 받은 유방은 유화책으로 진나라 백성의 마음을 사로잡았다. 하지만 나중에 입성한 항우는 궁궐을 불태우고, 보물을 약탈하고, 수많은 포로를 학살하는 등 폭정을 일삼아 진나라 백성의 원성과 반발을 초래하고 말았다.

강력한 군사력으로 주도권을 장악한 항우가 유방을 견제하기 위해 지방으로 보내면서 두 사람 사이에 본격적인 싸움이 시작되었다. 자신의 군사력과 전투력을 과신한 항우가 유방을 무시했지만, 민심은 이미 폭정을 일삼는 항우 대신 유방 쪽으로 기울고 있었다.

그리고 기원전 202년, 천하를 놓고 패권을 다투던 항우와 유방 두 사람은 해하(垓下) 전투에서 결전의 날을 맞이한다. 여기서 항우는 고사로 잘 알려져 있는 사면초가(四面楚歌) 상태에 직면하면서 유방에게 패한다. 같은 해에 한나라를 건국한 유방은 한나라의 초대 황제(한 고조)의 자리에 올랐다.

카이사르의 갈리아 원정 기원전 58~51년

갈리아를 정복한 카이사르는 로마의 종신 독재자로 군림했다

마르쿠스 브루투스 등 공화정 옹호파가 암살할 때 "브루투스, 너마저!"라는 말을 남긴 카이사르

공화정 말기의 로마는 당파 싸움과 개인 간의 권력 투쟁으로 혼란스러웠다. 기원전 59년, 율리우스 카이사르는 원로원에 대항해 폼페이우스, 크라수스와 함께 삼두정치를 실시하면서 최고 관직인 집정관의 지위에 올랐다. 이듬해에는 갈리아의 총독이 되어 갈리아 정벌에 나섰다.

갈리아는 지금의 프랑스와 북이탈리아 지역에 해당한다. 일부는 로마의 영토였으나 여전히 정복하지 못한 땅이 많았다. 갈리아에 사는 각 부족은 서로 대립 관계를 이루고 있었다. 야심만만했던 카이사르는 그곳의 정복을 목표로 삼았다. 그 유명한 카이사르의 《갈

카이사르한테 무기를 던져 항복하는 베르킨게 토릭스, 1899년, © Lionel Royer, 크로자티에미술관

리아 전기》에는 정복 과정이 매우 상세하게 기록되어 있다. 집필 목적은 자신이 지휘하고 참전한 군사 활동을 기록하고, 또 훗날 정계 진출에 대비해 자신의 활약상을 알리는 것이었다.

카이사르는 갈리아를 정복하기 위해 먼저 여러 부족과 손을 잡고 동맹자처럼 행동하는 전략을 세웠다. 외부 세력의 침략으로부터 갈리아 부족을 보호해주고 인심을 얻은 다음에 속국으로 삼을 작정이었다. 갈리아 지방의 위협 요소로 부상한 켈트족의 일파 헬베티족

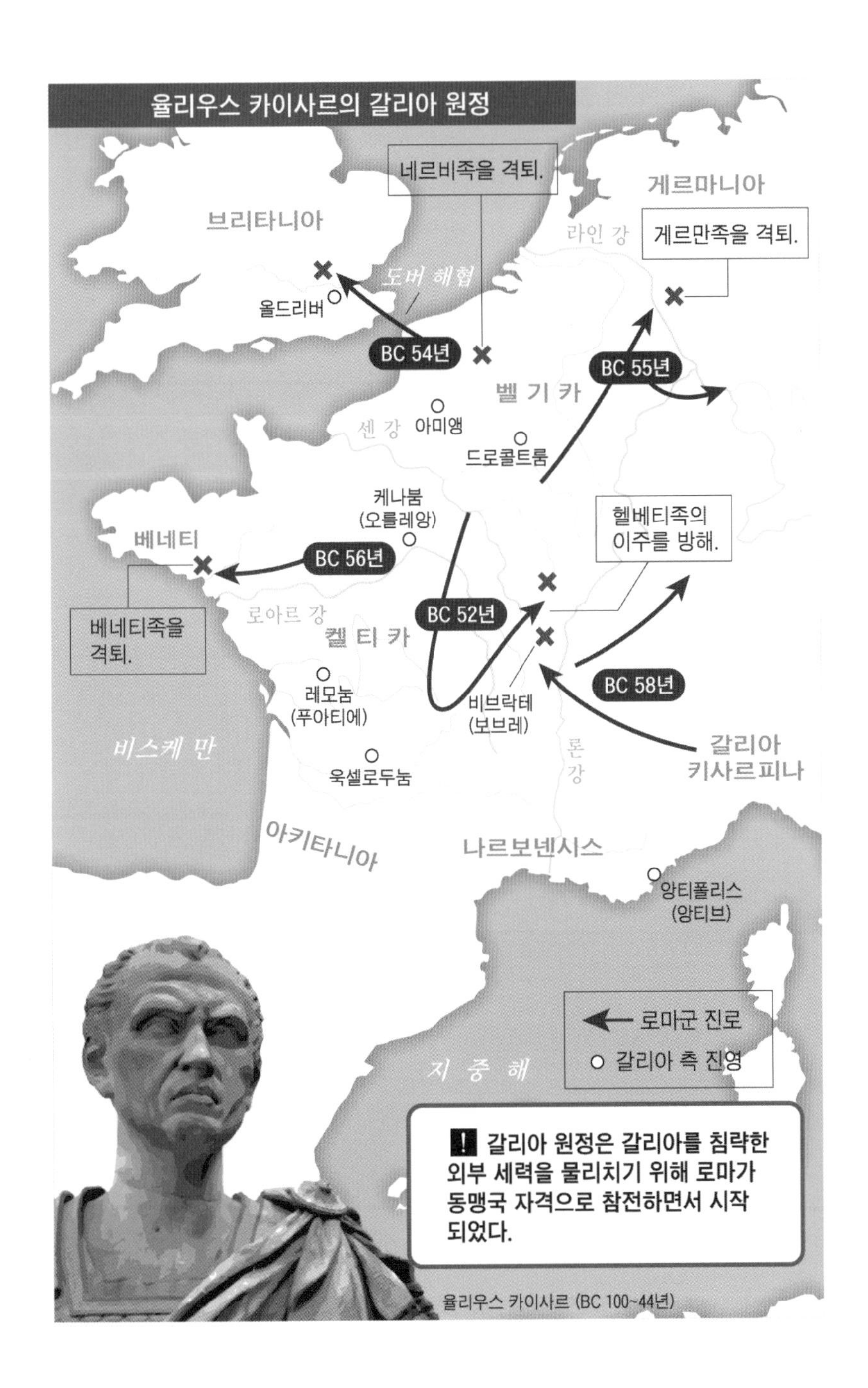

율리우스 카이사르 (BC 100~44년)

이 이동을 시작하자 카이사르는 그들의 진로를 방해하며 고향으로 돌려보낸다. 또한 동쪽에서 쳐들어온 게르만족과의 전투에서도 승리를 거둔다.

정복에 나선 지 2년 후, 카이사르는 본격적으로 갈리아를 점령하기 시작해 식민지로 삼기 시작했다. 갈리아는 6년에 걸쳐 격렬하게 저항하지만 기원전 51년 결국 로마제국의 정복자 카이사르에게 항복한다. 갈리아를 정복하는 데 성공하면서 막강한 정치력과 경제력을 장악한 카이사르는 로마로 진군해, 자신을 반대하는 원로원과 폼페이우스를 제거하고 종신 독재관의 자리에 올랐다. 공화정을 폐지하고 로마제국을 독재정치로 통치하기 위함이었다.

그러나 기원전 44년 3월 15일, 자신이 총애했던 마르쿠스 브루투스 등 공화정 옹호파에 의해 암살당하고 말았다. "브루투스, 너마저!"라는 말을 남기고 암살당한 카이사르는 죽기 직전 자신의 유체를 쉽게 발견할 수 있도록 옷자락을 정돈했다고 한다.

기독교의 확산과 밀라노 칙령 1세기 이후

기독교를 탄압했던 로마제국이 밀라노 칙령으로 종교로 인정

콘스탄티누스 로마 황제는 313년, 기독교를 공식 인정하는 밀라노 칙령을 발표

로마의 지배하에 있었던 팔레스타인에는 유대교가 널리 보급되어 있었다. 유대교의 계율주의에 의문을 품은 예수는 28년경 포교 활동을 시작하여, 빈부와 계급의 차별이 없는 신의 절대적인 사랑과 이웃에 대한 사랑을 설파했다. 그러나 유대 지배층은 민중에게 폭넓은 지지를 받는 예수를 눈엣가시로 여기고, 결국 사회의 혼란을 우려한 로마 총독 빌라도가 예수를 십자가에 못 박는다. 그러나 예수가 사흘 만에 부활하면서 절대적인 신앙이 형성되었고, 1세기 초 유대교에서 분리된 기독교가 탄생한다. 이후 기독교는 사도 바울과 베드로에 의해 유럽 전역으로 확산된다.

유럽 전역으로 기독교 확산
! 밀라노 칙령으로 시작된 기독교의 국교화는 니케아 공의회, 에페소스 공의회를 거치면서 유럽 각국으로 확산되었다.
북해
브리타니아
라인 강
도나우 강
대서양
갈리아
일리리아
서고트족
로마
트라키아
콘스탄티노플
이즈니크
흑해
카스피해
아르메니아
안티오키아
시리아
티그리스 강
유프라테스 강
지중해
예루살렘
알렉산드리아
이집트
팔레스타인
나일 강
홍해
아라비아
1 밀라노 칙령 (313년)
2 니케아 공의회 (325년)
3 에페소스 공의회 (431년)
기독교 국교화의 확산
총대주교좌(5개 주요 교구)
325~600년의 기독교 세력

종교의 기초를 다진 60~61년경, 사도 바울은 예루살렘과 안티오키아, 그리고 로마에서 본격적으로 기독교의 복음을 전파하기 시작한다. 그러나 황제라는 절대 권력을 숭배하는 로마에서는 기독교를 위험한 사상으로 간주했다. 네로 황제는 기독교를 탄압하기 시작했고, 그 여파로 바울과 베드로는 순교한다.

그러나 기독교는 시민과 노예를 중심으로 뜨거운 지지를 얻으며 확산되었다. 결국 콘스탄티누스 로마 황제는 313년, 기독교를 공식적으로 인정하는 밀라노 칙령을 발표해 기독교의 모든 종파와 다른 종교의 자유를 함께 허용했지만 사실은 기독교 우대 정책이었다. 그리고 국가나 개인이 빼앗아 가지고 있던 교회와 재산을 아무 대가 없이 반환해야 한다는 뜻을 밝히고 있다.

이후 392년, 테오도시우스 황제가 기독교를 국교로 정하면서 마침내 기독교는 유럽 지역의 대표적인 유일신 종교로 자리매김하게 되었다.

종이의 발명과 전파 105년 이후

후한 시대 채륜이 종이를 발명, 당나라 때 이슬람 세계로 전파

751년에 일어난 탈라스 전투에서 포로가 된
당나라 병사가 이슬람 세계에 제지 기술 전파

《후한서》에는 105년, 후한 시대의 관신 채륜(蔡倫)이 종이를 제조하여 화제(和帝)에게 헌상했다는 기록이 있다. 그 종이는 나무껍질, 삼베, 천 등의 식물 섬유의 원료를 물에 담가 풀 상태로 만든 후 얇게 늘여 건조한 것이었다.

당나라 초기의 제지법은 751년에 일어난 탈라스 전투(지금의 카자흐스탄 영토인 탈라스강 유역에서 벌어진 전투)를 통해 이슬람 세계에 유출됐다는 게 정설이다.

고구려 출신의 장군 고선지(高仙芝)가 이끈 당나라군은 아직 나라조차 세우지 않은 아바스 왕조와의 전투에서 패한다. 그때 포로가

종이를 발명한
후한 중기의 환관 채륜,
나무껍질, 삼베조각, 헝겊 등
값싼 재료로 종이를 만들었다.

된 병사 중 제지 기술을 보유한 자가 있었다. 그들은 곧바로 사마르칸트에 제지 공장을 건설하여 종이를 특산품으로 만들었다. 이후 제지법은 지도의 경로를 따라 서양에 전파되었다.

793년, 아바스 왕조는 바그다드에도 공장을 세웠다. 종이 제조 기술을 전수받아 만든 다마스쿠스의 종이는 서양으로 수출되었고, 뛰어난 지질로 단번에 명성을 얻었다.

서양에서는 다음 두 가지 경로를 통해 전파된 것으로 추측된다. 첫 번째는 리비아를 거쳐 모로코의 페즈(1100년경)로 건너가, 그곳에서 스페인의 이베리아 반도, 프랑스로 이어지는 경로이다. 두 번째는 이집트에서 이탈리아의 베네치아, 독일의 뉘른베르크로 이어지

후한 채륜의 종이 발명과 전파
최초의 종이 발명
중국 후한의 채륜이
나무껍질, 삼베, 천 등의
재료로 개발(105년)하여
후한의 화제에게 헌상.
아랍인(아바스 왕조)이
탈라스 전투에서 중국인(당)을
상대로 승리를 거둠.
중국 포로 병사 중에
제지 기술자가 있었고,
그 기술이 유출되어
제지 공장이 세워짐.
탈라스 전투(751년)
투루판
(296년)
타클라마칸 사막
돈황
(150년)
누란
(260년)
낙양
(洛陽)
(600년)
(610년)
사마르칸트
바그다드
(793년)
다마스쿠스
푸스타트
(카이로)
시칠리아
(1050년)
베네치아
뉘른베르크
(1389년)
모스크바
(1576년)
오슬로
(1650년)
런던
(1494년)
아메리카
(1690년)
페즈
(1100년경)
대서양
현재의 중국 국경선
! 사마르칸트의 공장에서 생산된
사마르칸트 종이는 이슬람 상인을
통해 서양 각지로 전파되었다.

는 경로이다. 뉘른베르크에 제지법이 전수된 것은 1389년의 일이었다고 한다.

프랑스가 해협 너머 런던에 제지법을 전수한 것은 1494년 이후였고, 영국이 아메리카 신대륙에 전수한 것은 1690년이었다.

제지법의 발달은 문화 전파에 기여한 바가 컸다. 그 전까지 아시아에서는 중국에서 발명된 갑골문자를 거북 등과 동물 뼈에 새겼다. 이후 죽간(竹簡)과 목간(木簡)에 문자를 기록할 수 있게 되었으나 운반이 어려워 널리 사용되지 못했다. 유럽에서는 기원전까지 파피루스를 사용했고, 중세 이후로는 양피지를 많이 이용했다. 그러나 양피지는 한 장을 만드는 데 양 한 마리가 필요했기 때문에 가격이 비싸 대중화하는 데 어려움이 뒤따랐다.

그에 비해 종이 원료는 어느 지역에서나 쉽게 구할 수 있고 가격도 저렴하여 폭넓게 보급되었다. 이슬람권에서는 《코란》의 전사(轉寫)와 과학의 발달로 수요가 급증했다. 또한 15세기에는 구텐베르크가 인쇄 기술을 발명함으로써 종이가 더욱 널리 보급되었다.

중국 삼국지의 적벽대전 208년

유비와 손권의 5만 동맹군이 조조의 30만 대군을 격퇴했다

조조가 연환계로 배들을 한데 얽어매자 제갈공명이 이끄는 동맹군은 화공으로 공격

후한 멸망 후 중국은 조조의 위나라, 유비의 촉나라, 손권의 오나라가 패권을 다투었다. 중국 통일을 노린 조조는 유비를 처치한 다음 손권의 오나라를 손에 넣겠다는 속셈을 가지고 있었다. 이러한 조조의 야심이 그 유명한 '적벽대전'의 발단이 되었다.

시기는 서기 207년 7월, 위나라의 조조는 남쪽으로 출정하던 길에 촉나라의 유비를 꺾고, 군세를 키우면서 손권이 다스리는 오나라로 향한다. 한수의 어귀에 있는 요충지인 번성(樊城)에 진을 친 유비는 조조군이 남하 중인 것을 알고 용장 관우에게 수군을 맡기고 자신은 강릉으로 향했다. 유비는 직접 육군을 이끌고 가던 중 장판

오우삼 감독의 영화 〈적벽대전 2부〉의 스틸컷

전투에서 조조군에게 패한 후 후퇴해 수군에 합류했다.

유비는 조조군에 맞설 수 있는 세력 증강을 위해 오나라의 손권과 동맹을 맺기로 결심했다. 당시 오나라도 겨우 3만 명을 헤아리는 군세로, 조조가 이끄는 30만 명에 이르는 대군에 맞서 전쟁에서 이길 가능성은 전무한 실정이었다. 그럼에도 대도독 주유(周瑜)와 막료 노숙(魯肅)은 철저한 항전을 주장한다. 그런 상황에서 오나라의 손권은 전쟁에 패한 유비의 군대와 손잡고, 유비의 군사(軍師)로 자신에게 파병된 제갈공명의 신출귀몰한 전략 전술에 따라 조조와의 정면 대결을 결의했다. 유비와 손권의 군대는 번구에서 만나 합류했고, 군사는 5만 명이 되었다.

주유가 이끄는 남군이 장강을 거슬러 올라가 조조가 이끄는 북군

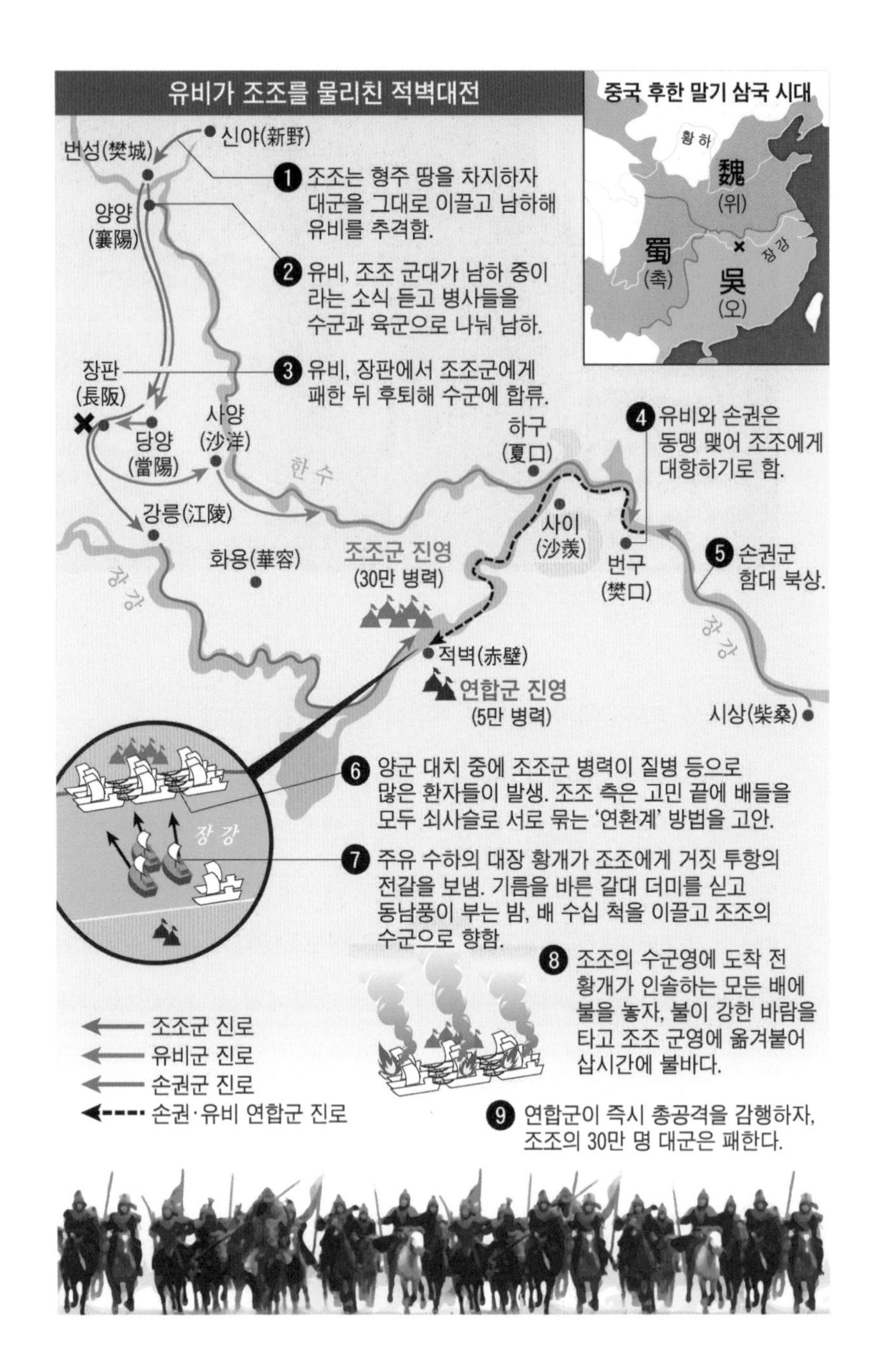
유비가 조조를 물리친 적벽대전
중국 후한 말기 삼국 시대
황하
魏
(위)
蜀
(촉)
吳
(오)
장강
신야(新野)
번성(樊城)
양양
(襄陽)
1 조조는 형주 땅을 차지하자 대군을 그대로 이끌고 남하해 유비를 추격함.
2 유비, 조조 군대가 남하 중이라는 소식 듣고 병사들을 수군과 육군으로 나눠 남하.
장판
(長阪)
3 유비, 장판에서 조조군에게 패한 뒤 후퇴해 수군에 합류.
당양
(當陽)
사양
(沙洋)
한수
하구
(夏口)
4 유비와 손권은 동맹 맺어 조조에게 대항하기로 함.
강릉(江陵)
사이
(沙羡)
번구
(樊口)
5 손권군 함대 북상.
화용(華容)
조조군 진영
(30만 병력)
장강
적벽(赤壁)
연합군 진영
(5만 병력)
시상(柴桑)
장강
6 양군 대치 중에 조조군 병력이 질병 등으로 많은 환자들이 발생. 조조 측은 고민 끝에 배들을 모두 쇠사슬로 서로 묶는 '연환계' 방법을 고안.
7 주유 수하의 대장 황개가 조조에게 거짓 투항의 전갈을 보냄. 기름을 바른 갈대 더미를 싣고 동남풍이 부는 밤, 배 수십 척을 이끌고 조조의 수군으로 향함.
8 조조의 수군영에 도착 전 황개가 인솔하는 모든 배에 불을 놓자, 불이 강한 바람을 타고 조조 군영에 옮겨붙어 삽시간에 불바다.
조조군 진로
유비군 진로
손권군 진로
손권·유비 연합군 진로
9 연합군이 즉시 총공격을 감행하자, 조조의 30만 명 대군은 패한다.

과 강을 사이에 두고 대치했다. 양측은 대치 상태로 수개월을 보냈다. 그런 와중에 조조의 참모가 수전에 약한 아군을 위해 '연환계(連環計)'를 내놓았다. 배들을 십여 척씩 쇠사슬로 한데 묶은 다음 배 위에 넓은 판자를 깔아놓으면 적에 대한 공격을 쉽게 할 수 있다는 계책이었다.

조조가 연환계로 배들을 한데 얽어매는 것을 본 남군은 화공(火攻)을 실시하면 북군의 수군을 전멸시킬 수 있다고 생각했다. 노장 황개(黃蓋)는 의심 많은 조조를 속이기 위해 손권의 군사 주유에게 호된 채찍질을 당함으로써 몸소 '고육지책'을 실행했다. 남군은 압도적인 병력의 북군에게 황개를 투항시키는 속임수를 쓰면서, 북군이 방심하는 동안 불을 붙인 배를 동남풍에 의지해 적진으로 돌진시켰다.

조조의 군대는 수군에 이어 육군도 불화살 공격을 받아 장강 일대가 불바다를 이루었다. 조조가 이끄는 대군은 제대로 한번 싸워보지도 못하고 대부분 수장당했고, 살아남은 군사들은 줄행랑을 칠 수밖에 없었다. 이로써 조조는 중국 통일의 기회를 놓쳤고, 이후 세 나라는 경쟁 구도를 이루게 되었다.

적벽대전은 조조의 패전으로 끝났고, 소규모 군사가 뛰어난 계책으로 대군을 물리친 전쟁으로 세계 전쟁사에 기록되었다. 이것이 후대에 전해지는 삼국지의 백미인 적벽대전이다.

게르만 민족의 대이동 375년~5세기

훈족의 침략을 받은 게르만족이 유럽 전역으로 이주해 정착했다

훈족의 침략이 게르만족 대이동의 발단이 되었고, 연쇄적으로 다른 민족의 이동을 부추겼다

중세 유럽은 375년부터 약 2세기 동안 계속된 게르만 민족의 대이동으로 극심한 혼란을 겪게 되었다.

게르만 민족은 앵글로색슨족, 프랑크족, 부르군트족, 반달족 등을 총칭하며, 발트해안부터 라인강, 도나우강 일대에 거주했다. 게르만 민족이 이동한 원인은 일반적으로 인구 증가, 농경지 부족, 타 민족의 압박 등을 들지만, 구체적인 대이동의 계기는 북아시아의 유목 민족인 훈족의 침입이었다.

유럽의 지도와 역사를 바꿀 정도로 영향을 미친 훈족에 관한 역사적인 자료는 거의 남아 있지 않다. 유목 민족인 그들은 아틸라 왕

훈족 침략으로 게르만족의 대이동

! 로마제국에 침입한 게르만족은 유럽 각지에 왕국을 세웠다.

때 동로마 및 서로마를 압박하고 주변의 게르만 부족을 복속시켜 헝가리를 중심으로 서쪽으로는 라인강, 남쪽은 도나우강, 북쪽은 스칸디나비아 남부, 동쪽은 이란에 걸친 대제국을 건설한 것으로 추정할 뿐이다.

훈족은 4세기 초 유럽 방면으로 이동을 개시하여 약 반세기 동안 머문 후, 370년경 동고트족의 대부분을 굴복시켰다. 이어 서고트족을 압박하여 게르만족 대이동의 발단이 되었고, 연쇄적으로 다른 민족의 이동을 부추겼다. 서고트족은 그들에게서 도망쳐 로마제국으로 흘러 들어갔다. 그 뒤를 이어 여러 게르만족도 보다 좋은 기후와 비옥한 땅을 찾아서 당시 방위력이 약화된 로마제국으로 대거 들어갔다.

한편 훈족을 피해 로마제국으로 들어온 게르만족은 각 부족의 왕 밑에서 기존의 제도와 조직을 그대로 유지하며 정착했다. 이 민족 대이동은 게르만족이 유럽의 동부, 서부, 북부 등 지역별로 나뉘어 정착하는 계기가 되었다. 북부 게르만족은 지금의 스칸디나비아 반도에 정착했고, 서부 게르만족은 앵글로색슨족과 프랑크족, 동부 게르만족은 반달족과 고트족 등으로 구별한다.

유럽 대륙에 게르만족이 정착해 세운 나라들은 잇달아 멸망했지만, 갈리아의 프랑크 왕국만은 오랜 세월 유럽의 중심 역할을 담당하며 거대 국가로 성장했다.

서로마제국의 멸망 4세기~5세기

게르만족이 로마의 영토로 유입, 서로마의 새 지배자로 등장했다

서로마제국의 영토가 프랑크족, 서고트족 등 게르만족이 지배하는 지역으로 바뀌었다

4세기 후반부터 훈족이 유럽으로 밀려 들어오자 게르만족은 로마제국으로 대규모로 이동하게 되었다.

구체적으로 예를 들어보자. 375년, 훈족에 침략당한 서고트족은 도나우강을 건너 로마제국 영내로 들어갔다. 로마제국은 즉각 군대를 파견해 전투를 치르지만 그들에게 패배, 서고트족의 제국 내 정착과 자치를 인정하게 되었다.

이어 로마제국이 동서로 분단된 395년에는 서고트족에게 발칸 반도와 이탈리아 북부를 빼앗겼다. 410년에는 서고트족이 로마를 점령한 뒤 방향을 돌려 스페인으로 이동했고, 역시 게르만족인 반달

겐세릭 왕이 이끄는 게르만 부족(반달족)이 로마를 침공 약탈하는 모습, 1833~1836년, Karl Bryullov, 트레야코프미술관

족은 아프리카로 진출하여 각각 왕국을 세웠다. 또 부르군트족과 프랑크족도 갈리아에 침입하고, 색슨족은 브리튼섬으로 건너갔다. 455년에 로마는 반달족에게 약탈당했다.

게르만족의 대이동으로 인해 서로마제국 지역의 게르만화가 빠르게 진행되었다. 서로마제국의 영토가 프랑크족, 반달족, 동고트족, 서고트족, 롬바르드족 등으로 이루어진 게르만족이 지배하는 지역으로 바뀌게 된 것이다.

게르만족의 이동으로 로마제국, 특히 서로마제국의 북쪽 변경 지역은 게르만족의 차지가 되었다. 로마는 제국의 변방에 속하는 지

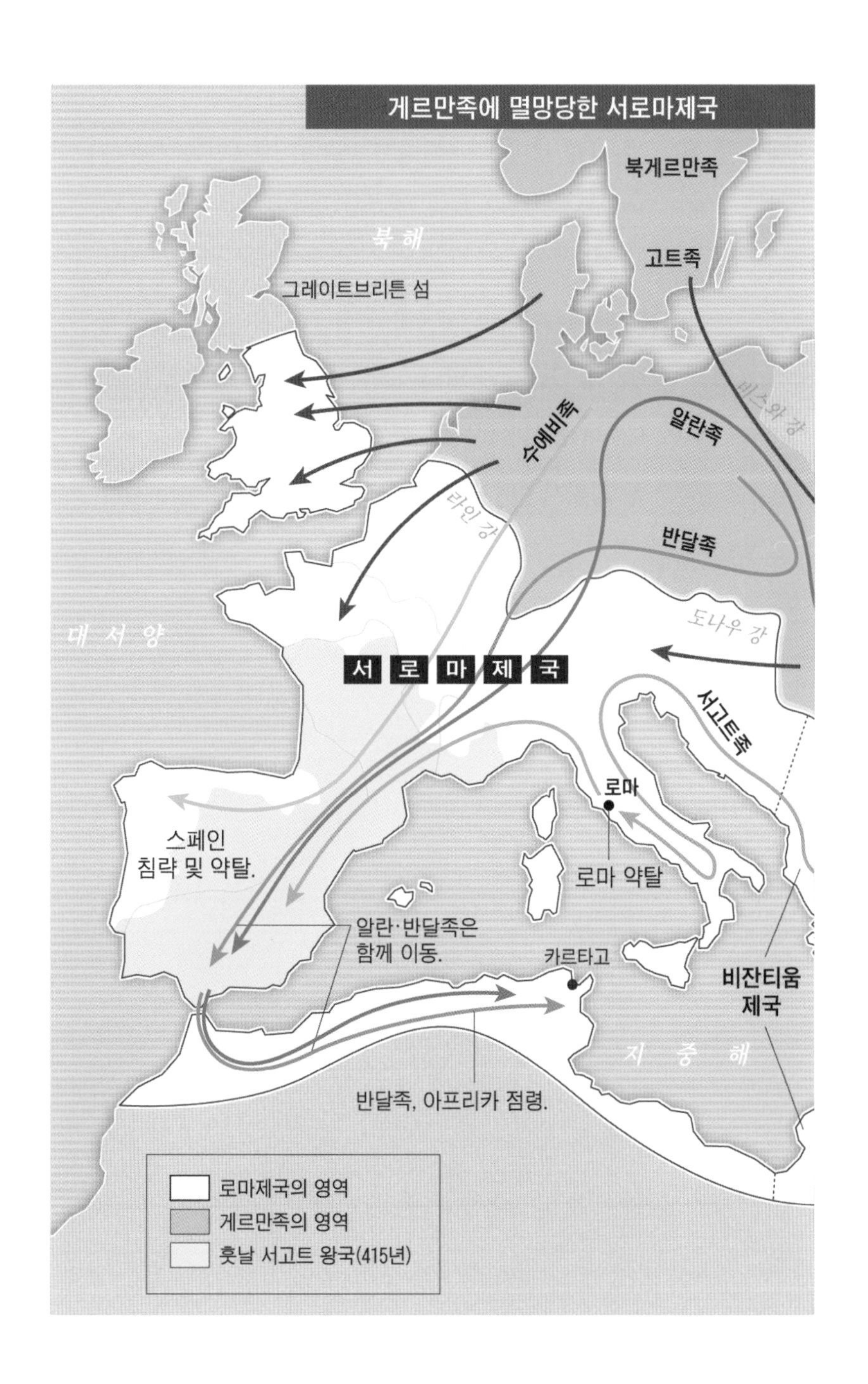
게르만족에 멸망당한 서로마제국
북게르만족
고트족
북해
그레이트브리튼 섬
비스와 강
수에비족
알란족
라인 강
반달족
도나우 강
대서양
서 로 마 제 국
서고트족
로마
스페인
침략 및 약탈.
로마 약탈
알란·반달족은
함께 이동.
카르타고
비잔티움
제국
지중해
반달족, 아프리카 점령.
로마제국의 영역
게르만족의 영역
훗날 서고트 왕국(415년)

역들을 지배하기 위해 게르만족 출신의 용병들로 구성된 군대에 의지해야만 했다. 이렇게 로마의 군대에서 복무한 게르만족 가운데 뛰어난 지도자들이 배출되면서 새로운 지배 세력으로 등장하게 되었다.

스스로 거대한 제국을 경영할 실질적인 힘을 잃어버린 서로마제국의 종말은 순식간에 찾아오게 된다. 476년에 게르만족 출신의 용병 대장이었던 오도아케르가 마지막 황제였던 나이 어린 로물루스 아우구스툴루스를 퇴위시키면서 서로마제국은 유럽 대륙에서 사라지고 말았다.

2장

종교의 대립,
국가의 충돌

수나라의 탄생과 멸망 581~618년

한나라 이후 중국을 통일한 문제, 남북을 잇는 대운하 건설한 양제

2차례에 걸친 고구려 원정이 실패에 그치자, 민중이 반란을 일으킨 후 수나라는 멸망

수(隋)나라는 한나라 이래 분열된 중국을 400년 만에 통일했다. 건국자는 북주(北周)의 외척인 양견(楊堅), 후일의 문제(文帝)이다. 그는 581년에 북주를 타도하여 수나라를 건국하고, 589년에 남조의 진(陳)나라를 병합하여 중국 통일을 달성했다.

문제는 여러 가지 개혁을 단행했다. 먼저 율령을 정비하고 호족을 관료 조직에 등용했으며, 학과 시험을 통해 인재를 등용하는 과거를 시행했다. 또한 균전제가 호족에게 유리한 제도로 변질되자, 여성과 노비에게도 경작지를 할당하도록 개선했다. 그리고 땅을 지급받은 백성에게는 병역의 의무를 지워 병농일치제를 확립했다.

중국 강남의 운하도시 서당(시탕), 2023년, © Chensiyuan, W-C
고대 오나라의 역사와 문화를 간직한 천년의 도시로, 영화 〈미션임파서블 3〉를 통해 수려한 풍경이 알려지면서 더 유명해졌다.

604년, 의욕적으로 개혁 정치를 펼치던 문제는 갑작스러운 죽음(후일 양제가 되는 태자 광이 아버지를 시해했다는 설)을 맞았다. 문제가 죽자마자 그의 아들 양제는 형 양용을 모략하여 실각시킨 뒤 왕위에 오른다. 폭군이었던 양제의 유일한 위업은 중국 남북을 잇는 대운하의 건설이었다.

문제도 장안에서 동관(潼關)까지 광통거(廣通渠)를 건설했다(584년). 양제는 그 사업을 이어 농민 100만 명을 동원해 대운하 건설을 강행했다. 그 결과 낙양과 황하에서 회하(淮河)를 잇는 통제거(通濟渠) 및 장강과 회하를 잇는 산양독(山陽瀆)을 완성한 바 있다. 이후 황하의 북서쪽 지역에서 남북으로 수로를 건설한 영제거(永濟渠), 장강의 양

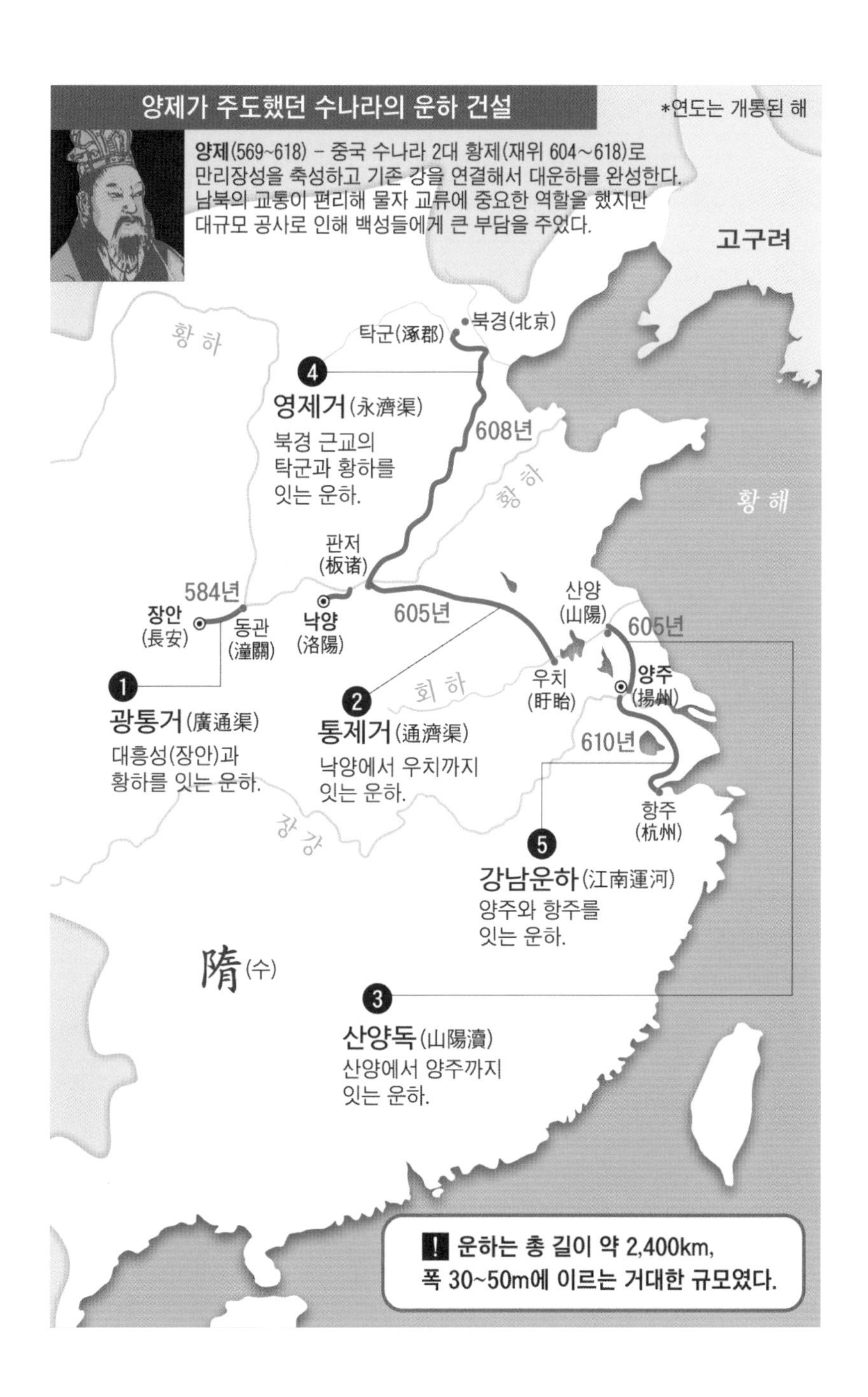
양제가 주도했던 수나라의 운하 건설
*연도는 개통된 해
양제(569~618) - 중국 수나라 2대 황제(재위 604~618)로 만리장성을 축성하고 기존 강을 연결해서 대운하를 완성한다. 남북의 교통이 편리해 물자 교류에 중요한 역할을 했지만 대규모 공사로 인해 백성들에게 큰 부담을 주었다.
고구려
황하
북경(北京)
탁군(涿郡)
4
영제거(永濟渠)
북경 근교의
탁군과 황하를
잇는 운하.
608년
황하
황해
판저
(板诸)
584년
장안
(長安)
동관
(潼關)
낙양
(洛陽)
605년
산양
(山陽)
605년
우치
(盱眙)
양주
(揚州)
1
광통거(廣通渠)
대흥성(장안)과
황하를 잇는 운하.
2
통제거(通濟渠)
낙양에서 우치까지
잇는 운하.
회하
610년
항주
(杭州)
장강
5
강남운하(江南運河)
양주와 항주를
잇는 운하.
隋(수)
3
산양독(山陽瀆)
산양에서 양주까지
잇는 운하.
운하는 총 길이 약 2,400km,
폭 30~50m에 이르는 거대한 규모였다.

주에서 항주를 잇는 강남운하(江南運河)가 차례로 개통했다. 이들 운하의 전체 길이는 2,400㎞, 너비는 30m에서 50m에 이른다. 중국의 대운하는 만리장성, 피라미드와 함께 세계 3대 토목 공사 중 하나로 꼽힌다.

한편 대운하 건설로 곡물 수송 등은 수월해졌지만 대규모 공사였던 만큼 백성들은 가혹한 노동을 감수해야 했다. 그리고 612년부터 두 차례에 걸친 고구려 원정이 실패에 그치자, 마침내 민중은 반란을 일으킨다. 618년, 양제가 살해당하면서 수나라는 멸망한다.

중국 최고의 왕조 당나라 618~907년

동서양 문명의 교류와 교역으로 당나라는 300년 황금기를 누렸다

2대 황제인 태종 이세민이 내치와 외치에 성공, 그의 치세를 '정관의 치'라고 불렀다

중국 역사는 한나라 이후 삼국, 진나라, 남북조, 수나라 등을 거쳐 618년에 수나라의 무장이었던 이연(李淵, 당 고조)에 의해 당나라로 이어진다. 이연은 장안을 도읍으로 삼았다.

약 300년간 지속(618~907년)된 당나라 시대를 흔히 성당 시대(盛唐時代)라고 부르는데, 2대 황제인 태종 이세민(李世民)의 시대가 최고의 황금기를 구가했다. 그가 통치하던 시기에 정치의 이상향을 지향했다고 해서 그의 치세를 '정관의 치(貞觀之治)'라고 불렀다. 정관은 태종의 연호이다. 그리고 동서양을 아우르는 문화 교류가 활발했으며, 다양한 국가와 무역을 함으로써 경제적으로 풍요로운 시대를

수나라 최대 영역
현재 중국 국경선
바이칼 호
아무르 강
아랄 해
발하슈 호
동돌궐
(東突厥)
서돌궐
(西突厥)
고구려
국내성
대흥성
황하
신라
백제
낙양
(洛陽)
장안
(長安)
히말라야 산맥
인더스 강
갠지스 강
장강
隋
(수)
바르다나
왕조
남조
임읍
농민을 징용한 고구려 원정이
양제를 위기에 빠뜨렸다.
당나라 최대 영역
현재 중국 국경선
당 태종 이세민(李世民) - 28세에 태자에 올라
수나라 제도를 발전시키며 영토를 확장했다.
다음 황제로 즉위한 고종이 고구려와
동서 돌궐을 차지했다.
바이칼 호
아무르 강
아랄 해
동돌궐
서돌궐
唐
(당)
발해
황하
신라
토번
장안
(長安)
낙양
(洛陽)
히말라야 산맥
갠지스 강
장강
바르다나
왕조
남조
임읍

구가했다.

태종은 국내 정치에서도 중앙집권 체제 확립을 통해 통치 기반을 다져나갔다. 그리고 수나라의 행정 제도를 더욱 보완하여 발전시켰다. 중앙에 3성(省), 6부(部), 9사(寺), 1태(台)를 두어 율령에 따른 형법과 정치법을 정비했으며, 과거제 또한 더욱 강화했다.

태종은 내치뿐만 아니라 외치에도 빛나는 업적을 세웠다. 영토 확장을 위해 동서 돌궐을 잇달아 집어삼키며 서역까지 진출했고, 또 남해 쪽으로 원정에 나섰다. 다음 황제로 즉위한 고종은 신라와 연합하여 고구려와 백제를 멸하고 대제국을 구축해 전성기를 맞이했다.

당나라는 7세기 후반, 측천무후를 비롯한 황족의 반란 등으로 정국이 한때 혼란에 빠졌지만 8세기 초 현종이 즉위하면서 다시 안정기에 접어든다. 현종은 농민을 징집하던 부병제를 개선하여 모병제를 실시했으며, 국경 지역에 절도사(국경 경비를 위한 군단의 수장)를 두고 군대를 정비했다. 당나라는 중국 역사에서는 드물게 무려 300년 가까이 번영을 구가했다.

이슬람교의 탄생과 헤지라 610~622년

무함마드는 200여 명의 무슬림과 메카에서 메디나로 이주했다

무함마드가 메카를 떠나 메디나로 이주한 622년은 이슬람 공동체와 이슬람 국가가 태동한 시점

아라비아 반도에는 사막 민족인 아랍인이 살고 있었다. 메카에서 태어난 예언자 무함마드는 명문 귀족 출신이었지만 일찍이 양친을 여의고 친척들의 보살핌 속에 어렵게 성장했다. 나중에 부유한 미망인과 결혼한 그는 대상(隊商)과 여정을 함께하며 꾸준히 명상했다. 그러다가 610년 메카 북쪽에 있는 히라 동굴에서 명상을 하던 중, 유일신이자 절대신 알라의 첫 계시를 받고 이슬람교의 창시자가 되었다.

그는 고향 메카에서 이슬람교 포교를 위해 노력했으나 다신교를 믿는 쿠라이시 부족의 박해와 주변 사람들의 멸시로 견디기 힘겨운

메디나에 있는 예언자의 모스크, 좌우로 모스크첨탑이 서 있고 그린 돔이 보인다, 2018년.
© Muhammad Mahdi Karim, 메디나 이슬람 역사 기념물

상황에 처했다. 그 무렵 아랍인들은 다신교를 믿으며 우상을 숭배했기 때문에, 일신교 숭배를 주장하는 무함마드는 미치광이 취급을 받았다. 이렇게 메카에서 종교적인 박해를 받는 동안 그의 신앙심은 깊어만 갔다.

그러다가 포교를 시작한 지 10년째인 620년, 메디나에서 순례자 6명이 메카로 왔다가 무함마드의 설교를 들은 뒤 종교적 감명을 받

메카에서 메디나까지 헤지라의 경로
예언자 무함마드와 그의 추종자들이 쿠라이시 부족의 종교적 박해를 피해 메디나로 이주했다. 친족과 고향을 버린 것에 크게 분노한 쿠라이시 부족은 무함마드를 암살하고자 추격했으나, 무함마드는 622년 9월 24일에 200여 명의 무슬림들과 메디나에 무사히 도착.
아라비아
메디나
(야스리브)
4 메디나 카바 도착. (메카로부터 약 500km 거리)
3 무함마드에 앞서 이슬람교 교도들이 먼저 이주. (성인 남자 70여 명)
바드르
사 라 와 트 산 맥
2 무함마드가 쿠라이시 부족의 추격을 피해 3일간 아부 바크르(훗날 제1대 칼리프)와 동굴에서 지냄.
홍 해
1 무함마드의 추종자들이 먼저 출발. 무함마드가 가장 늦게 출발. (622년 7월 16일)
제다
메카
헤지라의 경로
일반적인 길
0
50km

고 돌아갔다. 그들 중 5명이 이듬해에 순례자 7명과 함께 메카로 다시 와서 이슬람교를 받아들였다.

당시 메디나는 유대교와 다신교 신자가 혼재해 있어 전쟁이 끊이지 않았다. 무함마드의 유일신 신앙에 매료된 메디나 사람 70여 명이 그의 밑으로 들어가 "목숨 걸고 지킬 테니 마을로 와주세요"라고 요청했다. 신의 사자를 불러들여, 오랜 세월 분쟁으로 얼룩진 자기들의 사회를 평화로 인도하고자 했던 것이다.

당시 무함마드는 이를 '신의 땅으로 이주하라'라는 계시로 받아들였다. 이 계시에 따라 자신을 따르는 무슬림과 함께 메디나로 옮겨가는 '헤지라(이주)'를 단행했다. 200여 명에 이르는 추종자들이 먼저 메카를 탈출한 후, 무함마드는 622년 7월 16일 메카를 떠났다. 쿠라이시 부족의 추격을 따돌리고 무사히 메디나에 도착한 무함마드는 정치적 지도력을 발휘해 부족 사이의 분쟁을 해결하고, 또 이슬람교를 성공적으로 정착시키면서 종교 지도자로 인정받았다.

이슬람 역사에서는 이주를 시작한 해를, 이슬람 공동체가 만들어지고 이슬람 국가가 태동하는 시점으로 본다. 무함마드가 메카를 떠나 메디나로 이주한 622년 7월 16일을 기원 원년 1월 1일로 정하고 있으며, 이를 '헤지라력'이라고 한다. 헤지라는 이슬람제국의 기초를 마련한 사건이자, 이슬람 역사에서 새로운 장을 연 시작점이라고 할 수 있다.

현장법사의 《대당서역기》 629~645년

인도 경전을 번역한 현장이 당나라 불교의 전성기를 주도

인도 여행 견문기로 펴낸 《대당서역기》는 명나라 시대의 유명한 소설 《서유기》의 모티브

당나라에서는 불교가 번성했으며, 여기에는 《서유기》에 등장하는 삼장법사의 모델로 알려진 현장(玄奘, 602~664년)의 공헌이 매우 크다. 그는 인도에서 갖고 온 경전을 20년에 걸쳐 한자로 번역했다. 그것은 600권에 달하는 《대반야경(大般若經)》 등 총 76종 1,347권으로 완성되어 당나라의 불교 전성기를 이끌었다.

당나라 초기의 고승인 현장법사는 10세 때 형을 따라 낙양의 정토사에서 불경을 공부하다가 13세에 승적에 이름을 올려 현장이라는 법명을 얻었다. 흔히 삼장(三藏)법사라고 불리기도 하는데, 삼장이라는 명칭은 불교의 경전을 일컫는 경장(經藏)·율장(律藏)·논장(論

비하르에 있는 날란다 사원, 2022년, © Odantapuribs, W-C

藏)에 모두 뛰어나 얻게 된 별칭이다.

젊은 현장은 불경을 공부하는 중에 번역에 오류가 많다는 사실을 알고는 직접 인도(천축국)에 가서 산스크리트 경전을 연구하고자 했다. 그러나 당시 당나라에서는 백성들의 해외여행이 금지되어 있었다. 그는 세 번에 걸쳐 인도 여행을 신청했으나 계속 거절당하자 629년(일설 627년), 법을 어기고 출국한다. 그는 장안을 떠나 양주에 갔다가 국경을 지키는 관리들에게 붙잡혔으나 도망친 다음 과주에 당도했다. 천신만고 끝에 옥문관을 벗어나 천산북로로 가다 투루판에서 빠져 사마르칸트를 경유해 아프가니스탄, 서북인도로 들어갔다.

인도에 도착한 현장은 최고의 불교 학교인 날란다 사원에서 5년

현장의 인도 순례와 ≪대당서역기≫

<인도 여행을 저술한 책/ 12권>

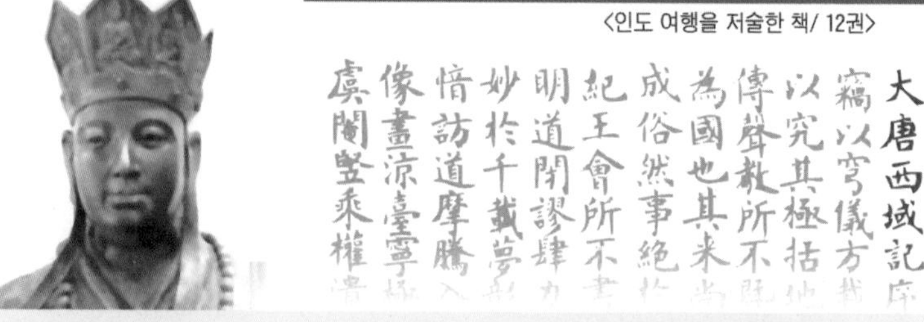

동안 지내면서 그곳의 모든 불경을 독파했다. 그 후 바르다나 왕조의 하르샤 왕(계일왕, 戒日王)의 비호 아래 불경 600여 권을 손에 넣고, 바미얀과 천산남로의 돈황을 거쳐 645년에 귀국했다. 그 경전들을 보관한 대자은사(大慈恩寺)의 대안탑(大雁塔)은 지금도 남아 있다.

귀국 후에는 자신이 가지고 돌아온 불교 경전을 한문으로 번역하는 데 몰두했다. 또 자신의 인도 여행 견문기를 토대로 제자들과 함께 《대당서역기(大唐西域記)》를 펴내 태종에게 진상했다. 이 책은 당시의 인도와 중앙아시아(서역)를 파악하는 데 귀중한 자료일 뿐만 아니라 명나라 시대의 유명한 소설 《서유기》의 모티브가 되기도 했다.

'세계의 수도' 당나라 장안성 7~10세기

인구 100만 명의 장안성은 세계 정치, 경제, 문화의 중심

장안성의 바둑판 형태의 길과 정부 기관의 위치 등은 주변 민족들이 수도를 건설할 때 모델로 삼아

당나라는 화북에서 강남까지 동서 문화가 융합되어 있어 독특한 분위기로 가득했다. 수도는 현재의 서안(西安) 부근인 장안(長安)이었고, 사산 왕조 페르시아 및 이슬람제국과의 교류를 통해 서양 문화와 조로아스터교, 이슬람교 등이 들어왔다. 장안성은 국내의 상업 활동과 국외 무역이 집중된 도시로서, 당나라의 정치, 경제 및 문화의 중심지였다. 전성기에는 바그다드와 더불어 인구 100만 명을 자랑하며 영화를 누렸을 정도로 세계에서 가장 큰 도시였다.

수나라 왕조가 시작된 다음 해인 582년, 한(漢)나라 시대의 장안성 동남쪽에 있는 용수산(龍首山) 남쪽에 도성인 대흥성(大興城)이 건설되

장안의 성벽. 현존하는 중국의 성벽 중 보존 상태가 가장 뛰어나다. 2006년. © Siggi, Jarling, W-C

었다.

수나라의 뒤를 이은 당나라는 대흥성을 수도로 삼았으며 도성의 명칭을 장안성이라고 했다. 도성은 좌우 대칭 체계를 형성해서 도시가 매우 잘 정비되었다. 동서 길이 9,721m, 남북 길이 8,652m, 성벽의 폭은 9~12m이며 동서남북 각 면에 성문을 3개 만들었다. 장안성은 중앙 북쪽 끝에 궁성이 있고, 그 앞에 황성이 있다. 황성의 앞쪽 모서리 좌우에는 동시(東市)와 서시(西市)가 있어 도성의 교역이 집중되었다.

수나라 시대에는 대흥성의 궁성을 대흥궁이라 했고, 정전을 대흥전이라 칭했다. 당나라 시대에는 이것을 계승해 사용했고, 궁성을

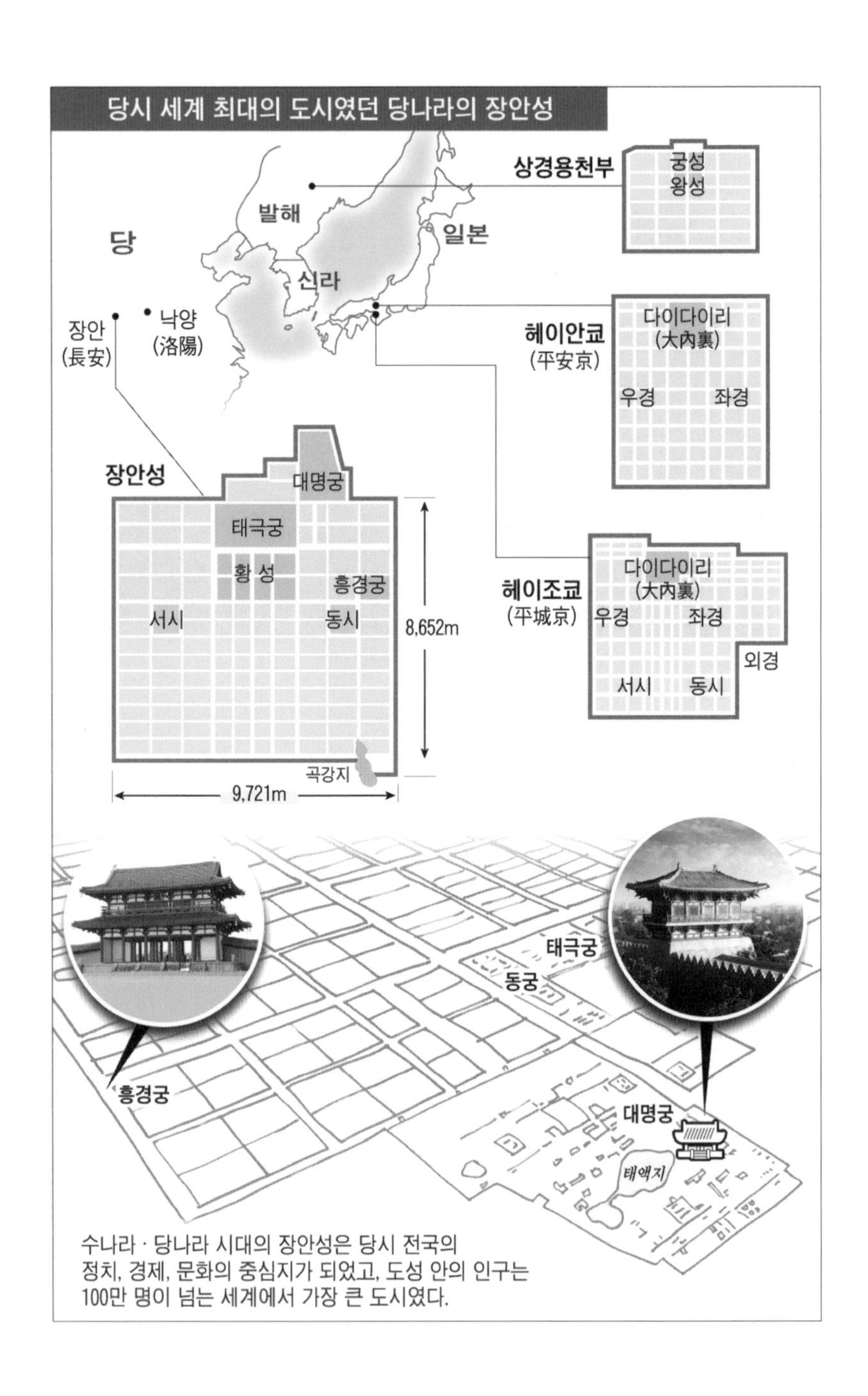

수나라 · 당나라 시대의 장안성은 당시 전국의
정치, 경제, 문화의 중심지가 되었고, 도성 안의 인구는
100만 명이 넘는 세계에서 가장 큰 도시였다.

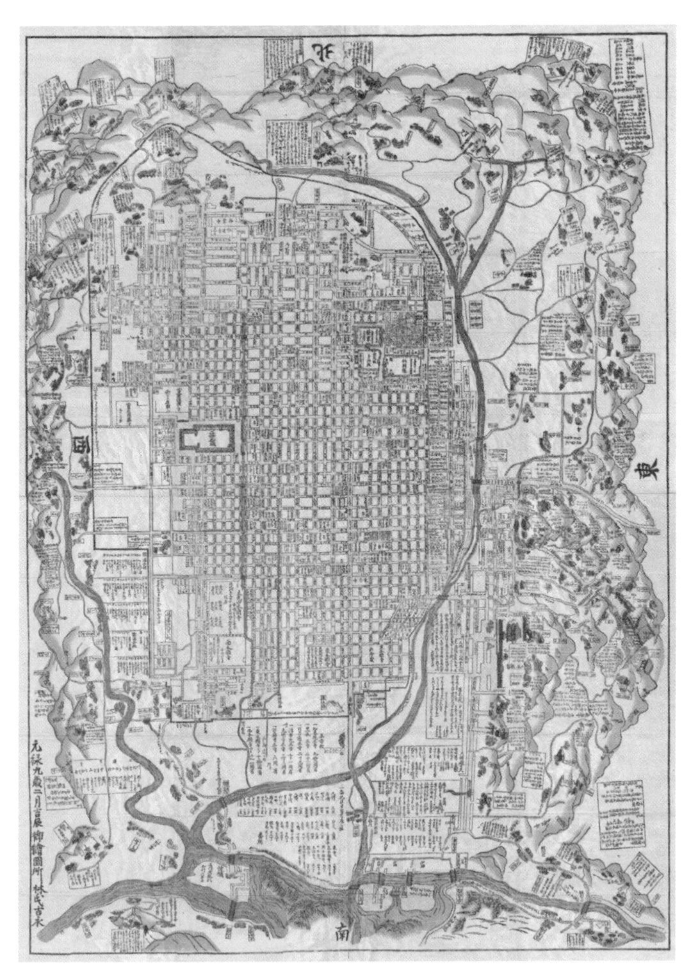

당나라 수도 장안을 모방해서 도쿄 이전의 수도 헤이안쿄를 그린 일본의 목판 지도, 1696년, 교토 겐로쿠.

태극궁, 정전을 태극전으로 개칭했다.

성내 중앙 북단에는 천자가 머무는 궁성이 있으며, 이곳은 약 10m 높이의 성벽으로 둘러싸여 있었다. 그 남쪽에는 태극전, 북쪽에는 양의전, 동쪽에는 황태자가 거하는 동궁, 서쪽에는 황후와 후궁들이 거하는 액정궁을 배치했다. 황제는 남쪽에 있는 태극전에서 매월 1일과 15일에 중요한 정무를 처리했다. 대명궁 뒤의 정원에는 태액지가 있다.

장안성 안에는 중앙을 주작대로(朱雀大路)가 관통했으며, 동쪽은 고급 술집이 늘어선 세련된 지역으로 주로 귀족과 관리가 살았다. 서쪽은 이국적인 색채로 가득한 서민 지구로 지방 출신의 거주자가 많았고, 동쪽에 비해 인구가 많았다고 한다.

주변 민족들은 이 바둑판 형태의 길과 정부 기관의 위치 등을 참고하여 수도를 건설했고, 일본도 이를 모방해 헤이조쿄와 헤이안쿄를 세웠다.

그러나 이처럼 영화를 누리던 장안에도 755년에 발발한 '안사의 난'으로 인해 식량난이 발생하는 등 쇠망의 그림자가 드리워지기 시작했다. 결국 당나라는 907년, 절도사 주전충(朱全忠)에 의해 멸망했고, 이후 장안은 두 번 다시 중국의 수도가 되지 못했다.

이슬람 세계의 확대와 지하드 7~8세기

무함마드를 계승한 칼리프들은 지하드로 지중해의 지배권 확대

비잔티움과 페르시아에 대한 공격을 시작한 우마르는 지중해 전역에 대해 지하드 본격화

예언자 무함마드는 40세에 자신의 고향에서 이슬람교를 전파하기 시작했는데, 유일신 교리에 반대하는 메카 지배층의 박해가 심해 포교 활동을 이어갈 수가 없었다. 무함마드는 622년 7월, 자신의 추종자들과 함께 북쪽의 메디나로 이주했다. 이때의 이주를 '헤지라'라고 하며, 초기에 이슬람 교단의 토대를 성공적으로 구축하는 계기가 되었다.

630년 무함마드는 무슬림군을 이끌고 메카를 정복한 다음, 곧이어 아라비아 반도의 대부분 지역을 이슬람교의 세력하에 통일했다.

무함마드는 아라비아 반도 전역에 이슬람교를 보급했다. 632년,

이슬람 예언자 무함마드의 무덤 위에
세워진 그린 돔, 2018년,
© Muhammad Mahdi Karim, W-C

무함마드가 죽자 교단이 혼란스러워지면서 한때 위기에 직면한다. 그러나 장로 아부 바크르가 초대 칼리프로 취임한 후 2년이라는 짧은 재임 기간 동안 부족의 분열을 막고, 이슬람교 확산을 위한 전쟁으로서 '지하드(성전)'를 개시했다. 선거로 뽑힌 초대 장로부터 4대 장로까지를 '정통 칼리프'라고 한다. 칼리프는 이슬람 교리의 정통성을 수호하며, 이슬람 공동체의 통치에 관한 모든 일을 관장하는 이슬람제국의 최고 통치자를 일컫는다.

634년 아부 바크르가 갑자기 사망한 후, 우마르가 제2대 칼리프

이슬람 세계의 확대와 주요 지하드
← 이슬람의 진출 경로
622~632년
632~661년
661~750년
❷ 투르 푸아티에 전투 (732년)
❶ 니하반드 전투 (642년)
❸ 탈라스 전투 (751년)
파리
프랑크 왕국
대서양
베네치아
도나우 강
흑해
카스피 해
아랄 해
발하슈 호
로마
랑고바르드
콘스탄티노플
비잔티움제국
아르메니아
사라고사
톨레도
카르타고
탕헤르
지중해
티그리스 강
사마르칸트
메르프
아프가니스탄
카불
다마스쿠스
시리아
바그다드
이라크
이스파한
이란
마그레브
트리폴리
알렉산드리아
예루살렘
유프라테스 강
카이로
발루치스탄
인더스 강
아프리카
페잔
이집트
인도
메디나
메카
아라비아 반도
나일 강
홍해
아라비아 해
❶ 무슬림군이 사산 왕조 페르시아를 물리친 전투. 이로써 페르시아제국은 해체된다.
❷ 갈리아 지방에 진출하여 카를 마르텔이 이끄는 프랑크 왕국과 싸웠으나 패전.
❸ 중앙아시아의 지배를 놓고 탈라스 강 근처에서 고선지가 이끄는 당나라군과 싸워 승리.

로 추대되었다. 우마르는 비잔티움과 페르시아 세력에 대한 공격을 시작하면서 지중해 전역에 대해 지하드를 본격화했다. 지하드는 이슬람 교리의 확산과 함께 티그리스강, 유프라테스강 사이의 '비옥한 초승달 지대'를 비롯한 토지와 교역로를 확보하려는 목적도 있었다. 우마르는 10년의 통치 기간 동안 이집트를 정복하고, 니하반드 전투(642년)에서 사산 왕조 페르시아를 물리치는 등 초기 이슬람제국의 실질적인 건설자가 되었다.

우마르의 뒤를 이어 오스만, 알리로 이어지는 도합 4대의 정통 칼리프 시대가 계속되었는데, 그 사이에 이슬람 교단 내에서 세력 다툼이 본격화되기 시작했다. 661년, 제4대 칼리프 알리가 자객에게 피살되자, 이번에는 우마이야 가문의 무아위야가 시리아의 다마스쿠스에서 우마이야 왕조를 창업했다.

661년에 일어난 우마이야 왕조 이후 칼리프는 세습제로 바뀌었으나 정복 운동은 계속되었다. 서쪽으로는 북아프리카를 거쳐 이베리아 반도에 진출해 서고트족을 물리쳤다. 750년, 무함마드의 친족 아바스의 자손이 우마이야 왕조의 뒤를 이었다. 751년, 아바스 왕조는 중앙아시아의 패권을 두고 중국의 당나라와 탈라스 전투를 치러 승리한다. 이로써 이슬람교 세력은 더욱 확산되었다.

아바스 왕조는 762년에 티그리스강 중류의 바그다드로 도읍을 옮겨 1258년까지 계속되었다.

당나라 안사의 난 755~763년

양귀비에게 홀린 현종은 절도사 안녹산의 반란으로 실각

안녹산과 측근 사사명이 일으킨 안사의 난으로
당나라는 뿌리째 흔들리면서 멸망의 길을 걸었다

북쪽 지방의 유목민 문제로 골치를 썩던 당나라는 절도사가 이끄는 군대를 국경에 배치해 국방을 담당하게 했다. 변방에서 국방의 임무를 책임지던 절도사 가운데 한 시대를 풍미한 인물이 바로 안녹산(安祿山)이다.

안녹산은 이란계 소그드인 아버지와 돌궐인 어머니 사이에서 태어났다. 중앙아시아와 당나라를 잇는 소그드인의 탁월한 중개무역 솜씨는 일찍부터 유명했다. 안녹산의 사회생활도 한족과 이민족 간의 중개 상인으로 시작되었다. 그는 소탈한 성격을 타고난 데다 6개 국어에 능통했기에 점차 상인으로서 두각을 나타내게 되었다. 그

고혹적인 양귀비, 우에무라 쇼엔, 쇼하쿠 아트뮤지엄

과정에서 유주절도사 장수규의 눈에 들어 군인으로서의 새로운 인생을 살게 되었다. 이후 무장으로도 탁월한 능력을 발휘해, 742년 영주에 근거지를 둔 평로(平盧)절도사로 발탁되었다.

한편 명문 귀족 출신인 재상 이임보는 정치에 싫증이 난 현종에게 전권을 위임받아 당대 최고의 권신으로 군림하고 있었다. 그는 귀족 세력을 견제하기 위해 이민족이나 서민 출신을 절도사로 임명했다. 안녹산은 현종과 이임보의 지원 속에 평로, 범양(范陽), 하동(河東) 3번진의 절도사를 맡아 장기 집권할 수 있었다. 그러나 권신 이임보가 죽고 양귀비의 6촌 오빠인 양국충이 재상에 오르면서 두 사

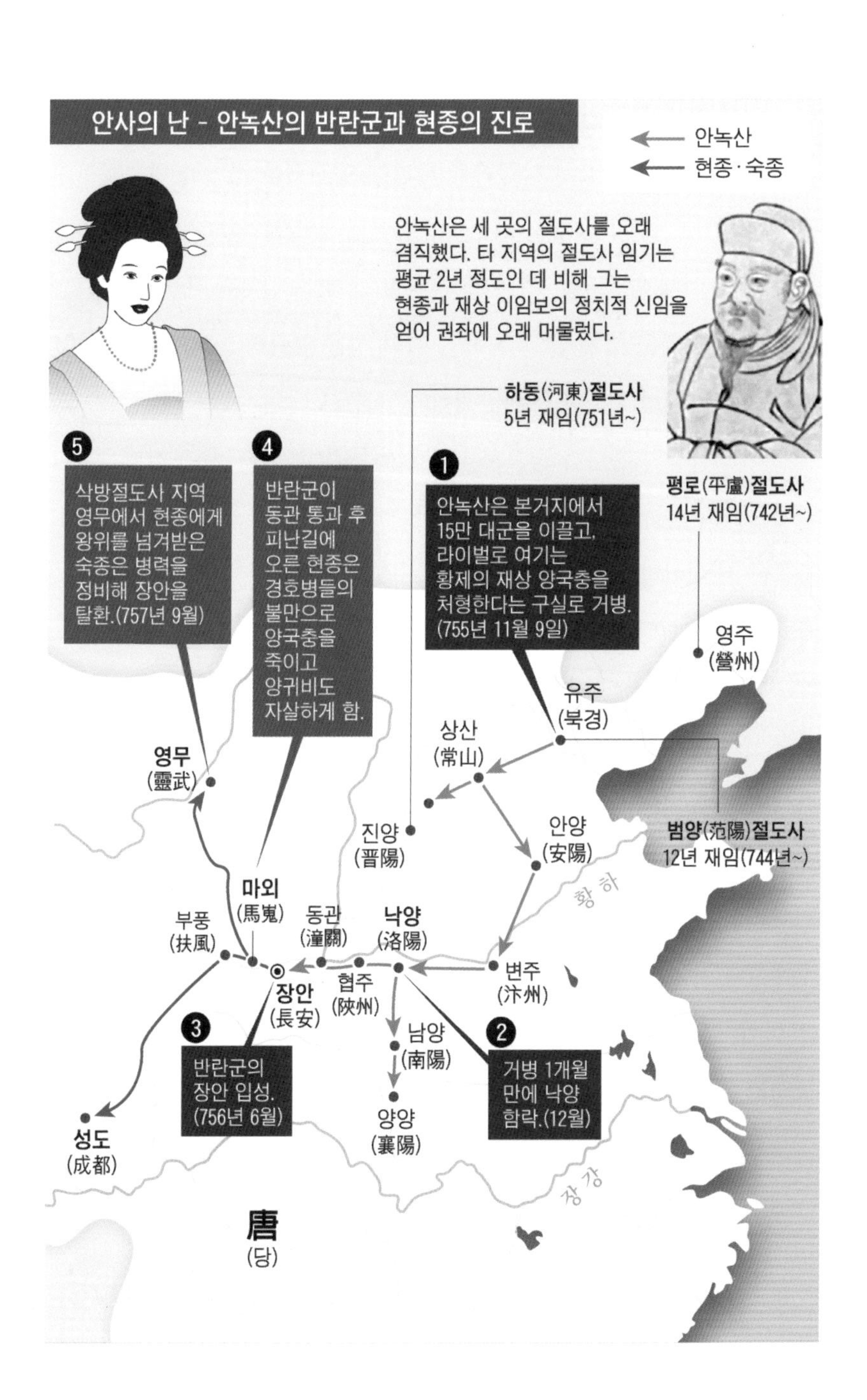

안사의 난 - 안녹산의 반란군과 현종의 진로
안녹산
현종·숙종
안녹산은 세 곳의 절도사를 오래 겸직했다. 타 지역의 절도사 임기는 평균 2년 정도인 데 비해 그는 현종과 재상 이임보의 정치적 신임을 얻어 권좌에 오래 머물렀다.
하동(河東)절도사
5년 재임(751년~)
평로(平盧)절도사
14년 재임(742년~)
범양(范陽)절도사
12년 재임(744년~)
1 안녹산은 본거지에서 15만 대군을 이끌고, 라이벌로 여기는 황제의 재상 양국충을 처형한다는 구실로 거병. (755년 11월 9일)
2 거병 1개월 만에 낙양 함락.(12월)
3 반란군의 장안 입성. (756년 6월)
4 반란군이 동관 통과 후 피난길에 오른 현종은 경호병들의 불만으로 양국충을 죽이고 양귀비도 자살하게 함.
5 삭방절도사 지역 영무에서 현종에게 왕위를 넘겨받은 숙종은 병력을 정비해 장안을 탈환.(757년 9월)
영주 (營州)
유주 (북경)
상산 (常山)
진양 (晋陽)
안양 (安陽)
황하
영무 (靈武)
마외 (馬嵬)
부풍 (扶風)
동관 (潼關)
낙양 (洛陽)
변주 (汴州)
장안 (長安)
협주 (陝州)
남양 (南陽)
양양 (襄陽)
성도 (成都)
장강
唐 (당)

람 사이에 권력 투쟁이 시작되었다.

마침내 그는 간신 양국충 일족을 토벌해 어지러운 정치를 바로잡는다는 명분으로 자신의 근거지인 유주에서 반란을 일으켜 장안을 공격했다. 이때가 755년, 그의 병력은 20만 명에 달했다. 반란군은 이렇다 할 저항도 받지 않고 동북의 여러 성을 함락하고, 낙양을 거쳐 장안으로 향했다. 현종은 양귀비와 소수의 대신과 호위 병사만 거느리고 서쪽의 촉나라 땅으로 피난길에 올랐다. 마외에 도착했을 때에는 호위 병사들의 요구로, 사랑하는 양귀비와 양국충 일족에게 죽음을 내려야만 했다. 삭방절도사 지역의 영무에서 현종 자신도 아들 숙종에게 양위하고 황제의 자리에서 물러났다.

안녹산은 장안을 함락하고 새로운 왕조를 세우려 했으나 자신의 아들 경서(慶緖)에게 살해당하고 만다. 적자인 자신이 아니라 첩의 소생인 안경은을 후계자로 삼으려 했기 때문이었다. 이후 안녹산의 친구이자 측근이었던 사사명(史思明)이 안경서를 죽이고 스스로 대연황제라 칭했지만, 그도 아들 조의(朝義)에게 죽임을 당했다.

마침내 안녹산과 측근 사사명이 일으킨 반란, 즉 안사의 난은 8년(755~763년) 만에 대단원의 막을 내렸지만 당나라는 이미 뿌리째 흔들리고 있었다. 전성기에는 5,000만 명에 육박하던 인구가 2,000만 명으로 줄어드는 등 멸망의 기운이 짙게 드리워졌다.

바이킹의 유럽 침략 8세기~

북유럽 바다의 강자 바이킹이 유럽 전역에서 뿌리를 내렸다

서프랑크 왕 샤를 3세는 바이킹의 지도자 롤로에게 센강 하류의 땅을 주고 노르망디공으로 봉했다

북유럽 민족인 바이킹은 크게 노르인(노르웨이인), 스웨드인(스웨덴인), 데인인(덴마크인)의 세 부족으로 나뉘며, 현재의 노르웨이, 스웨덴, 덴마크 같은 나라의 민족적 뿌리를 이루고 있다. 그들이 살던 땅은 농업에 적합하지 않았기 때문에 어업과 상업으로 삶을 영위했다.

바이킹 중에서 덴마크인과 노르웨이인은 주로 서유럽에서, 그리고 스웨덴인은 주로 동유럽에서 침략과 약탈을 일삼았다. 침략 초기에는 족장이 전사를 이끌고 따뜻한 여름에 출발하여 날씨가 추워지는 겨울이 되기 전에 돌아왔다.

바이킹은 8세기 말부터 프랑크 지방을 침입했지만 샤를마뉴(카롤

▲선수와 선미를 모두 해안에 댈 수 있는 독특한 형태의 바이킹 배.

유럽 전역으로 세력을 넓힌 바이킹

1 노브고로드 공국은 바이킹의 용병들이 건국.

2 노브고로드에서 남하한 바이킹이 점령 후 성립.

3 911년, 바이킹인 노르인에게 센 강 하류 지역의 영유권이 인정되면서 성립.

4 1130년경, 이주해 온 노르인이 영토를 승계하면서 성립.

원래 바이킹 거주지

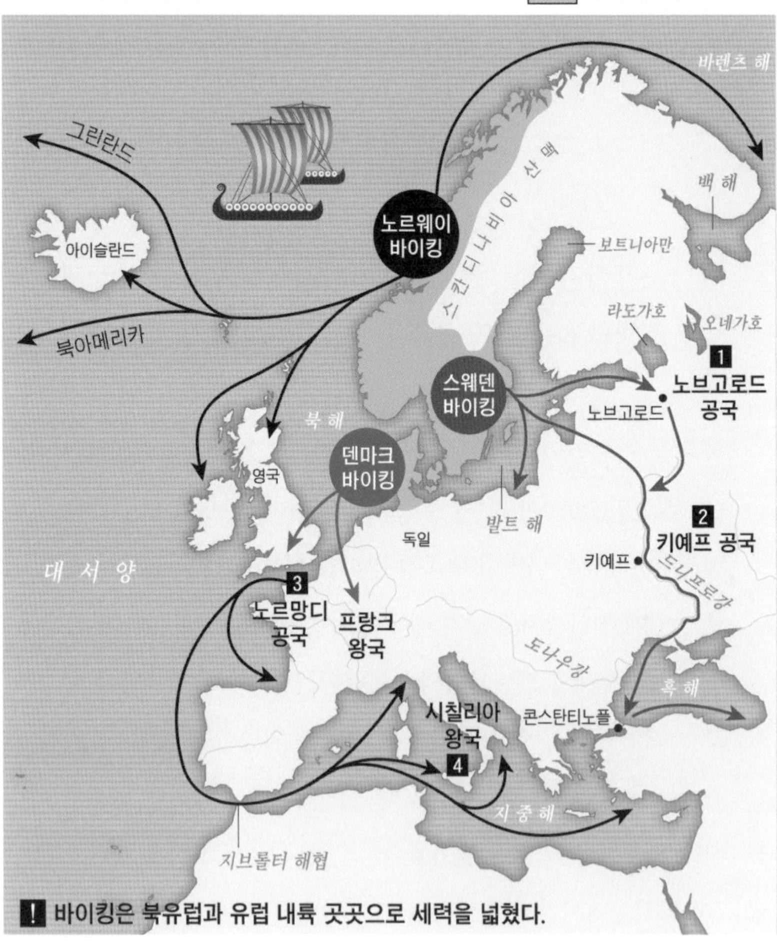

! 바이킹은 북유럽과 유럽 내륙 곳곳으로 세력을 넓혔다.

루스 대제)가 격퇴했다. 그러나 샤를마뉴가 죽은 뒤에는 센강과 루아르강 하구에 기지를 건설하고, 파리를 점령하는 등 내륙의 여러 도시를 약탈했다.

911년 서프랑크 왕 샤를(카롤) 3세는 바이킹의 지도자 롤로에게 그들이 점령한 센강 하류 지역의 땅을 지배지로 주고 노르망디공으로 봉했다. 그 뒤 이 지방은 급속히 프랑스 문화에 동화되었다. 그리고 1066년 노르망디공 윌리엄이 영국을 정복하고 노르만 왕조를 세우는 데 성공했다. 이로써 영국에서는 한때 프랑스어가 공용어로 사용되기도 했다.

한편 스웨덴계 바이킹인 루시족은 동유럽으로 진출했다. 그들은 발트해 연안에 무역 기지를 건설해 해상무역을 하는 동안 슬라브인에게 용병으로 초청되어 활약하였다. 특히 노브고로드의 슬라브인에게 초청된 루시족의 지도자 류리크는 862년 노브고로드 공국을 건설했다. 따라서 슬라브인까지도 포함한 루시족이 러시아인의 기원을 이룬 것으로 여겨진다. 류리크가 죽은 뒤 실력자 올레크는 수도를 드니프로강 중류의 키예프로 옮기고 주변의 여러 슬라브 민족을 정복하면서 키예프 공국을 세웠다.

바이킹족의 원정은 유럽 대륙에만 그치지 않았다. 그들은 10세기경 아이슬란드와 그린란드를 발견했고, 그곳에다 식민지를 건설하기도 했다. 그리고 12세기 초에는 노르인의 일파가 지금의 나폴리와 시칠리아 지역을 지배했다.

프랑크 왕국의 분열 843년

샤를마뉴 황제의 서로마제국은 독일, 프랑스, 이탈리아로 분할

서로마제국 황제 샤를마뉴가 죽자마자 프랑크 왕국은 영토 분쟁으로 해체되기 시작

게르만족은 갈리아 지방을 지배하면서 서유럽 일대에 여러 왕국을 세웠다. 그중에서 프랑크족의 클로비스가 481년 갈리아 지방에 세운 프랑크 왕국은 기독교로 개종한 뒤 로마 교황의 지지를 얻으며 게르만 통일 국가로 발전한다.

800년에는 샤를마뉴(카롤루스 대제)가 옛 서로마제국의 영토를 대부분 차지하여 서유럽을 통일하자 교황은 그를 서로마제국 황제로 임명했다. 하지만 정복자 샤를마뉴가 죽자마자 거대한 프랑크 왕국은 내분이 일어나면서 빠르게 해체되기 시작했다.

프랑크 왕국에는 남자가 균등하게 유산을 상속받는 관습이 있었

프랑크 왕국이 3개 국가로 분열

샤를마뉴가 죽자(814년) 프랑크 왕국 내에서는 치열한 영토 분쟁이 일어났고, 결국 베르됭 조약, 메르센 조약에 따라 세 나라로 분열된다.

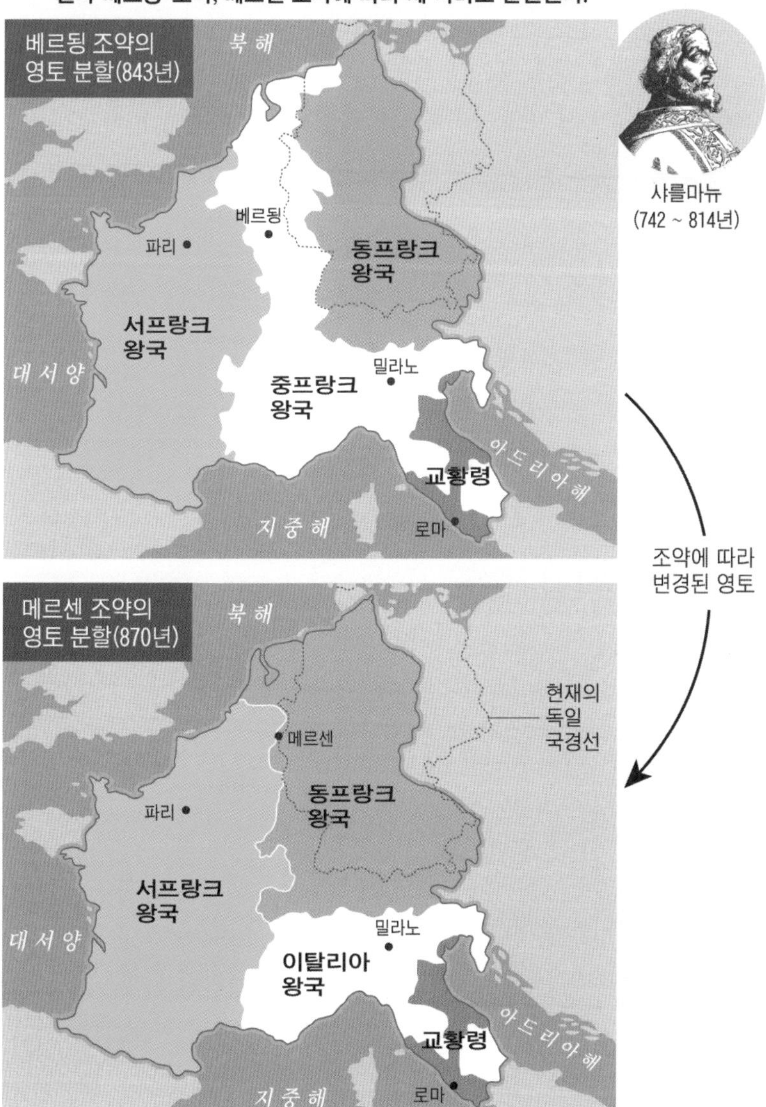

다. 그러나 샤를마뉴는 피핀과 샤를이 잇달아 죽으면서 사남 루이(루트비히) 1세에게 황제의 지위와 영토 대부분을 물려줄 수 있었다. 813년 아버지 샤를마뉴에 의해 공동 황제에 오른 루이 1세는 자신의 자식 대에는 프랑크 왕국의 상속 관습을 유지하고자 했으나, 그의 세 아들은 영토 분할을 둘러싸고 치열한 골육상쟁을 벌였다.

결국 루이 1세가 죽자, 유산 문제는 왕자들 사이에서 서로 물고 물리는 내란으로 발전되었다. 이 내란은 베르됭에서 왕국을 삼등분하는 베르됭 조약을 맺음으로써 끝이 났다. 장남인 로타르는 황제 제위와 중프랑크 왕국, 삼남인 루이 2세는 동프랑크 왕국, 사남인 샤를은 서프랑크 왕국을 차지했다. 그 가운데 왕위 상속을 둘러싼 권력 투쟁에 회의를 느낀 로타르는 아들들에게 왕위와 영지를 넘겨준 후 수도원에 들어가 수도사로 생을 마친다.

로타르의 장남이 이탈리아를 물려받았고, 나중에 삼촌인 동프랑크의 루이 2세와 서프랑크의 샤를이 로타르의 중프랑크 영토를 나눠 가지는 조약을 맺었다. 870년에 맺은 메르센 조약에 따라 중프랑크의 동쪽과 서쪽은 두 삼촌이 서로 차지하고, 거기서 제외된 남쪽 영토만 이탈리아 왕국으로 불리게 되었다.

이 메르센 조약으로 그어진 국경은 이후 독일, 프랑스, 이탈리아의 영토를 구분하는 기초가 되었다. 언어 또한 이 국경과 거의 동일한 지역에 따라 독일어, 프랑스어, 이탈리아어로 나뉘고 있다.

레콩키스타-국토회복운동 8세기~1492년

이베리아 반도의 기독교 왕국이 이슬람 세력을 몰아낸 800년 전쟁

이베리아 반도 북부의 기독교 왕국들이 남부의 이슬람 국가를 몰아내려고 전쟁 시작

이베리아 반도를 통일한 기독교도 서고트족은 711년, 북아프리카에서 쳐들어온 이슬람 국가 우마이야 왕조와의 전쟁에서 패한 후 피레네 산맥의 북부 산악 지대로 밀려났다. 권토중래를 꿈꾸던 기독교도들은 우마이야 왕조가 내부 분열로 무너지면서 레콩키스타(Reconquista, 국토회복운동)를 시작한다. 레콩키스타는 718년부터 1492년까지 약 800년에 걸쳐서 이베리아 반도 북부의 기독교 왕국들이 이베리아 반도 남부의 이슬람 국가를 몰아내고 다시 기독교도의 땅으로 되돌리려는 운동을 뜻한다.

11세기 이후 쇠퇴 일로를 걷던 이슬람 세력을 대신해 기독교도인

그라나다의 항복, 1882년, Francisco Pradilla y Ortiz, 스페인 상원의회당

카스티야와 아라곤이 이베리아 반도의 새로운 세력으로 떠올랐다. 또한 서고트족 기원의 레온 왕국과 카스티야 왕국을 계승한 알폰소 6세는 1085년에는 이슬람교도의 거점인 톨레도를 점령하고 사라고사 등을 회복했다.

1200~1300년대에는 이베리아 반도의 기독교 왕국인 포르투갈 왕국, 카스티야 왕국, 아라곤 왕국이 주변을 통합하고 주요 세력이 되었다. 기독교 세력은 1236년에 코르도바, 1248년에는 세비야를 탈환했고, 마침내 13세기 후반에는 이슬람 세력을 멀리 남쪽의 그

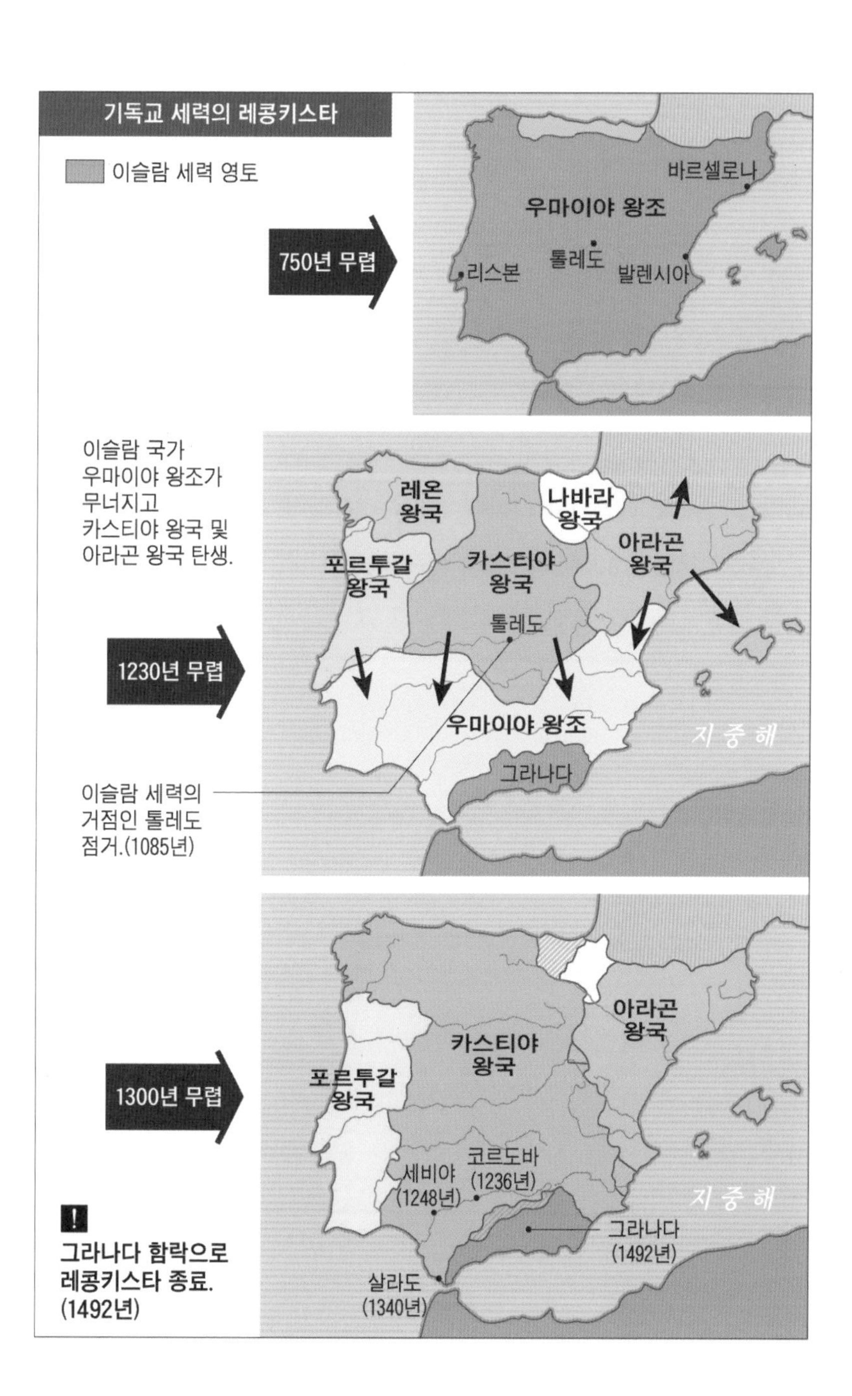
기독교 세력의 레콩키스타
이슬람 세력 영토
750년 무렵
바르셀로나
우마이야 왕조
리스본
톨레도
발렌시아
이슬람 국가
우마이야 왕조가
무너지고
카스티야 왕국 및
아라곤 왕국 탄생.
레온
왕국
나바라
왕국
아라곤
왕국
포르투갈
왕국
카스티야
왕국
톨레도
1230년 무렵
우마이야 왕조
지중해
그라나다
이슬람 세력의
거점인 톨레도
점거.(1085년)
아라곤
왕국
카스티야
왕국
포르투갈
왕국
1300년 무렵
코르도바
(1236년)
세비야
(1248년)
지중해
그라나다
(1492년)
살라도
(1340년)
그라나다 함락으로
레콩키스타 종료.
(1492년)

라나다로 몰아냈다.

1469년 아라곤 왕국의 페르난도 2세와 카스티야 왕국의 이사벨 1세가 결혼하여 두 나라는 아라곤-카스티야 공동 왕국이 되었다. 이후 에스파냐(스페인)로 이름을 바꾼 공동 왕국은 1478년에는 최초의 해외 영토인 카나리아 제도를 정복해 나중에 아메리카 신대륙 항해의 전초기지로 삼았다.

1492년 1월 2일, 마침내 군사력이 절대적으로 열세였던 이슬람 세력이 항복을 선언하고 그라나다에서 철수했다. 이로써 이베리아 반도에서 있었던 800년의 이슬람 통치가 끝나고, 기독교의 통일을 꿈꾼 레콩키스타도 완성되었다.

송나라의 건국과 멸망 960~1279년

5대10국의 난세를 평정한 송나라는 원나라에 멸망했다

1233년 몽골군이 금나라의 수도 개봉을 함락,
1279년 송나라는 원나라군에 의해 완전히 멸망

907년, 절도사 주전충은 농민 봉기의 시초가 된 황소의 난으로 쇠약해진 당나라를 멸하고 후량을 건국했다. 이후 화북 지방에서는 50년간 후당, 후진, 후한, 후주 등의 나라들이 잠시나마 성립했고, 화남 지방에서는 후촉, 남당 등 10개 왕조가 성립했다. 이 분열의 시기를 5대10국 시대라고 한다.

이때의 난세를 다스린 사람이 후주(後周)의 무장 조광윤(趙匡胤)이었다. 그는 960년 5대 최후의 왕조인 후주의 왕위를 물려받아 개봉(開封)을 수도로 정하고 송나라를 세웠다. 평생 동안 전쟁터를 누빈 그는 문치주의를 내걸고 과거를 실시했으며, 개국공신과 절도사의

북방 이민족의 침략과 송나라의 판도

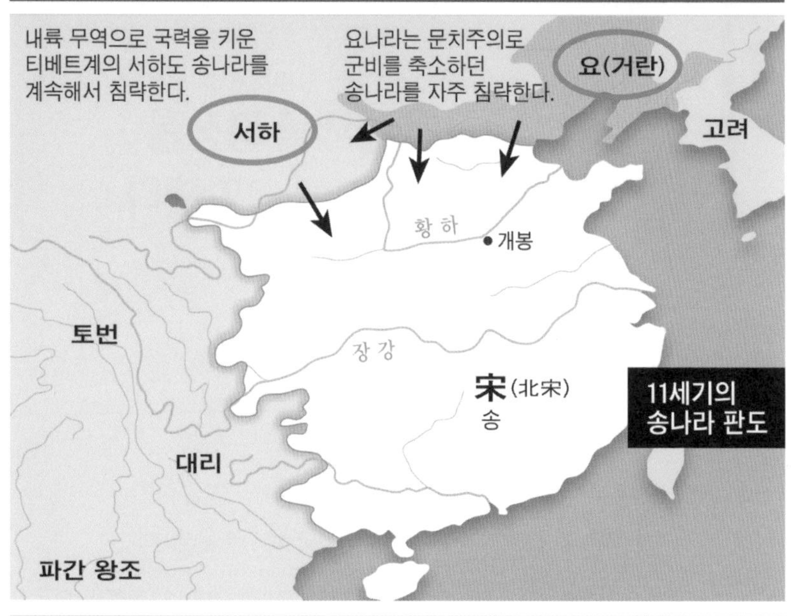

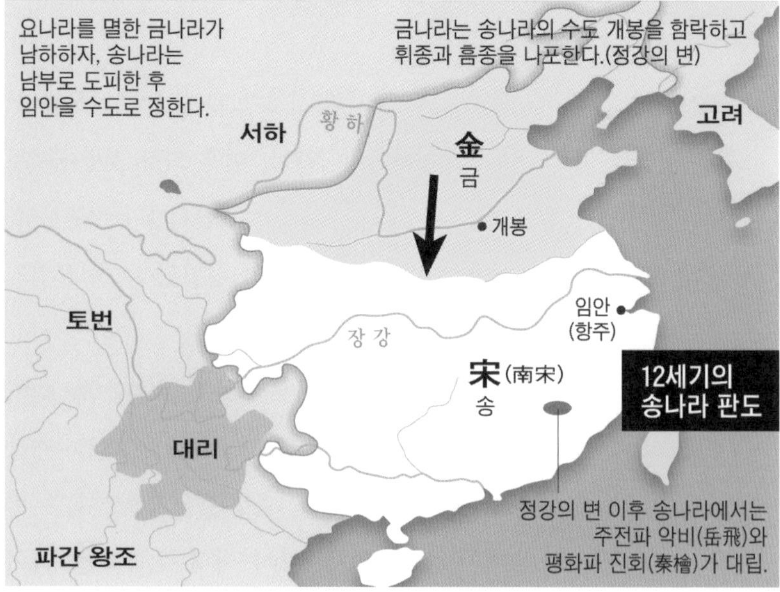

병권을 빼앗는 등 군비를 축소했다. 또한 차(茶)와 비단의 생산을 장려하는 등 경제 발전을 도모했다.

송나라의 과거 제도는 황제의 통치권을 강화했지만, 동시에 과도한 문관 우대로 인해 군사력의 쇠퇴를 불러왔다. 이후 문치주의에 빠진 송나라는 북방의 이민족들로부터 끊임없는 침략을 받았다.

만주에서 일어난 여진족은 1115년 금나라를 세웠다. 송나라는 금나라와 함께 요나라를 공격하기 위해 동맹을 맺고, 1121년 요나라를 멸망시켰다. 그러나 영토 문제로 금나라가 송나라를 공격해, 1127년 도읍인 개봉이 함락되고 황제 흠종(欽宗)과 태상황 휘종(徽宗)은 포로 신세가 되었다. 이 사건을 '정강의 변(靖康之變)'이라고 한다.

흠종의 동생인 조구(趙構)는 남쪽의 임안(臨安, 지금의 항주)으로 천도한 다음 고종(高宗)으로 즉위했다. 이후 송나라는 남송이라고 불렸다.

1127년 즉위한 고종은 송나라를 다시 부흥시켰다. 처음엔 주전파 악비(岳飛)의 주도로 금나라에 저항했으나, 나중에 평화파 진회(秦檜)가 주전파를 누르고 금나라와 화평을 맺었다. 고종의 뒤를 이은 효종(孝宗) 시대에는 남송과 금나라의 관계가 안정되어 평화가 찾아왔다.

한편 1233년 몽골군이 금나라의 수도 개봉을 함락하고, 1234년 금나라는 멸망했다. 이후 남송군과 몽골군 사이에는 낙양과 개봉의 지배권을 두고 전쟁이 벌어졌다. 결국 쿠빌라이가 양양(襄陽)을 함락한 후 수도 임안까지 넘어가고, 1279년 마침내 송나라는 원나라군에 의해 완전히 멸망하고 말았다.

신성로마제국의 탄생 962년

작센 왕조의 오토 1세가 신성로마제국의 황제에 즉위

독일 왕국과 이탈리아 왕국은 신성로마제국 황제의 지배를 받게 되었다

프랑크 왕국은 기독교로 개종한 뒤 로마 교황의 지지를 얻으며 게르만 통일 국가로 발전한다. 800년에는 샤를마뉴(카롤루스 대제)가 옛 서로마제국의 영토를 대부분 차지하여 서유럽을 통일하자 교황으로부터 서로마제국 황제로 임명된다. 하지만 정복자 샤를마뉴가 죽자마자 거대한 프랑크 왕국은 영토 승계를 둘러싼 골육상쟁의 내분이 일어나면서 해체되기 시작했다.

프랑크 왕국은 샤를마뉴 사후 사남 루이(루트비히) 1세가 황제의 지위와 영토 대부분을 물려받았다. 840년 루이 1세가 죽자, 그의 세 아들은 영토 분할을 둘러싸고 치열한 다툼 끝에 이탈리아 왕국, 동

분열된 프랑크 왕국과 신성로마제국의 성립
북해
현재의 독일 국경선
런던
메르센
프랑크푸르트
파리
동프랑크 왕국
서프랑크 왕국
레히펠트 전투
밀라노
대서양
이탈리아 왕국
교황령
아드리아해
로마
지중해
프랑크 왕국
샤를마뉴 대제 시대 유럽 (9세기)
신성로마 제국
오토 1세 시대 유럽 (10세기경)
신성로마제국의 탄생
카롤링거가(프랑크 왕국 왕가)의 혈통이 단절.
작센 왕조의 성립.
955년 오토 1세, 레히펠트 전투로 마자르족을 물리치며 교황으로부터 공로를 인정받는다.
오토 1세, 로마 교황 요한 12세에게 황제의 관을 수여받는다.(오토 1세의 대관 · 신성로마제국 탄생)

프랑크 왕국, 서프랑크 왕국으로 나누어 가졌다. 이 가운데 삼남 루이 2세가 물려받은 동프랑크 왕국은 카롤링거(카롤루스)가의 마지막 왕인 루이 4세가 요절하면서 혈통이 끊겼다. 이후 제후들이 새로운 왕으로 선출되면서 프랑켄공 콘라트, 작센공 하인리히 등이 왕위에 올랐다.

919년, 하인리히는 지금의 독일에 작센 왕조를 일으켰다. 이후 아버지 하인리히 1세에게서 왕위를 물려받은 오토 1세는 955년 독일을 침략한 마자르족을 물리쳤다. 그뿐만 아니라 동방 슬라브족을 정복한 다음에는 기독교를 포교하려 애썼다. 왕권 강화를 목적으로 기독교 세계의 방위와 확대를 위해 노력한 오토 1세는 이탈리아 영토에 대한 지배권을 얻었다.

962년, 교황 요한 12세가 로마에서 오토 1세에게 황제의 관을 씌워줌으로써 신성로마제국이 출현했다. 이후 독일 왕국과 이탈리아 왕국은 신성로마제국 황제의 지배를 받게 되었다. 신성로마제국이라는 명칭은 기독교를 수호하고, 로마제국을 계승하고, 황제가 통치하는 나라라는 뜻이다.

로마제국의 기독교가 동서로 분열 1054년

로마가톨릭교와 그리스정교가 교리 해석과 주도권 놓고 충돌

정치 권력과 함께 교회 권력도 서로 대립하면서 교회의 주도권과 교리 문제로 인해 끊임없이 마찰

392년 기독교를 로마제국의 정식 국교로 인정한 테오도시우스 황제는 395년 사망하면서 큰아들 아르카디우스에게 동로마를, 작은 아들 호노리우스에게 서로마를 통치하라는 유언을 남겼다. 그렇게 해서 동로마제국과 서로마제국이 탄생했다.

한편 훈족의 침략으로 인해 게르만족이 대이동을 하면서 서로마제국의 영토로 넘어와 자리를 잡았다. 그 과정에서 게르만족은 각종 전투에 동원되는 등 점차 로마화되었다. 게르만족이 로마 영토에 진입하면서 로마제국의 붕괴도 가속화되었다. 결국 마지막 황제인 로물루스 아우구스툴루스가 게르만족 출신의 용병 대장인 오도

아케르에 의해 폐위되면서 서로마제국은 멸망하고 말았다.

게르만족은 서로마제국을 멸망시킨 뒤 서유럽 일대에 프랑크족, 동고트족, 서고트족, 반달족 등이 각각 나라를 세웠다. 그중에서 프랑크족의 클로비스가 481년 갈리아 지방에 세운 프랑크 왕국은 기독교로 개종한 뒤 로마 교황의 지지를 얻으며 게르만 통일 국가로 발전한다.

800년에는 샤를마뉴(카롤루스 대제)가 옛 서로마제국의 영토를 대부분 차지하여 서유럽을 통일하자 교황으로부터 서로마제국 황제로 임명된다. 하지만 샤를마뉴가 죽은 이후 프랑크 왕국은 내분이 일어나 서프랑크, 동프랑크, 이탈리아 왕국으로 분할되었다. 그러다가 카롤링거가의 혈통이 끊긴 동프랑크의 왕위를 물려받은 제후 출신의 하인리히 1세가 지금의 독일에 작센 왕조를 일으켰다.

이후 아버지 하인리히 1세에게서 왕위를 물려받은 오토 1세는 955년 독일을 침략한 마자르족을 물리쳤다. 962년, 기독교 세계를 지키고 기독교를 전파한 공로를 인정받아 다시 교황 요한 12세로부터 로마제국 황제로 대관하게 되면서 신성로마제국이 시작되었다.

한편 324년, 콘스탄티누스 1세가 로마제국의 수도로 정하고 천도한 콘스탄티노플(현재의 이스탄불)은 이후 동로마제국(비잔티움제국)의 중심부 역할을 수행했다. 동로마제국은 훈족에 이어 무슬림 등 이민족의 끊임없는 침략을 이겨내면서 로마제국의 정통성을 고수했다. 황제들도 로마 교회가 있는 이탈리아 영토에 대한 종주권과 실

로마네스크 양식의 스테인드글라스로
묘사한 신성로마제국 황제 오토 1세,
2010년 사진, 스트라스부르 대성당

지 회복을 주장했다. 따라서 로마 교회에 간섭하고 이탈리아 반도를 지배하려 했고, 교황이 대관한 샤를마뉴와 오토 1세의 황제의 지위도 인정하지 않았다.

한편 동로마제국은 그리스정교회와 기타 동방정교회, 서로마제국은 로마가톨릭교회와 유대를 맺었다. 정치 권력과 마찬가지로 교회

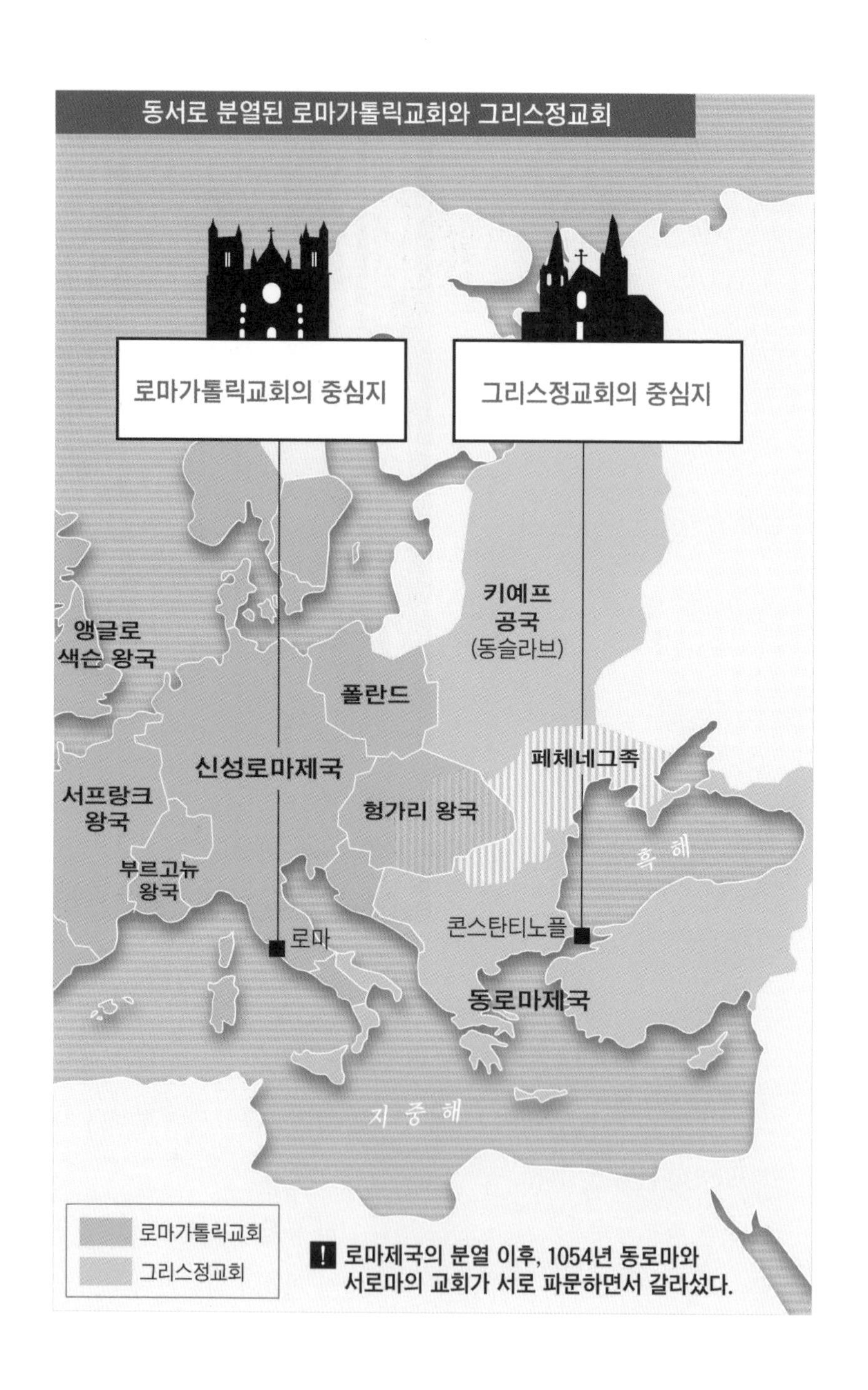
동서로 분열된 로마가톨릭교회와 그리스정교회
로마가톨릭교회의 중심지
그리스정교회의 중심지
키예프
공국
(동슬라브)
앵글로
색슨 왕국
폴란드
신성로마제국
페체네그족
서프랑크
왕국
헝가리 왕국
흑해
부르고뉴
왕국
콘스탄티노플
로마
동로마제국
지중해
로마가톨릭교회
그리스정교회
로마제국의 분열 이후, 1054년 동로마와
서로마의 교회가 서로 파문하면서 갈라섰다.

권력도 서로 대립하면서 교회의 주도권(수장) 문제뿐만 아니라 교회 내부의 교리 문제(단성론이나 성상 숭배 문제 등)로 인해 끊임없이 마찰을 빚었다.

콘스탄티노플의 총대주교 미카엘 케로라리오스는 로마가톨릭교회의 의식 절차가 다른 점을 지적하는 편지를 보냈다. 그러자 로마 교황 레오 9세는 오히려 로마가톨릭교회가 최고의 존재라는 것을 승인하라며 압박했다. 당연히 요구는 수용되지 않았고, 결국 1054년 서로가 서로를 파문하면서 동로마와 서로마의 교회는 그대로 분열되면서 돌아올 수 없는 강을 건넜다.

황제와 교황의 충돌-카노사의 굴욕 1077년

신성로마제국의 황제가 로마 교황에게 무릎을 꿇었다

세속 군주와 로마 교황이 성직자 서임권을 놓고 서로 폐위와 파문을 선언하며 충돌

중세는 로마 교황과 각국의 황제가 치열한 권력 다툼을 벌인 시대이기도 하다. 오토 1세 이후 신성로마제국의 여러 황제는 고위 성직자의 서임권을 손에 쥐고 교회를 지배하면서 성직 매매 등 교회 혼란을 부추겼다. 이런 혼란 때문에 여러 교황이 교황권을 바로잡기 위해 세속 군주와 대립했다.

교황 그레고리우스 7세도 교회 개혁을 명분 삼아 당시 세속 군주가 행사했던 성직자 서임권을 다시 교회로 가져와야 한다고 주장했다. 당시 신성로마제국의 황제였던 하인리히 4세는 1076년 1월, 보름스회의를 소집해 황제의 권한에 도전하는 교황을 폐위하기로 결

카노사의 굴욕,
1862년, Eduard Schwoiser,
뮌헨 막시밀리아네움 재단

의했다. 그러자 교황은 한 달 뒤인 1076년 2월, 로마회의에서 황제의 파문과 폐위를 선언했다.

밀라노 대주교 임명권을 둘러싸고 벌어진 황제와 교황의 대충돌은 몇몇 제후들이 하인리히 4세에게 등을 돌리면서 그레고리우스 7세의 승리로 기울어졌다. 교황 그레고리우스 7세는 자신에게 충성하는 왕을 황제로 삼기로 하고, 1077년 새로운 황제 선정을 위해 북이탈리아의 카노사성으로 향했다. 황제 하인리히 4세는 교황

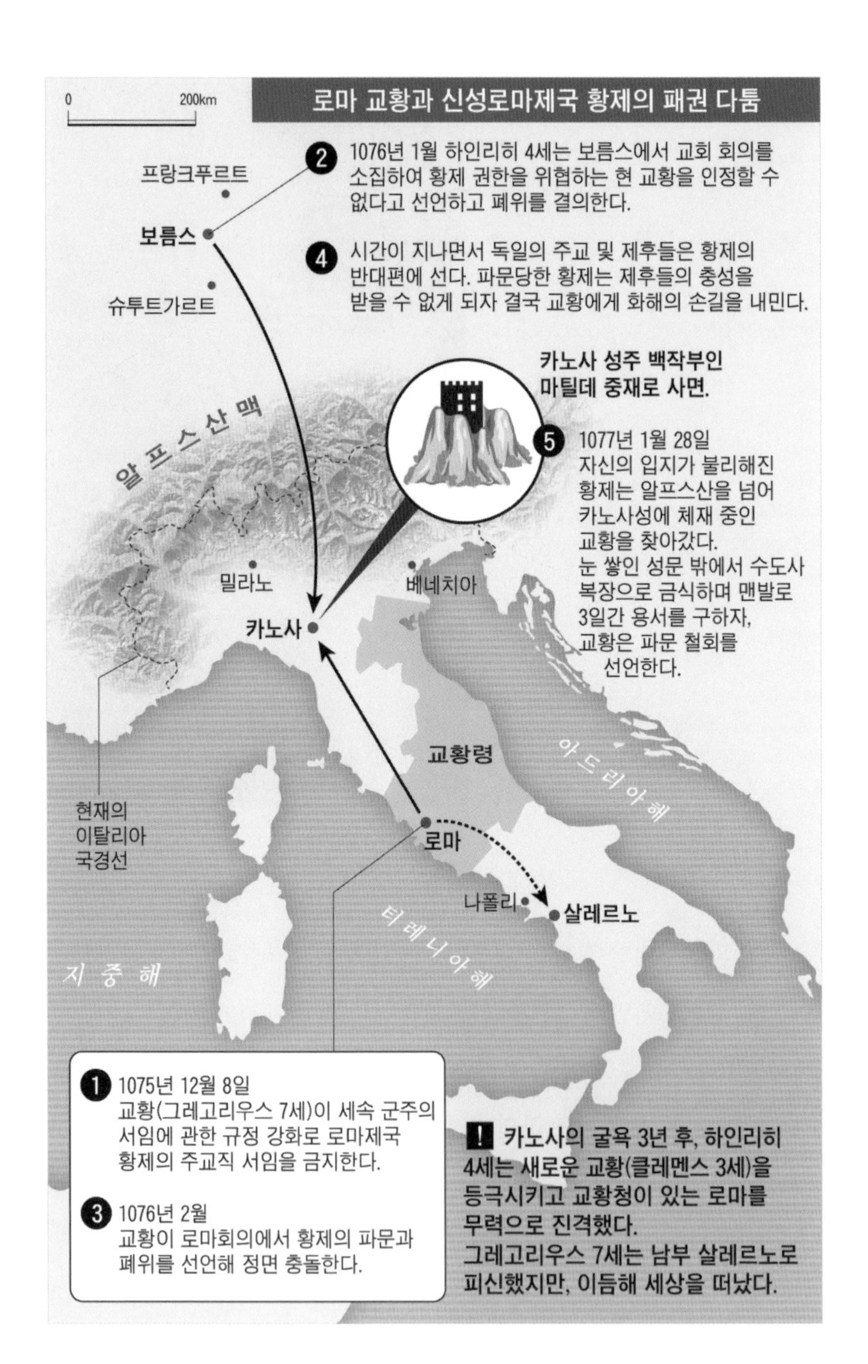
로마 교황과 신성로마제국 황제의 패권 다툼
0
200km
2 1076년 1월 하인리히 4세는 보름스에서 교회 회의를 소집하여 황제 권한을 위협하는 현 교황을 인정할 수 없다고 선언하고 폐위를 결의한다.
4 시간이 지나면서 독일의 주교 및 제후들은 황제의 반대편에 선다. 파문당한 황제는 제후들의 충성을 받을 수 없게 되자 결국 교황에게 화해의 손길을 내민다.
프랑크푸르트
보름스
슈투트가르트
카노사 성주 백작부인 마틸데 중재로 사면.
5 1077년 1월 28일 자신의 입지가 불리해진 황제는 알프스산을 넘어 카노사성에 체재 중인 교황을 찾아갔다. 눈 쌓인 성문 밖에서 수도사 복장으로 금식하며 맨발로 3일간 용서를 구하자, 교황은 파문 철회를 선언한다.
알프스산맥
밀라노
베네치아
카노사
교황령
아드리아해
현재의 이탈리아 국경선
로마
나폴리
살레르노
티레니아해
지중해
1 1075년 12월 8일 교황(그레고리우스 7세)이 세속 군주의 서임에 관한 규정 강화로 로마제국 황제의 주교직 서임을 금지한다.
3 1076년 2월 교황이 로마회의에서 황제의 파문과 폐위를 선언해 정면 충돌한다.
! 카노사의 굴욕 3년 후, 하인리히 4세는 새로운 교황(클레멘스 3세)을 등극시키고 교황청이 있는 로마를 무력으로 진격했다. 그레고리우스 7세는 남부 살레르노로 피신했지만, 이듬해 세상을 떠났다.

을 뒤쫓았지만 독일 제후들이 새로운 황제를 추대하려고 했기 때문에 전의를 상실한 채 교황에게 화해와 용서를 구해야 하는 처지로 전락했다.

1077년 1월 25일, 하인리히 4세는 교황이 머물고 있는 카노사 성문 앞에 수도사의 복장을 한 채 맨발로 섰다. 교황은 하인리히 4세를 성 안으로 들여보내지 않았다. 하인리히 4세는 계속 성문 앞에서 한겨울의 추위를 견디며 교황의 허락을 기다렸다. 결국 3일 후인 1월 28일, 교황이 집전하는 미사에 참석시킴으로써 하인리히 4세에 대한 교황의 파문은 종결되었다.

'카노사의 굴욕'은 교회의 성직자 서임권을 둘러싼 신성로마제국 황제와 교황 간의 대립을 상징하는 대표적 사건이다. 이후 하인리히 4세는 반대파를 제압하고, 결국 그레고리우스 7세를 공격해 클레멘스 3세를 새로운 교황으로 추대한다.

로마가톨릭교회의 십자군 대원정 1096~1270년

성지 예루살렘을 탈환하기 위해 기독교 십자군이 7차례나 대원정

로마가톨릭교회가 성지 회복을 명분으로 내세워 동로마제국 정교회의 관할권 장악하는 게 실제 목적

십자군 원정은 이슬람교도에게 빼앗긴 성지 예루살렘을 탈환하기 위해 기독교도가 약 200년에 걸쳐 감행한 대 이슬람 전쟁이다.

3세기 이후 기독교인들은 예수 그리스도가 살았던 지역을 방문하는 성지순례 여행을 해왔다. 동로마제국의 점령지였던 아나톨리아 반도(지금의 튀르키예)에 튀르크족이 자주 침입하자 디오게네스 황제가 직접 정벌에 나섰다. 1071년, 아나톨리아 반도의 동쪽 만지케르트 전투에서 디오게네스 황제가 체포되는 참패를 당한 후 동로마제국은 점차 쇠퇴의 길을 걸었다.

한편 서유럽은 교황 우르바노 2세를 중심으로 성지 회복을 명분

니코폴리스 전투*, 1472~1475년, Jean Colombe, Sébastien Mamerot(십자군 기사의 연대기 아우트레머의 삽화), 프랑스 국립도서관

니코폴리스 성채 앞에서 십자군과 오스만군 사이에서 벌어진 전투.

으로 내세우며 안티오크, 예루살렘 등 기독교 성지에 대한 군사적 원정을 단행한다. 그러나 성지 회복은 표면적으로 내세우는 구실에 지나지 않았고, 실제로는 동로마제국의 정교회를 로마가톨릭교회

성지 탈환 위해 7차례 십자군 원정

제1차 원정 - 각지의 기사들이 콘스탄티노플에 집결하여 출발. 예루살렘 왕국 건국 및 성지 탈환.

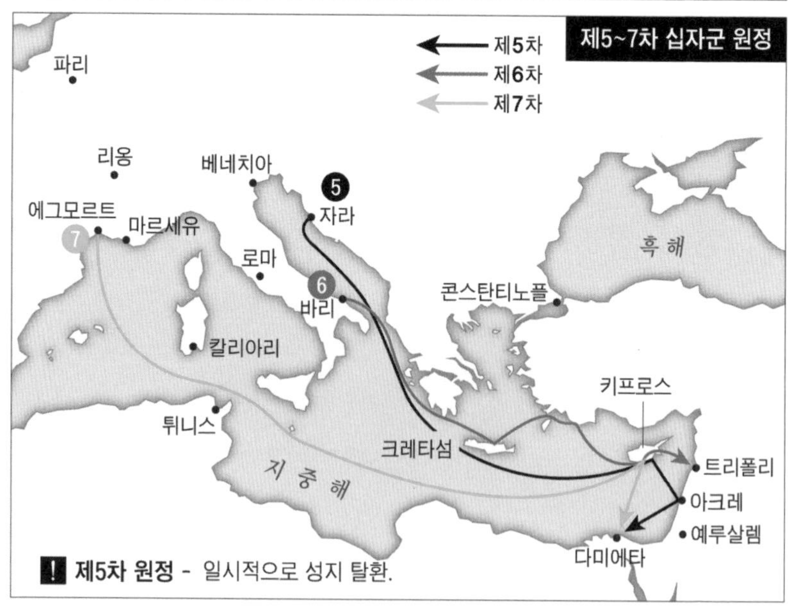

제5차 원정 - 일시적으로 성지 탈환.

의 관할권 아래 두려는 의도가 짙게 깔려 있었다.

"예루살렘 성지를 찾으러 가야 한다. 신이 그것을 원하신다!"라는 로마가톨릭교회 교황의 호소로 조직된 십자군은 이슬람교도에게 빼앗긴 성지 예루살렘을 탈환하기 위해 11세기부터 13세기까지 약 200년에 걸쳐 7차례에 걸친 원정을 감행한다.

제1차 원정에서는 1096년 교황과 주교의 주도로 4군단을 조직, 콘스탄티노플에 집결해 안티오크로 떠났다. 3년 후 그들은 예루살렘을 점거하는 데 성공하면서 예루살렘 왕국을 세웠다.

그러나 1147년 제2차 원정은 내부 대립으로 실패했고, 새로운 지원 없이는 예루살렘 왕국을 유지할 수 없는 상황에 처했다. 얼마 후 이집트가 예루살렘 왕국을 점령했다는 소식을 듣고 제3차 원정에 나서지만 역시 실패했다. 제4차 원정에서는 베네치아 상인들이 주동이 되어 상업적 경쟁 관계인 콘스탄티노플을 점령하는 바람에 종교적 갈등의 불씨를 남겼다.

제5차 원정에서는 일시적으로 성지를 탈환하지만 다시 빼앗긴다. 제6차에서는 예루살렘을 지배하던 이집트를 공격했으나 실패로 끝났다. 그리고 1270년에 이루어진 마지막 원정에서 프랑스 루이 9세가 튀니스에서 사망하면서 사실상 십자군 원정은 막을 내렸다.

몽골제국의 탄생과 분할 통치 1206~1502년

유라시아를 통일한 칭기즈칸이 역사상 최대의 몽골제국을 건설

1219년에는 칭기즈칸이 주치, 차가타이, 오고타이, 톨루이 등 네 아들과 함께 서방 원정

유라시아 대륙 동쪽에 펼쳐진 몽골 고원에는 여러 유목 민족이 세력을 형성하고 있었다. 이를 통일한 사람이 테무친이다.

그는 몽골 고원의 유목민 부족과 씨족의 대표들을 소집한 회의에서 최고 지도자인 칸으로 추대되어 '칭기즈칸'이라는 칭호를 받았다. 칭기즈는 '용맹한'이라는 뜻이다.

정치적 수완이 뛰어났던 칭기즈칸은 유목 민족 집단을 조직적으로 구성했다. 그는 십진법에 따라 십호대, 백호대, 천호대(千戸隊)라는 단위로 구분한 천호 제도를 실시했는데, 중앙집권적인 사회 조직이라 할 수 있다. 게다가 천호대는 90개가 넘게 조직되어 있었다.

쿠릴타이에서 칸으로 추대된
칭기즈칸(1206년), 1430년,
라시드 앗 딘의 《집사》 삽화,
칼릴리콜렉션에서 일부 소장

칭기즈칸 자신은 천호대 70개와 1만 명에 달하는 친위대를 거느리고 있었다. 몽골족을 통일한 그는 군대를 이끌고 본격적으로 중국 대륙 침략에 나섰다. 1209년에는 서하 왕국의 도읍인 흥경부를 함락했다. 이와 동시에 천산 산맥 동쪽 끝에 있던 위구르 왕국을 지배하던 카라 키타이의 총독을 살해하고 식민지로 삼았다.

그는 수차례에 걸쳐 금나라를 공격했다. 그리고 1219년에는 네 아들, 즉 주치, 차가타이, 오고타이, 툴루이와 함께 서방 원정에 나선다. 서방에서는 이란계 호라즘 왕조를 무너뜨리고, 러시아 지역의 제후 연합군을 물리친다. 이로써 아시아의 유목 민족인 몽골은 유럽의 여러 민족에게 무서운 침략자의 이미지를 남기게 되었다.

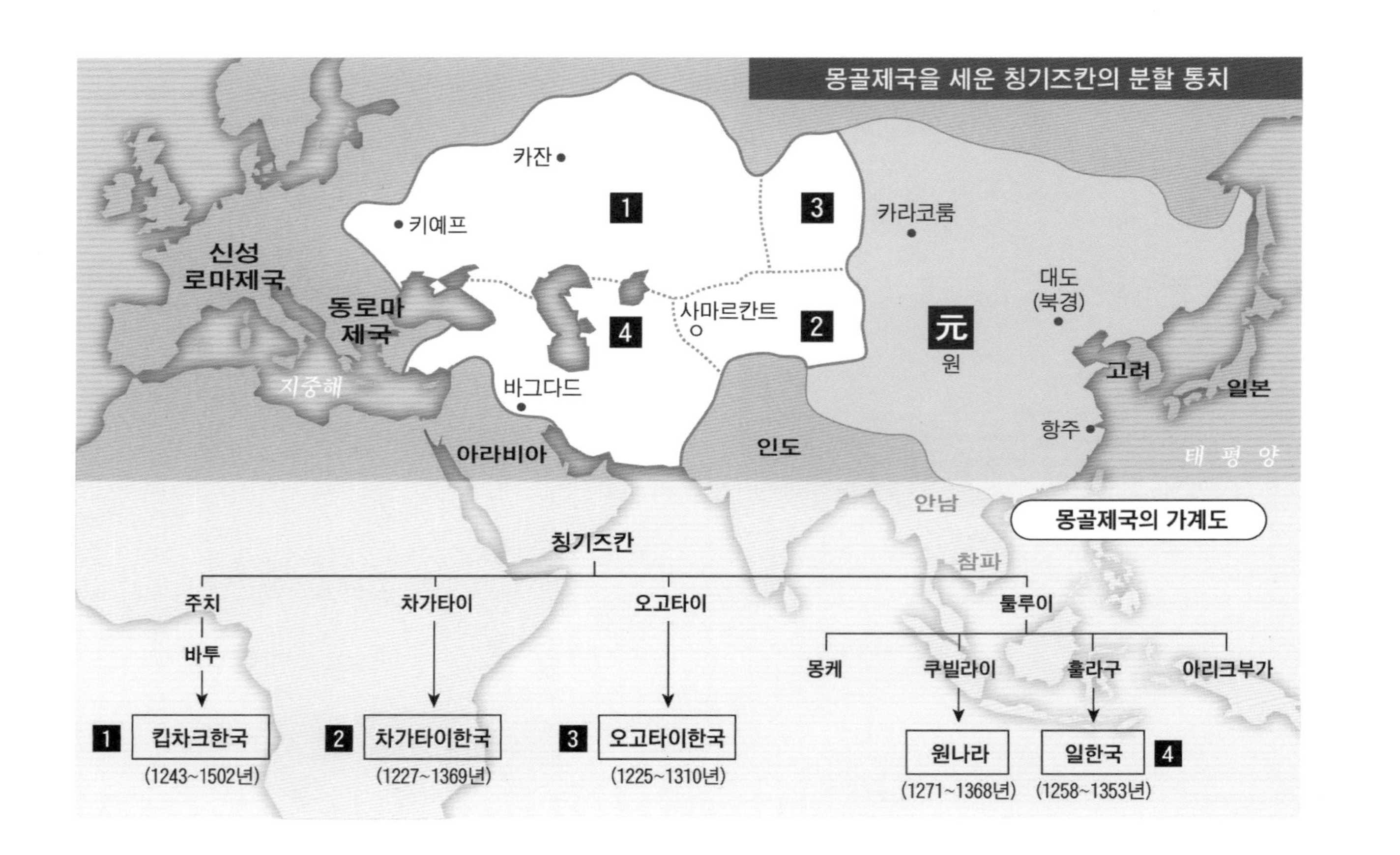
몽골제국을 세운 칭기즈칸의 분할 통치
카잔
키예프
신성 로마제국
동로마 제국
지중해
바그다드
아라비아
사마르칸트
인도
카라코룸
元 원
대도 (북경)
항주
고려
일본
태평양
안남
참파
몽골제국의 가계도
칭기즈칸
주치
바투
킵차크한국 (1243~1502년)
차가타이
차가타이한국 (1227~1369년)
오고타이
오고타이한국 (1225~1310년)
툴루이
몽케
쿠빌라이
원나라 (1271~1368년)
훌라구
일한국 (1258~1353년)
아리크부가

몽골은 침략 전쟁과 식민지 통치를 통해 수준 높은 중국 문명과 이슬람 문명을 받아들임으로써 제국의 번영을 누릴 수 있었다. 동서양을 잇는 상업 교역과 몽골에 유입된 천문, 역학 등의 뛰어난 선진 문명은 엄청난 경제적 이익을 안겨주었다. 또한 문서 관리와 상업에 노련한 위구르와 중앙아시아 출신의 인재들을 국가 운영 및 교역 활동에 적극 등용했다.

칭기즈칸은 서방 원정을 통해 정복한 영토를 여러 아들과 동생들에게 분할 통치하게 했다. 몽골 본토는 칭기즈칸 자신이 직접 통치하다가 넷째 아들 툴루이에게 계승했다. 장남 주치에게는 카스피해와 아랄해 북방의 영토인 킵차크 초원 지대를 주었고(킵차크한국), 차남 차가타이에게는 아무르강 주변의 중앙아시아를 넘겼다(차가타이한국). 또 삼남 오고타이에게는 외몽골 서부에서 천산 산맥에 걸친 몽골 고원 일대를 분할했다(오고타이한국).

몽골 고원에서 이란까지 광대한 제국을 구축한 칭기즈칸은 1227년 눈을 감는다. 칭기즈칸의 뒤를 이어 2대 황제가 된 오고타이는 금나라를 정벌했고, 조카인 바투도 러시아와 동유럽으로 영토를 확장했다. 또 훌라구는 바그다드를 점령하고 일한국을 세웠다. 칭기즈칸의 손자 쿠빌라이는 1271년에 원나라를 건국한 후, 1279년에 남송 정복을 마무리했다. 이로써 몽골제국의 영역은 인도 · 동남아시아 · 서유럽을 제외한 유라시아 전역에 걸치게 되었다.

백년전쟁 - 오를레앙 전투 1339~1453년

프랑스의 구세주 잔다르크가 영국을 무찌르고 백년전쟁 승리

잔다르크는 1430년에 부르고뉴파에게 체포되어
영국의 종교재판에서 마녀로 심판받고 화형당했다

1328년, 프랑스에서 샤를 4세가 죽으면서 카페 왕조가 막을 내리고 발루아 왕조가 시작되었다. 그러자 영국의 왕 에드워드 3세는 어머니(샤를 4세의 누이)가 카페 왕조 출신이라는 이유를 내세우며 프랑스 왕위 계승권을 요구했다. 프랑스 왕 필리프 6세(발루아 백작)는 영국령 아키텐(보르도)을 몰수함으로써 이에 대응했다. 그러자 에드워드 3세가 북프랑스를 침략하면서 영국과 프랑스 사이에 백년전쟁이 시작됐다.

전쟁 초기에는 영국군이 프랑스군을 압도했다. 1346년, 영국군은 크레시 전투에서 프랑스군을 물리치고 칼레를 점령했다. 1356년에

샤를 7세의 대관식에 참석한 잔다르크, 1854년, Jean-Auguste-Dominique Ingres, 루브르박물관

는 푸아티에 전투에서 필리프 6세의 아들인 프랑스 왕 장 2세를 사로잡아 완승을 거두었다.

두 나라 사이에 수십 년 동안 전쟁이 이어진 데는 영토 분쟁과 함께 각국의 왕위 계승을 둘러싼 내분이 많은 영향을 미쳤다. 특히 프랑스 제후들의 내분 때문에 영국이 연전연승했고, 전쟁도 언제나 프랑스 영토에서 벌어졌다.

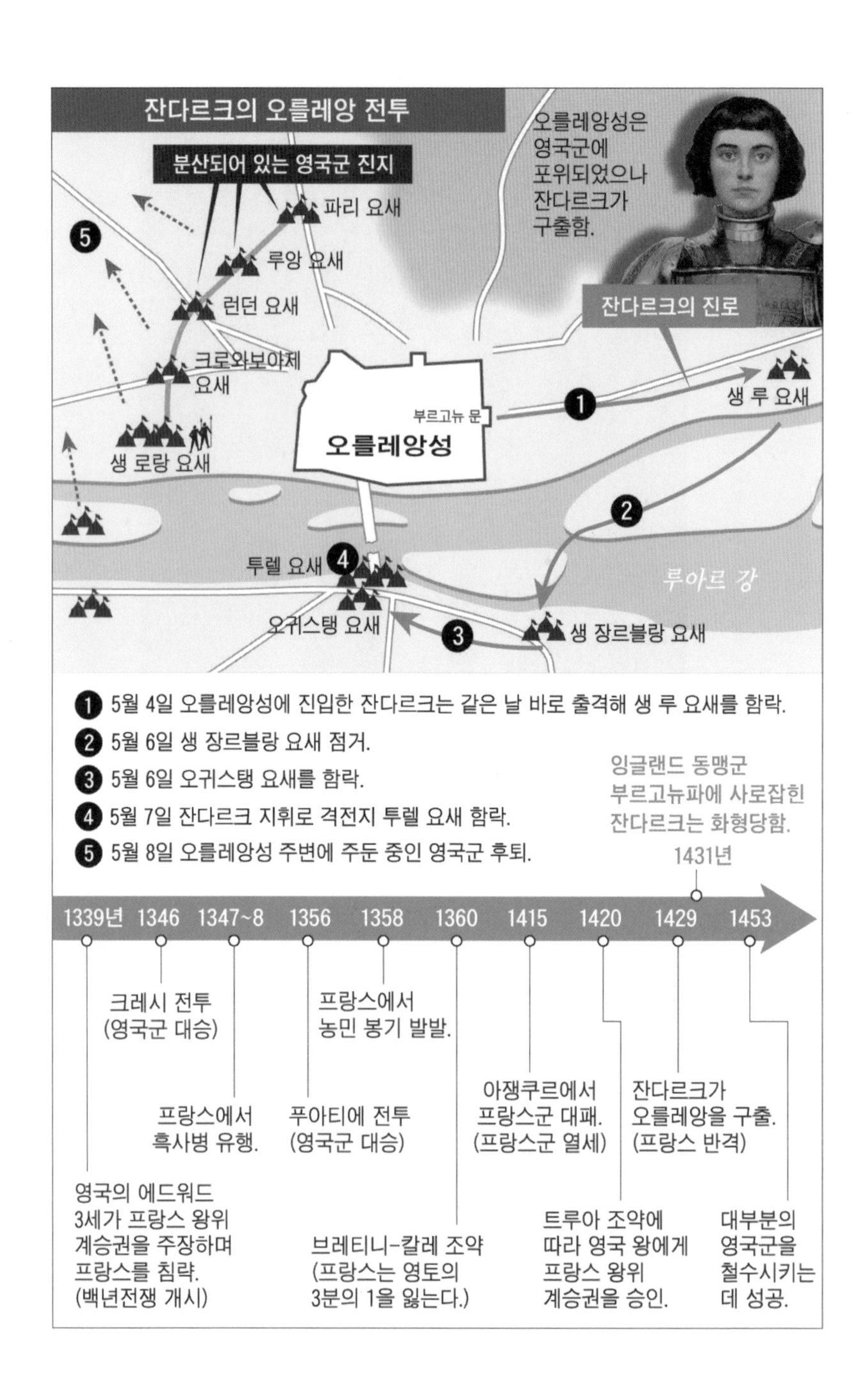
잔다르크의 오를레앙 전투
분산되어 있는 영국군 진지
파리 요새
루앙 요새
런던 요새
크로와보아제
요새
생 로랑 요새
오를레앙성은
영국군에
포위되었으나
잔다르크가
구출함.
잔다르크의 진로
생 루 요새
부르고뉴 문
오를레앙성
투렐 요새
루아르 강
오귀스탱 요새
생 장르블랑 요새
1 5월 4일 오를레앙성에 진입한 잔다르크는 같은 날 바로 출격해 생 루 요새를 함락.
2 5월 6일 생 장르블랑 요새 점거.
3 5월 6일 오귀스탱 요새를 함락.
4 5월 7일 잔다르크 지휘로 격전지 투렐 요새 함락.
5 5월 8일 오를레앙성 주변에 주둔 중인 영국군 후퇴.
잉글랜드 동맹군
부르고뉴파에 사로잡힌
잔다르크는 화형당함.
1431년
1339년
1346
1347~8
1356
1358
1360
1415
1420
1429
1453
크레시 전투
(영국군 대승)
프랑스에서
농민 봉기 발발.
아쟁쿠르에서
프랑스군 대패.
(프랑스군 열세)
잔다르크가
오를레앙을 구출.
(프랑스 반격)
프랑스에서
흑사병 유행.
푸아티에 전투
(영국군 대승)
영국의 에드워드
3세가 프랑스 왕위
계승권을 주장하며
프랑스를 침략.
(백년전쟁 개시)
브레티니-칼레 조약
(프랑스는 영토의
3분의 1을 잃는다.)
트루아 조약에
따라 영국 왕에게
프랑스 왕위
계승권을 승인.
대부분의
영국군을
철수시키는
데 성공.

영국군이 오를레앙을 침략한 1429년, 잔다르크라는 인물이 혜성처럼 등장했다. 신에게서 "프랑스를 구하라"라는 신탁을 받은 그녀는 영국군의 포위망을 뚫고 오를레앙 성으로 진입했다. 그리고 정식으로 왕위 대관식을 치르지 못한 샤를 왕자(뒷날의 샤를 7세)를 알현하고, 군사를 이끌고 영국군의 포위 속에서 저항하던 오를레앙성을 극적으로 구했다. 이후 프랑스군을 선두에서 지휘해 영국군이 점령 중이던 생 루 요새, 생 장르블랑 요새, 오귀스탱 요새, 투렐 요새 등을 잇달아 함락했다. 기세를 몰아 그해 랭스까지 진격한 잔다르크는 이곳 대성당에서 샤를 7세의 대관식을 거행토록 했다. 이로써 샤를 7세는 적법한 프랑스 국왕으로서의 정통성을 가지게 되었다.

잔다르크는 그다음 해인 1430년에 부르고뉴파에게 체포되어 영국으로 인도된 끝에, 1431년 종교재판에서 마녀로 심판받고 루앙에서 화형당했다. 그러나 그녀의 살신성인에 용기를 얻은 프랑스 국민들이 1453년에 영국군 대부분을 철수시키는 데 성공함으로써 사실상 백년전쟁은 막을 내렸다.

잉카제국 번영의 비밀 12세기~1533년

총 4,200㎞의 '왕의 길'을 건설, 광대한 영토의 제국을 통치했다

거대 도로망은 잉카제국이 전쟁과 식민지 통치 위해 군사와 물자를 수송하는 수단으로 이용

잉카제국은 볼리비아의 티티카카호를 중심으로 부족 국가를 형성했다고 알려진 잉카족이 세웠다.

15세기 무렵, 잉카제국은 에콰도르에서 칠레까지 영토를 확장했고, 인구도 2,000만 명이 넘었다. 잉카제국이 안데스 산맥을 중심으로 남북으로 가로지르는 광대한 영토를 확보할 수 있었던 이유 중 하나로 거대한 도로망을 꼽을 수 있다.

가장 오래된 것은 '카미노 레알(왕의 길)'이라 불렸던 카팍 냔(Qhapaq Nan)으로, 잉카제국의 전성기에는 총 길이가 4,200㎞에 달했다. 그중 콜롬비아, 에콰도르, 페루, 볼리비아, 칠레, 아르헨티나

잉카제국의
제1황제였던 만코 카팍,
1750~1800년,
브루클린미술관

를 연결하는 간선도로가 중심축이었다. 남북으로 길게 뻗은 카팍 냔은 콜롬비아의 안스카마요라는 마을 근처에서 시작되어 에콰도르의 키토와 리오밤바를 거쳐 페루로 이어진다. 거기서 안데스 지방을 통과하여 페루의 수도 쿠스코를 지나고, 성스러운 티티카카호 근처에서 티아와나코를 거쳐 볼리비아의 수도 라파스와 코차밤바로 이어진다. 그리고 아르헨티나를 거쳐 칠레 산중의 마우레강 부근에서 끝난다.

카팍 냔은 안데스 산악 지대를 관통하는 길과 태평양 연안을 따라 조성된 길로 나뉘며, 이들 산악 지대와 연안 지대를 연결하는 지선

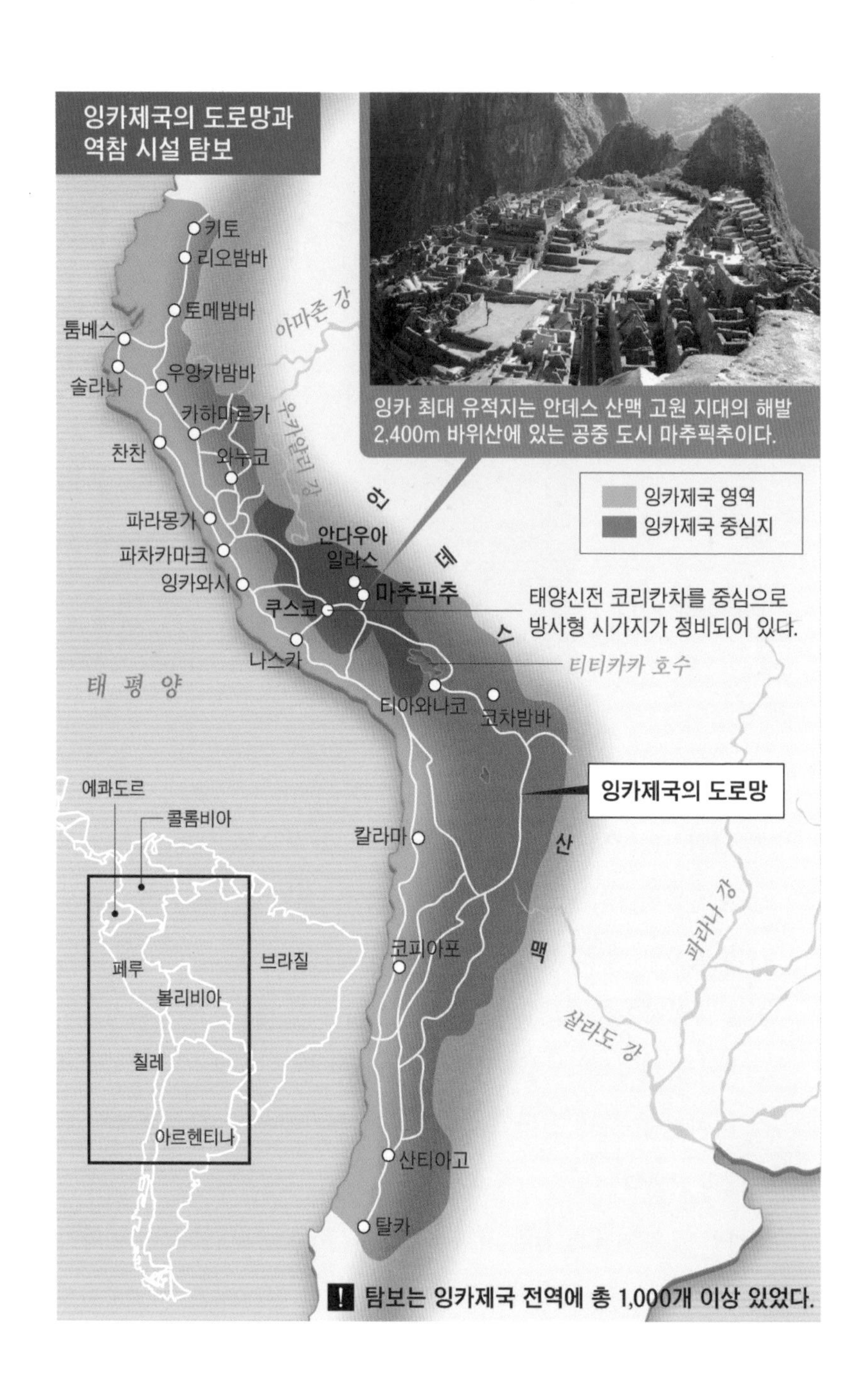

잉카제국의 도로망과
역참 시설 탐보
키토
리오밤바
토메밤바
툼베스
솔라나
우앙카밤바
카하마르카
찬찬
와누코
파라몽가
파차카마크
잉카와시
쿠스코
나스카
안다우아일라스
마추픽추
아마존 강
우카얄리 강
안데스 산맥
잉카 최대 유적지는 안데스 산맥 고원 지대의 해발 2,400m 바위산에 있는 공중 도시 마추픽추이다.
잉카제국 영역
잉카제국 중심지
태양신전 코리칸차를 중심으로 방사형 시가지가 정비되어 있다.
티티카카 호수
태 평 양
티아와나코
코차밤바
잉카제국의 도로망
에콰도르
콜롬비아
페루
브라질
볼리비아
칠레
아르헨티나
칼라마
코피아포
파라나 강
살라도 강
산티아고
탈카
탐보는 잉카제국 전역에 총 1,000개 이상 있었다.

들이 발달했다. 도로 폭이 4~8m인 간선도로 2개에 연결된 길 수백 개는 총 길이가 3만㎞에 달했다.

이 도로망은 잉카제국이 전쟁을 치르고 식민지를 통치하기 위해 군사와 물자를 수송하는 수단으로 이용되었다. 이를 위해 일종의 역참(驛站) 역할을 하는 탐보(Tambo)와 파발꾼 역할을 하는 차스키(Chasqui) 제도를 운영했다. 잉카제국의 전령인 차스키의 휴식처이자 창고인 탐보는 20~30㎞ 간격으로 설치되었고, 제국 전체에 1,000개 이상 운영되었다. 문자와 바퀴, 말이 없었던 잉카제국은 도보로만 다닐 수 있는 길을 만들어 다른 부족을 정복하고 통치하며 거대한 제국을 완성했다. 모든 지역의 거점 도시들이 광대한 교통망을 통해 잉카제국의 중심지 쿠스코와 연결되었기 때문에 가능한 일이었다.

이렇게 수준 높은 토목 기술과 막대한 인력을 동원해 완성한 도로는 고대 로마제국이 구축한 로마 가도를 제외하면 세계에서도 유례를 찾아볼 수 없다.

페스트의 유럽 전염 경로 1347년경~1350년경

몽골 침공과 실크로드로 유입된 페스트가 유럽 전역을 초토화

페스트는 이탈리아를 진앙지로 해서 유럽 전역에 광범위하게 확산되었다

14세기 중세 유럽 사회를 초토화한 페스트는 '대흑사병'으로도 불린다. 페스트가 유럽으로 전파된 감염 경로는 아직까지 정확하게 밝혀지지 않았지만 중앙아시아나 인도, 중국에서 발원했다는 몇 가지 가설이 널리 받아들여지고 있다. 이처럼 페스트의 발원지에 대한 주장은 명확하게 밝혀지지 않은 채 제각각이다.

유럽 전체 인구의 3분의 1을 죽음으로 몰아넣은 페스트는 1347년경, 흑해 크림 반도의 해안 도시 카파(페오도시야)에서 처음 발생했다고 전해진다.

당시 육로 교역을 했던 이탈리아 상인들이 중앙아시아에서 타타

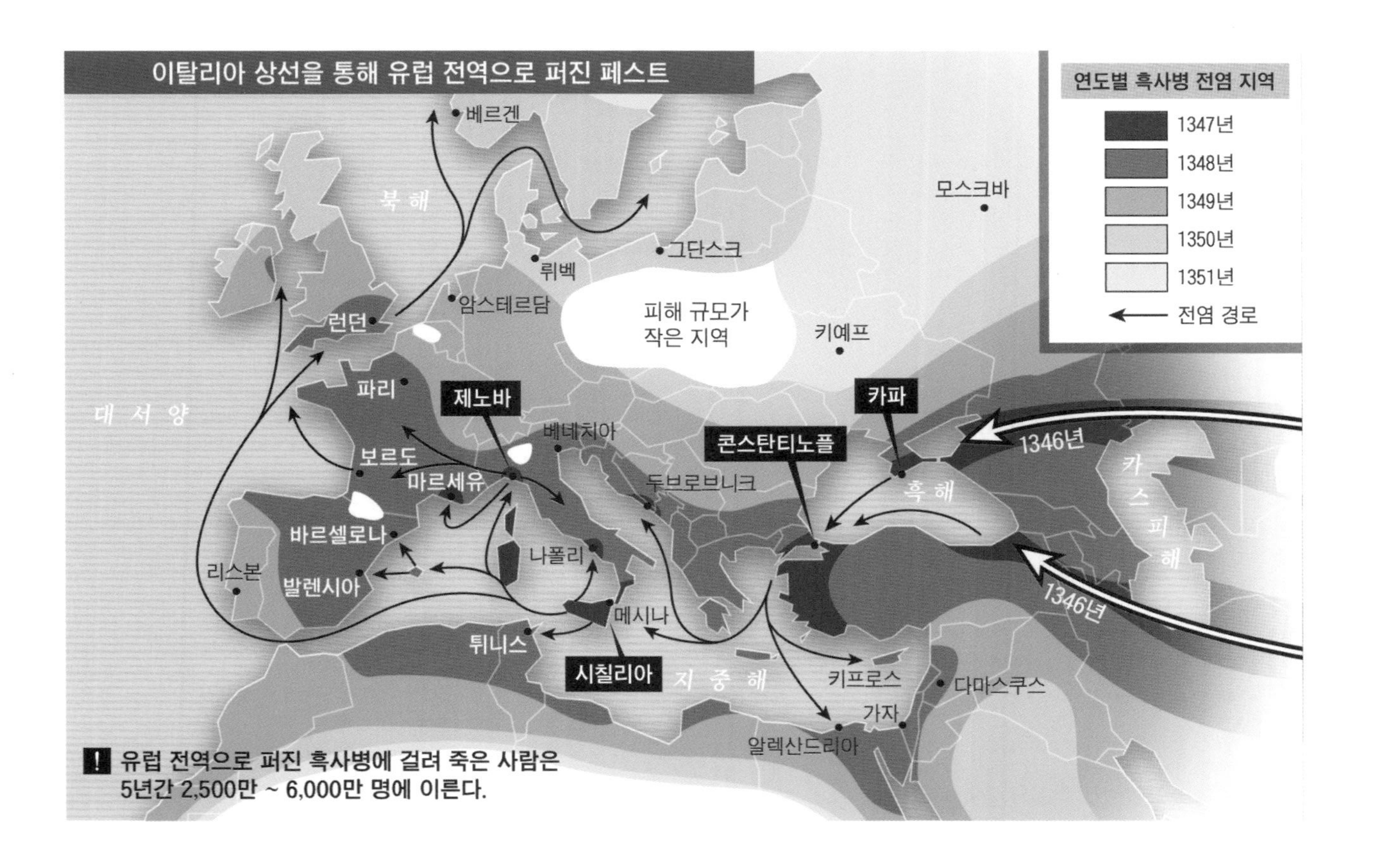

! 유럽 전역으로 퍼진 흑사병에 걸려 죽은 사람은 5년간 2,500만 ~ 6,000만 명에 이른다.

르 유목민의 공격을 피해 흑해의 카파로 피난을 내려왔다. 타타르족의 공격에서 무사히 살아 돌아온 이탈리아인 무역상들은 카파에서 무역선을 타고 제노바로 향했다.

그들은 이탈리아로 돌아가는 도중 콘스탄티노플에 들렀고, 그 때문에 이곳 사람들이 처음으로 페스트에 감염됐다. 이후 배가 정박하는 곳마다 페스트 병원균이 무서운 속도로 퍼졌다. 배는 그리스를 비롯해 시칠리아의 메시나, 나폴리를 거쳐 마침내 제노바에 도착했다. 이후 페스트는 이탈리아를 진앙지로 해서 유럽 전역에 본격적으로 확산되었다.

유럽과 아프리카 북부로 퍼진 페스트의 감염 경로는 다음의 몇 갈래로 나뉜다. 먼저 1348년 이탈리아, 프랑스, 영국, 독일, 스칸디나비아 반도로 전파된 서방 경로가 있고, 1348~1350년 튀니지와 이집트, 아프리카 북단으로 퍼진 남방 경로, 1352년 모스크바를 비롯한 러시아 지역으로 전염된 북방 경로가 있다.

페스트는 동서양을 잇는 교역로 실크로드와 몽골제국 킵차크한국의 침략으로 인해 유럽 전역을 죽음의 도가니로 몰아넣었다는 게 정설로 굳어지고 있다. 당시 총 2,500~6,000만 명의 사망자가 발생할 정도의 대참사였다.

르네상스를 후원한 대부호들 14~16세기

메디치가 등 대부호의 후원으로 르네상스 시대의 예술이 만개

메디치가 출신의 로마 교황 레오 10세는 성 베드로 대성당을 짓기 위해 면벌부 판매

르네상스는 프랑스어로 '재생'을 뜻한다. 그것은 중세의 억압된 사회를 벗어나 그리스로마 시대로 돌아가 인간의 진리와 가치를 되찾자는 운동이었다.

르네상스 운동은 이탈리아에서 시작되었다. 특히 피렌체, 밀라노, 로마, 베네치아 등지에서 르네상스 시대의 예술이 만개했다. 그곳에서 레오나르도 다 빈치, 미켈란젤로, 라파엘로, 보티첼리 같은 위대한 예술가가 탄생했다.

르네상스 시대의 이탈리아에는 경제적으로 풍요로운 각 도시의 유력 가문들이 예술가의 후원자(patron)로 나서게 되는데, 대표적 가

메디치 가문 주요 인물을 곳곳에 그려 놓은 동방 박사들의 어행, 1459~1462년, Benozzo Gozzoli, 피렌체 리카르디궁 예배당 프레스코화

문으로는 피렌체의 메디치가(家)를 비롯해 밀라노의 비스콘티가, 스포르차가, 만토바의 곤차가가, 페라라의 에스테가 등이 있었다.

르네상스 시대의 이탈리아를 대표하는 메디치가의 로렌초 데 메디치(1449~1492년)는 가문의 전성기를 이끌었으며, 이탈리아 정치를 좌지우지할 정도로 영향력이 막강한 정치가이기도 했다. 그는 정치 활동 외에 많은 문학 작품을 쓴 것으로도 유명한데, 인문주의를 바탕으로 문학, 학술, 예술 등 다방면에 걸쳐 인재들을 발굴하고 지원을 아끼지 않았다. 한편 메디치가가 몰락하자 이탈리아 르네상스의 중심은 피렌체에서 로마로 옮겨 갔다. 메디치가 출신의 로마

! 가장 큰 후원자였던 메디치가가 피렌체에서 추방되자, 르네상스의 중심은 교황이 있는 로마로 옮겨 간다.

교황 레오 10세는 로마에 성 베드로 대성당이 웅장하고 아름답게 완성되기를 희망했다. 그래서 성당 짓는 돈을 마련하기 위해 면벌부(免罰符, 면죄부) 판매를 허락하기도 했다. 미켈란젤로와 라파엘로의 걸작은 그렇게 탄생했다.

13~15세기에 밀라노와 북이탈리아를 지배한 비스콘티가의 갈레아초 2세는 파비아에 대학을 설립했고, 아들 잔 갈레아초는 밀라노 대성당을 건설하기 위해 모금을 주도하는 등 최대의 후원자로 나섰다. 비스콘티가의 뒤를 이어 15세기 중엽~16세기 초 이탈리아의 밀라노를 지배한 스포르차가의 로도비코 스포르차는 레오나르도 다 빈치를 후원해 산타마리아 델레 그라치에 성당의 건물 벽에 〈최후의 만찬〉을 그리게 한 것으로 유명하다.

곤차가가의 조반 프란체스코 2세는 건축가 레온 알베르티, 화가 안드레아 만테냐 등을 후원했다. 그리고 가문 출신의 많은 군주들이 만토바에 학교를 세우고 문학과 예술을 장려하는 등 예술가에 대한 지원을 아끼지 않았다.

페라라의 에스테가 출신인 레오넬로 데스테는 예술과 문화 분야에서 많은 업적을 남겼는데, 특히 화가 피사넬로가 그린 초상화로 더욱 유명해졌다.

이탈리아 피렌체가 메디치가에 의해 찬란한 르네상스 문화를 꽃피웠다면, 남부 독일의 상업 도시 아우크스부르크는 푸거가에 의해 중세 시대 가장 아름다운 문화의 도시로 발전했다.

정화의 남해 대원정 1405~1433년

남경에서 아프리카 해안까지, 명나라 정화의 7차례 대원정

명나라 영락제가 정화에게 원정을 지시한 것은 국위를 선양하고 해상무역을 독점하는 게 목적

명나라 장군 정화는 운남(雲南) 출신의 이슬람교도였다. 그는 환관으로서 영락제를 섬겼다. 영락제는 1405년부터 총 7차에 걸친 남해 대원정을 정화에게 명한다. 이 같은 대규모 해상 활동은 중국에서는 전무후무한 일이었다. '하서양(下西洋)'이라 불린 이 대원정의 목적은 통일 직후였던 명나라가 국위를 선양하고 해상무역의 이익을 독점하는 데 있었다.

대원정에는 매번 배 수십 척과 2만 명에 달하는 선원들이 동원되었다. 당시 정화의 함대는 역사 이래 최대 선단으로 평가된다. 이 함대는 1405년부터 1433년까지 모두 7차례에 걸쳐 대원정에 나서

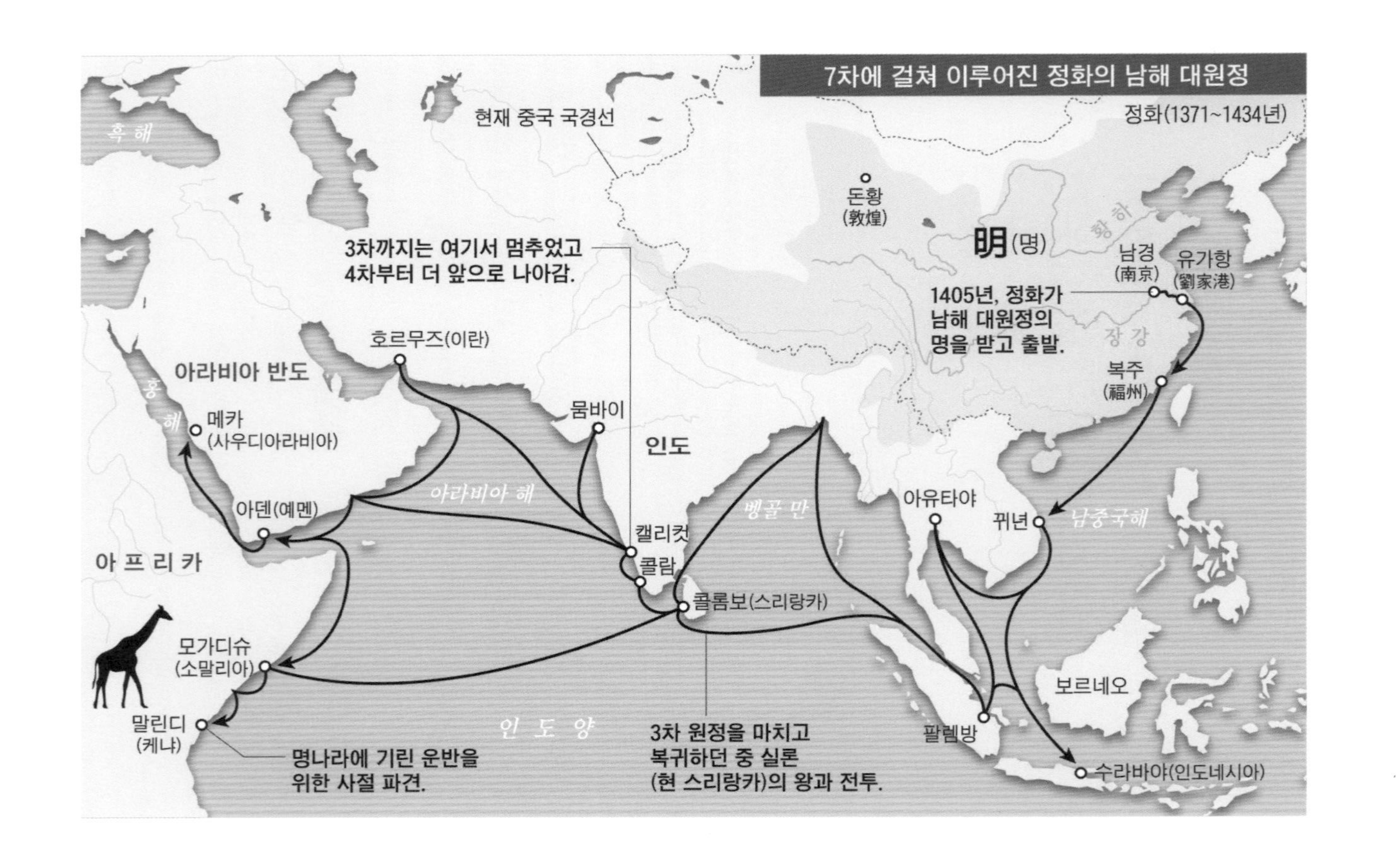

7차에 걸쳐 이루어진 정화의 남해 대원정
정화(1371~1434년)
흑해
현재 중국 국경선
돈황(敦煌)
明(명)
황하
남경(南京)
유가항(劉家港)
1405년, 정화가 남해 대원정의 명을 받고 출발.
장강
복주(福州)
3차까지는 여기서 멈추었고 4차부터 더 앞으로 나아감.
호르무즈(이란)
아라비아 반도
홍해
메카(사우디아라비아)
뭄바이
인도
아라비아 해
아덴(예멘)
캘리컷
콜람
벵골 만
아유타야
퀴년
남중국해
아 프 리 카
콜롬보(스리랑카)
모가디슈(소말리아)
보르네오
말린디(케냐)
인 도 양
팔렘방
명나라에 기린 운반을 위한 사절 파견.
3차 원정을 마치고 복귀하던 중 실론(현 스리랑카)의 왕과 전투.
수라바야(인도네시아)

동남아시아, 인도, 아라비아 반도, 아프리카 동해안의 케냐에까지 이르렀다.

정화는 정박하는 곳마다 무력시위를 하며 중국과의 조공 관계를 요구했고, 대부분 국가는 명나라 대함대의 위력에 굴복해 조공 관계를 맺었다. 이때 중국의 선단이 가지고 가서 판매한 것은 주로 도자기, 비단 등이었고, 사들인 외국 물품은 향료, 후추, 진주, 서역의 말 등 중국에서는 희귀한 특산물들이었다. 아프리카의 기린과 사자 같은 진귀한 동물도 이때 처음으로 중국에 전파되었다.

항해의 목적이 정복과 착취가 아니라 교역이었으므로 대개 무력시위에 그쳤는데, 3차 원정 때는 실론(스리랑카)과 전투가 벌어졌다. 스리랑카의 왕이 정화의 배에 실려 있는 보물을 강탈하기 위해 공격한 것이다. 정화는 그들의 공격을 물리친 다음, 왕궁을 함락하고 왕을 인질로 잡아 굴복시켰다.

4차 원정 때는 아라비아 반도까지 갔으며, 5차에는 동아프리카까지 갔다. 6차 원정을 끝내고 귀국할 때는 외국 사절이 함께 왔다. 마지막 7차 원정은 해금(海禁) 정책으로 대원정을 중단한 홍희제가 죽고 선덕제가 즉위한 후 이루어졌다. 정화는 케냐의 말린디까지 갔다가 병을 얻었고, 귀국한 얼마 후 죽고 말았다.

정화가 사망한 후 명나라는 다시 쇄국 정책으로 전환하여 더 이상의 남해 대원정은 이루어지지 않았다.

오스만군의 콘스탄티노플 함락 1453년

비잔티움의 콘스탄티노플을 오스만제국이 '거포'로 공략

메흐메트 2세는 헝가리 출신 우르반이 만든 거포로 성벽의 취약한 곳을 골라 6주 동안 집중 포격

1453년 5월 29일, 비잔티움제국의 수도인 콘스탄티노플이 오스만제국에 점령당하면서 비잔티움 1,000년의 역사가 막을 내렸다.

셀주크 왕조가 몰락한 뒤 튀르크 세력이 급격히 팽창하여 오스만제국을 건설했다. 이슬람 국가인 오스만제국은 계속해서 지하드를 전개하며, 기독교 세력의 비잔티움제국이 지배하는 콘스탄티노플을 수차례 공격했다. 동지중해의 지배권을 강화하고 발칸 반도로 세력을 넓히기 위해서는 콘스탄티노플 정복이 필수적이었다.

1402년, 오스만제국은 중앙아시아를 지배하던 티무르제국과 맞붙은 앙카라 전투에 패하면서 일시적으로 세력이 약해지지만, 메흐

콘스탄티노플에 입성하는
술탄 메흐메트 2세,
Fausto Zonaro

메트 2세 때 다시 통일 제국을 이루었다. 오스만제국의 술탄이 된 메흐메트 2세는 오랜 숙원 사업인 콘스탄티노플 공략 작전을 위해 병사 10만~12만 명을 동원했다. 당시 콘스탄티노플을 수비하던 비잔티움군은 기껏해야 5,000~7,000명 정도였다.

1453년 4월 초, 메흐메트 2세가 이끄는 오스만군은 콘스탄티노플을 방어하는 대성벽 근처에 도착했다. 메흐메트 2세는 오스만군이 배치되어 있는 중앙으로 가서 대성벽의 문 앞에 헝가리 출신의 대

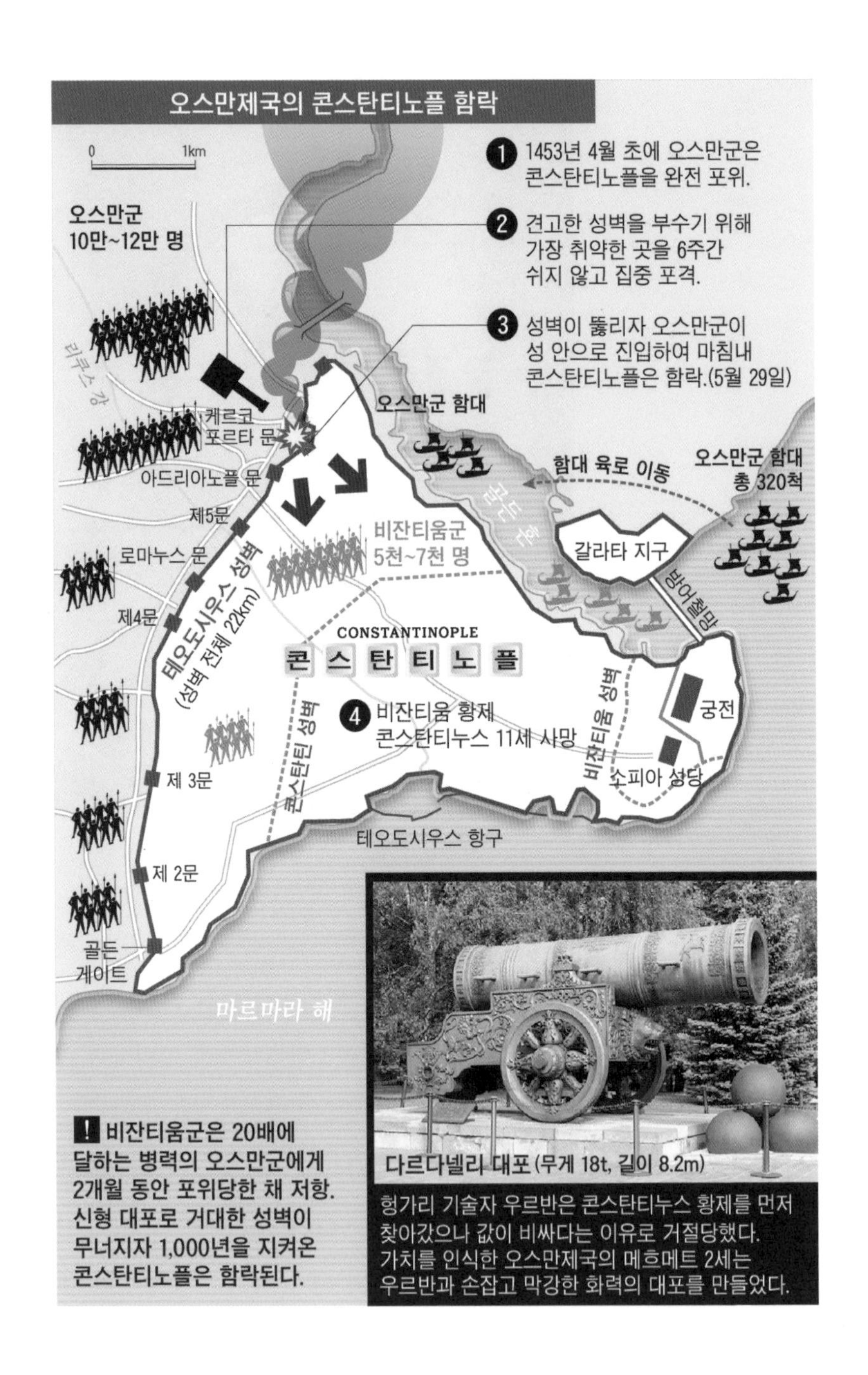

다르다넬리 대포(무게 18t, 길이 8.2m)

헝가리 기술자 우르반은 콘스탄티누스 황제를 먼저 찾아갔으나 값이 비싸다는 이유로 거절당했다. 가치를 인식한 오스만제국의 메흐메트 2세는 우르반과 손잡고 막강한 화력의 대포를 만들었다.

콘스탄티노플의 함락(1453년), 1455년, Jean Le Tavernier, 15세기 프랑스 세밀화

포 제조 기술자 우르반이 제작한 거포를 설치했다. 그리고 성벽에서 가장 취약한 곳을 골라 6주 동안 쉬지 않고 집중 포격을 가했다. 사실 비잔틴움군은 오스만군에 비해 병력은 턱없이 적었지만, 워낙 튼튼한 3중의 대성벽 덕분에 성 안에서 오랫동안 농성할 수 있었다.

그러나 무자비한 포격이 계속되자 성벽이 손상되기 시작했고, 결국 구멍이 뚫리면서 오스만군이 순식간에 성 안으로 몰려 들어갔다.

이렇게 해서 콘스탄티노플은 함락되고, 오스만제국의 수도 이스탄불이라는 도시로 새롭게 태어났다.

3장

제국주의의 승자와 패자

콜럼버스의 아메리카 발견 1492년

인도를 찾아 대서양 서쪽으로 항해하다 중앙아메리카에 도착

콜럼버스가 처음 도착한 곳은 인도가 아니라 지금의 중남미인 쿠바 등 카리브해 연안

15세기 말, 대항해 시대를 이끈 나라는 이베리아 반도의 가톨릭 국가인 스페인과 포르투갈이었다.

1484년 콜럼버스는 당시 포르투갈 국왕 주앙 2세에게 탐험의 지원을 요청했으나 거부당했다. 그러던 차에 당시 아프리카 남단 희망봉을 발견한 포르투갈에 자극을 받은 스페인의 이사벨 여왕이 제노바 출신의 항해사 콜럼버스에게 인도로 가는 새 항로를 탐험하는 지휘권을 맡겼다

그리하여 1492년, 콜럼버스는 스페인의 지원을 받아 인도를 향해 항해를 시작했다. 그는 피렌체의 천문학자이자 지리학자인 토스카

콜럼버스가 죽고 13년 후에 그려진 초상화, 1519년, Sebastiano del Piombo, 메트로폴리탄미술관

넬리의 지구 구형설을 신봉해서 서쪽을 도는 경로를 선택했다. 대서양 서쪽으로 계속 나아가다 보면 인도에 금세 도착할 거라고 생각한 것이다.

1492년 8월, 콜럼버스는 산타마리아호, 핀타호, 니나호 등 배 3척을 이끌고 팔로스항을 출발하여 서쪽으로 향했다. 같은 해 10월 12일, 콜럼버스는 바하마 제도의 '과나하니섬'에 도착해 '산살바도르(성스러운 구세주)'라는 이름을 붙였다. 그 후 히스파니올라섬까지

스페인으로 귀환해서 페르난도 왕과 이사벨라 여왕 앞에 선물을 놓고 서 있는 콜럼버스, 1839년, Eugène Delacroix

들어갔다가 1493년 4월, 향료 대신 금제품과 토산품, 원주민 몇 명을 데리고 스페인으로 돌아왔다.

하지만 콜럼버스가 처음 도착한 곳은 유럽인이 알고 있는 인도가 아니라 지금의 중남미인 쿠바 등 카리브해 연안이었다. 콜럼버스 일행은 그 일대를 서인도 제도라고 부르고, 그곳에 사는 원주민들을 인도인으로 여겨 '인디언(인도인)'으로 불렀다. 향료의 나라 인도를 목적지로 정하고 치밀한 계획 아래 항해에 나선 콜럼버스는 쿠

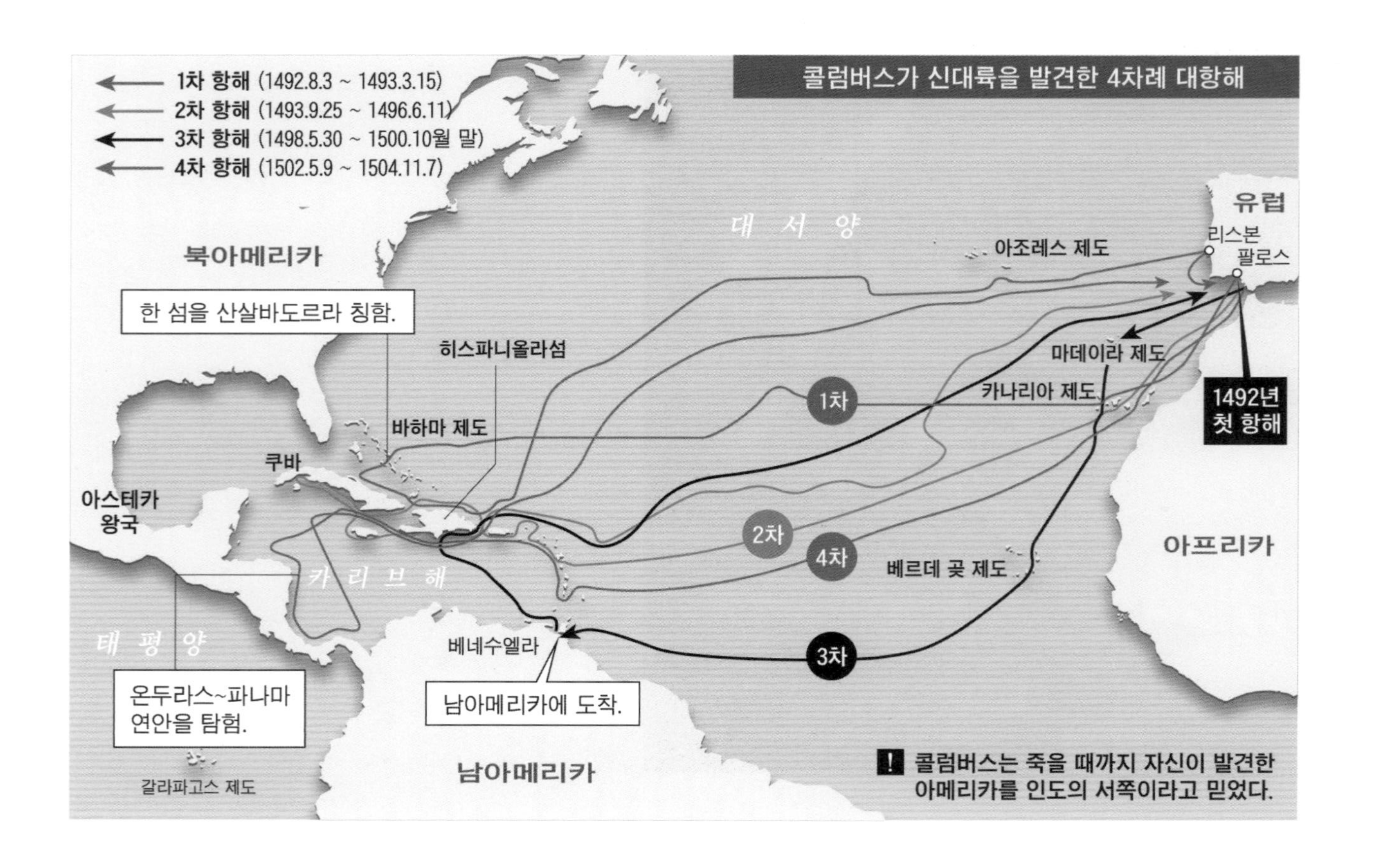

콜럼버스가 신대륙을 발견한 4차례 대항해
1차 항해 (1492.8.3 ~ 1493.3.15)
2차 항해 (1493.9.25 ~ 1496.6.11)
3차 항해 (1498.5.30 ~ 1500.10월 말)
4차 항해 (1502.5.9 ~ 1504.11.7)
대서양
북아메리카
한 섬을 산살바도르라 칭함.
히스파니올라섬
바하마 제도
쿠바
아스테카 왕국
카리브해
태평양
온두라스~파나마 연안을 탐험.
갈라파고스 제도
베네수엘라
남아메리카에 도착.
남아메리카
유럽
리스본
팔로스
아조레스 제도
마데이라 제도
카나리아 제도
1492년 첫 항해
1차
2차
3차
4차
베르데 곶 제도
아프리카
! 콜럼버스는 죽을 때까지 자신이 발견한 아메리카를 인도의 서쪽이라고 믿었다.

바를 중국, 히스파니올라섬을 일본으로 착각했다.

1차 항해의 성공에 고무된 이사벨 여왕은 콜럼버스에게 금광 개발과 식민지 개척 등을 목적으로 하는 2차 항해를 지시했다. 1493년, 콜럼버스 일행은 1,200여 명에 이르는 인원과 17척의 대선단을 이끌고 2차 항해를 시작했다. 이때는 카리브해의 쿠바 연안, 자메이카섬 등 중앙아메리카의 여러 섬을 탐험했다. 그리고 1498년의 3차 항해에서 처음으로 남아메리카 대륙에 도착했고, 1502년에 이루어진 4차 항해에서는 중앙아메리카 지협의 온두라스에서 파나마 연안까지 탐험하고 돌아왔다.

아메리카 신대륙 발견으로 유럽 문명에 광범위한 영향을 미친 콜럼버스였지만 스페인 지배층의 배신과 냉대로 1506년 5월 20일, 56세를 일기로 쓸쓸한 최후를 맞았다.

유럽 제국주의의 식민지 경쟁 16~17세기

대항해 시대 이후 유럽 제국들은 식민지 침략과 자원 강탈 본격화

프랑스와 영국 사이의 식민지 쟁탈전에서 영국이 모두 승리하면서 세계 최강국으로 부상

대항해 시대를 맞이한 포르투갈은 인도에 도착한 후 이집트 해군을 물리치고 1510년 고아를 점령했다. 그들은 이곳을 아시아 무역의 거점으로 삼고, 그동안 육로를 통한 향료 무역을 독점해온 이슬람 상인의 이권을 빼앗았다.

또한 스리랑카, 믈라카, 몰루카 제도 등을 차례로 식민지로 삼았으며, 1517년에는 중국 명나라와 통상을 개시하여 마카오에 거주권을 얻었다. 1543년에는 일본의 다네가시마에 도착한 것을 계기로 17세기 초까지 일본과도 활발한 통상 관계를 유지했다.

포르투갈과 스페인의 뒤를 이어 대항해 시대를 이끈 네덜란드는

17세기 초 인도양과 동남아시아 전역의 여러 섬들을 정복하며 해양 강국의 발판을 마련했다. 그들은 자바섬의 바타비아(자카르타)를 거점으로 삼고, 먼저 진출했던 포르투갈을 몰아내고 식민 지배와 향료 무역의 주도권을 차지했다.

프랑스는 17세기 초, 앙리 4세가 동인도회사를 설립하면서 인도에 진출했다. 이 회사는 한때 활동을 중단했다가, 17세기 후반 루이 14세가 임명한 콜베르를 주축으로 다시 인도 내 세력 확대를 도모했다. 그러다 마침 같은 시기에 본격적으로 인도에 진출하려는 영국과 마찰을 일으키며 격렬한 전투를 치르게 되었다. 1757년, 콜카타(캘커타) 인근의 플라시에서 전투가 발발했고 영국 측이 승리하면서 인도 침략의 교두보로 삼았다.

프랑스는 퀘벡을 중심으로 캐나다에 진출, 영국은 북아메리카에서 총 13개의 식민지 개척

또 영국과 프랑스는 인도뿐 아니라 북아메리카에서도 동시에 식민지 쟁탈전을 벌였다. 프랑스는 17세기에 북아메리카 대륙에 진출하기 시작해서, 퀘벡을 중심으로 한 캐나다와 광대한 루이지애나를 손에 넣었다. 같은 시기, 영국은 북아메리카에서 뉴잉글랜드 식민지를 개척했고, 18세기 전반에는 총 13개의 식민지를 개척하기에 이른다.

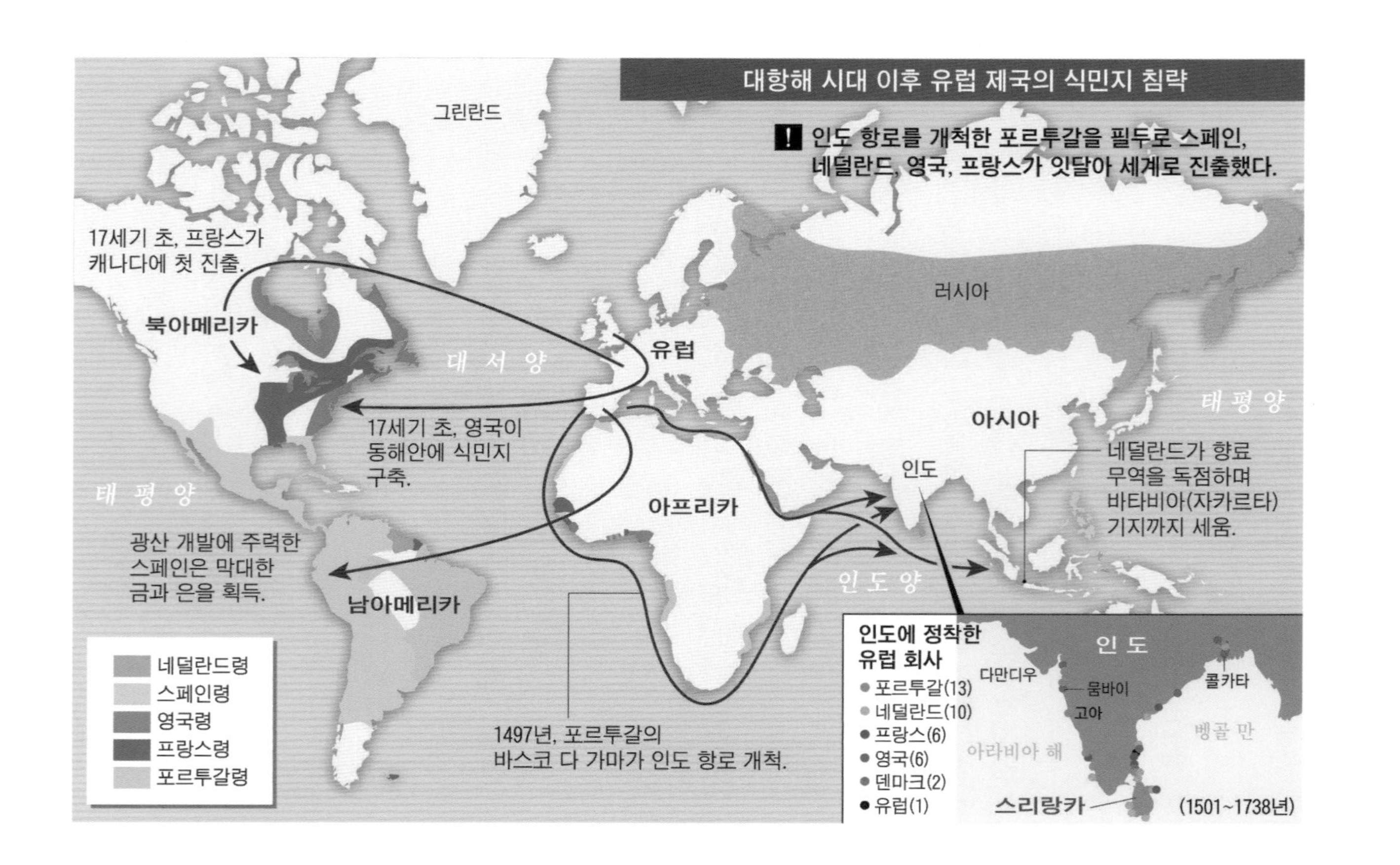
대항해 시대 이후 유럽 제국의 식민지 침략
! 인도 항로를 개척한 포르투갈을 필두로 스페인, 네덜란드, 영국, 프랑스가 잇달아 세계로 진출했다.
그린란드
17세기 초, 프랑스가 캐나다에 첫 진출.
북아메리카
대 서 양
유럽
러시아
아시아
태 평 양
17세기 초, 영국이 동해안에 식민지 구축.
인도
네덜란드가 향료 무역을 독점하며 바타비아(자카르타) 기지까지 세움.
태 평 양
아프리카
광산 개발에 주력한 스페인은 막대한 금과 은을 획득.
인 도 양
남아메리카
1497년, 포르투갈의 바스코 다 가마가 인도 항로 개척.
네덜란드령
스페인령
영국령
프랑스령
포르투갈령
인도에 정착한 유럽 회사
포르투갈(13)
네덜란드(10)
프랑스(6)
영국(6)
덴마크(2)
유럽(1)
인 도
다만디우
뭄바이
고아
콜카타
아라비아 해
벵골 만
스리랑카
(1501~1738년)

17세기 말, 세계 해상무역의 패권을 장악한 영국은 몸바이(봄베이), 마드라스, 콜카타를 기지로 삼아 인도 전역에 대한 식민지 지배를 공고히 했다.

결국 프랑스와 영국 사이에 벌어진 7년전쟁을 비롯한 식민지 쟁탈전은 모두 영국의 승리로 끝났다. 1763년에는 파리 조약이 체결되었고, 프랑스는 이 조약에 따라 북아메리카의 영토를 모두 잃었다. 이후 영국은 맹렬한 기세로 북미 지역에 대한 식민지 지배를 확대했다.

마르틴 루터의 종교개혁 1517년

루터와 칼뱅의 종교개혁으로 서구 교회는 신교와 구교로 분열

루터는 교회와 교황의 권위를 부정하고,
성서와 그리스도에 대한 믿음으로 구원을 주장

16세기 초, 가톨릭교회의 부패가 심각해지자 유럽 각지에서 교회를 개혁하자는 움직임이 일어났다. 마침 교황 레오 10세는 성 베드로 대성당을 개축할 계획을 세우고, 자금을 마련하기 위해 면벌부를 판매했다. 죄를 지었어도 헌금을 하면 구원받을 수 있다는 것이었다.

1517년 10월, 비텐베르크 대학교의 주임 사제이자 교수였던 마르틴 루터는 면벌부 판매를 반대하는 '95개조 반박문'을 발표했다. 루터는 교회와 교황의 권위를 부정하고, 성서와 그리스도에 대한 믿음과 회개만이 우리 자신을 구원할 수 있다고 주장했다. 이 주장은

어거스틴 수도원 수도사였던 마르틴 루터의 사후 초상화, 1546년 이후, Lucas Cranach the Elder, 게르마니아 국립박물관

당시 교황과 교회의 부당한 착취에 시달리던 독일의 지배층과 민중에게 광범위한 지지를 받았다.

교회에 대한 루터의 독립 선언이 교회 개혁 운동으로 확대되면서 로마 교황청은 탄압에 나섰다. 교황청은 루터를 아우크스부르크에 소환하여 신문했고, 루터는 1521년 보름스회의에 참석해 자신의 생각이 정당하다고 주장했으나 결국 파문당했다.

당시 반(反)교황파였던 작센의 선제후(교황 선출권을 가진 제후) 프리

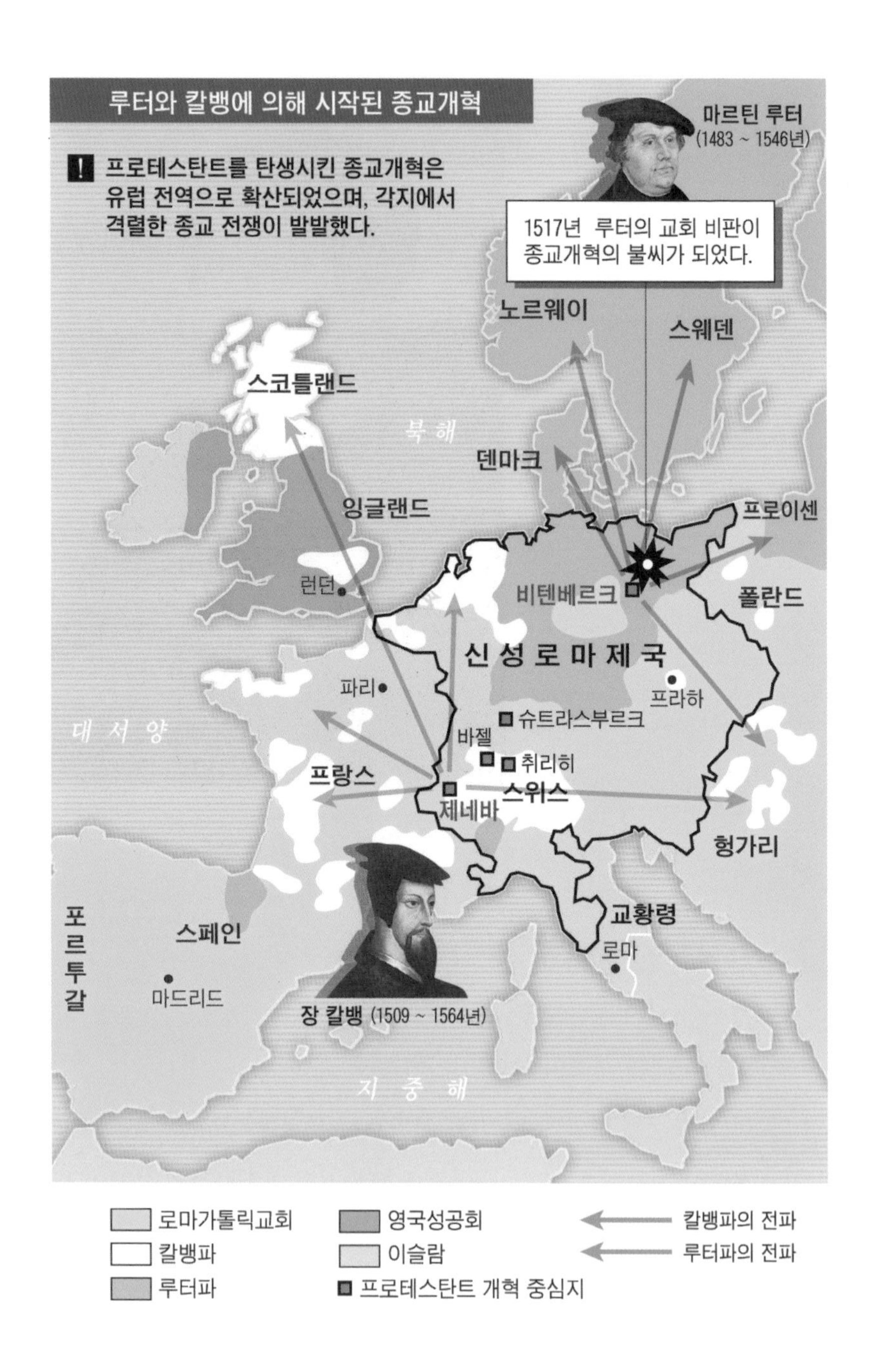
루터와 칼뱅에 의해 시작된 종교개혁
프로테스탄트를 탄생시킨 종교개혁은 유럽 전역으로 확산되었으며, 각지에서 격렬한 종교 전쟁이 발발했다.
마르틴 루터 (1483 ~ 1546년)
1517년 루터의 교회 비판이 종교개혁의 불씨가 되었다.
노르웨이
스웨덴
스코틀랜드
북해
덴마크
잉글랜드
프로이센
런던
비텐베르크
폴란드
신성로마제국
파리
프라하
대서양
슈트라스부르크
바젤
취리히
프랑스
스위스
제네바
헝가리
교황령
포르투갈
스페인
로마
마드리드
장 칼뱅 (1509 ~ 1564년)
지중해
로마가톨릭교회
칼뱅파
루터파
영국성공회
이슬람
프로테스탄트 개혁 중심지
칼뱅파의 전파
루터파의 전파

드리히는 루터를 바르트부르크성에 숨겨주었다. 루터는 그곳에서 《신약성서》를 독일어로 번역, 출판하여 빈민층부터 제후에 이르는 폭넓은 지지층을 확보했다.

루터파는 교회로부터의 독립과 신앙의 자유를 교황에게 요구하며 거세게 항의했고, 그 때문에 프로테스탄트(항의하는 사람)라고 불리게 되었다. 루터의 종교개혁은 서구 교회가 분열하는 직접적인 원인이 되었다.

한편 스위스 제네바에서는 프랑스인 칼뱅이 성서 중심의 복음주의를 주장하며 로마가톨릭교회와 결별을 선언했다. 교회의 개혁을 상징하는 '칼뱅주의'가 개신교 신학의 주류로 자리 잡으면서 유럽 각지에 개혁교회인 장로교회, 침례교회가 생겨났다. 칼뱅은 "구원은 하느님에 의해 미리 정해져 있다"라는 예정설을 주장했다. 그리고 "열심히 일해서 부를 얻는 것은 하느님의 뜻이다"라는 주장이 상인들에게 전폭적인 지지를 얻으면서, 합리적이고 타당한 이윤 추구에 대한 정당성을 부여하는 자본주의의 윤리가 되었다.

오스트리아의 빈 공성전 1529년

12만 오스만 대군이 빈을 침공, 오스트리아군이 공성전에 승리

오스만제국의 술레이만 1세가 유럽 진출 위해 합스부르크 왕조의 수도인 빈(비엔나)을 침략

15~18세기, 오스만제국은 끊임없이 유럽을 공격했다.

헝가리를 정복한 오스만제국의 술탄 술레이만 1세가 합스부르크 왕조의 수도인 오스트리아 빈(비엔나)을 침략해 일으킨 전투는 그중 가장 격렬했다. 이 공성전에서 패배하면서 오스만제국은 중부 유럽 진출의 야욕이 꺾였다.

1529년, 보병 12만 명으로 구성된 오스만제국의 대군이 빈에 들이닥친다. 속국이 된 헝가리 지배를 공고히 하고, 유럽 중심부로 진출할 교두보를 마련하기 위함이었다. 그들에 맞선 오스트리아군은 겨우 1만 6,000명이었다. 하지만 빈은 지리적으로 성을 지키기에

만년의 술탄 술레이만,
1800년경, Konstantin Kapıdağlı

유리한 점이 있었다. 빈의 북쪽과 동쪽 성벽 근처에 도나우강이 흐르고 있어서 측면 공격이 어려웠던 것이다.

따라서 오스만군은 남쪽 성벽으로 병사들을 모아 대포 300문을 배치한다. 그리고 성벽을 공격하기 시작했으나 오스트리아군의 적극적인 방어로 결정적인 피해를 주지 못했다.

오스만군은 땅굴을 파서 성 안으로 들어가려고 시도했으나, 오스

오스만제국과 서유럽 연합군의 빈 공성전

도나우 강

1. 헝가리 지역을 점령한 오스만제국은 중부 유럽을 침략하기에 앞서 빈 공격을 감행한다.(1529년 9월)
2. 이전 헝가리를 침략할 때도 폭우와 도로 유실로 인해 콘스탄티노플 공성전에 사용했던 거포들을 후방에 남겨두었다. 그래서 소형 포만으로 공성전에 나섰지만 2미터 폭의 성벽은 난공불락.
3. 술레이만 1세는 빈 측에 항복하라며 협상을 제안했지만 거절당함. 오스만군은 성벽 밑에 파놓은 땅굴의 붕괴와 역공으로 2만 명의 전사자가 발생.
4. 오스만군은 전쟁 물자의 보급 차질과 일부 군사들의 탈영 사태가 발생. 술레이만 1세는 후한 상금을 걸고 마지막 총공세를 벌였지만 실패로 돌아가자, 철수를 결정하고 포로들을 살상.(10월 14일)

트리아군은 공성용 참호와 땅굴을 파는 것을 방해했다. 오스트리아군은 병사 8,000명을 매복해서, 땅굴을 파던 오스만군에게 역공을 가하고 땅굴을 파괴했다. 게다가 많은 비가 내려 이미 파놓은 땅굴마저도 쓸모없게 되어버렸다. 술레이만 1세는 대포로 성벽에 큰 구멍을 뚫어 성 안으로 진입하려 했지만 오스트리아군이 커다란 나무 술통으로 구멍을 메워 방어했다.

한편 대규모 부대가 먼 거리를 이동했고 전투가 한 달가량 지속되면서 오스만군은 보급 물자 부족과 부상병 속출로 사기가 많이 떨어졌다. 설상가상으로 병영에 역병이 돌면서 탈영병까지 생겨나기 시작했다.

신성로마제국의 연합군은 오스만군의 방비가 허술한 틈을 타 기습 공격을 감행해 포위망을 뚫었다. 그러자 오스만군은 혼란 속에 패주를 시작했고, 빈은 치열한 공성전에서 승리를 거두었다. 이로 인해 서유럽에 대한 이슬람 침공은 실패로 돌아갔고, 오스만제국도 서서히 내리막길을 걷기 시작했다.

영국의 대서양 삼각무역 1530년~

영국이 미국과 아프리카를 잇는 삼각무역으로 노예 수출을 주도

대서양 무역의 해상권을 대부분 장악한 영국은 자국의 식민지로 대량의 흑인 노예를 수출

16세기 중반, 아메리카에 진출한 유럽의 제국주의는 신대륙에서 플랜테이션(선진국 자본과 원주민 노동을 결합한 대규모 농업)을 추진했고, 이와 함께 아프리카에서 흑인의 노동력을 징발하는 노예무역이 시작되었다.

유럽 국가들은 이전부터 중남미에서 식민 지배를 하면서 현지 인디오들의 노동력을 착취했으나, 1530년 설탕 생산을 시작하면서 더욱 많은 일손이 필요하게 됐다.

스페인은 부족한 노동력을 보충하고자 아프리카에서 노예들을 데려왔다. 그들은 몸값이 인디오의 3분의 1이었고, 몸이 튼튼해서

1773년 아이티 항구에 정박 중인 마리 세라파크호(노예선), 작가 불명, 오르세미술관 컬렉션

혹독한 노동에도 견딜 수 있었다. 처음으로 신대륙에 끌려온 노예는 서인도 제도의 스페인령에 살던 히스파니올라섬 사람들이었고, 1505년의 일이었다.

스페인 왕실은 신대륙에 아프리카 노예를 들이는 것을 승인하고 허가증을 발부하기로 한다. 이것은 나중에 유럽 각국의 상인이 노예무역에 열을 올리는 시발점이 되었다.

스페인과 마찬가지로 신대륙에 진출한 영국에서는 1660년 런던 아프리카 무역회사가 설립된다. 이 회사는 금을 채굴하기 위해 설

버지니아 농장의 노예들, 1785~1795년, John Rose, 애비 알드리치 록펠러 민속미술관

립되었기 때문에 1672년 왕립아프리카회사가 되었고, 이내 노예무역에 뛰어들어 큰 이익을 얻는다.

아프리카의 흑인 노예는 '흑단', '검은 황금'으로 불리며 돈과 같은 존재가 되었다. 먼저 아프리카에서 신대륙으로 노예를 수출하고, 그 노동력을 이용해 설탕과 커피, 목화 등 열대 특산품을 생산한 뒤 유럽으로 가져갔다. 반대로 유럽에서는 면, 양모, 럼주 등의 제품과 철포, 화약 등을 아프리카로 수출했다.

이것은 삼각무역이라고 불렸고, 식민지 시대에 유럽 제국주의 국가들이 막대한 부를 축적하는 계기가 되었다. 특히 산업혁명이 활발해진 영국에서는 노예의 노동력이야말로 자국 내 목화 섬유 산업을 안정적으로 발전시키는 주요 수단이었다.

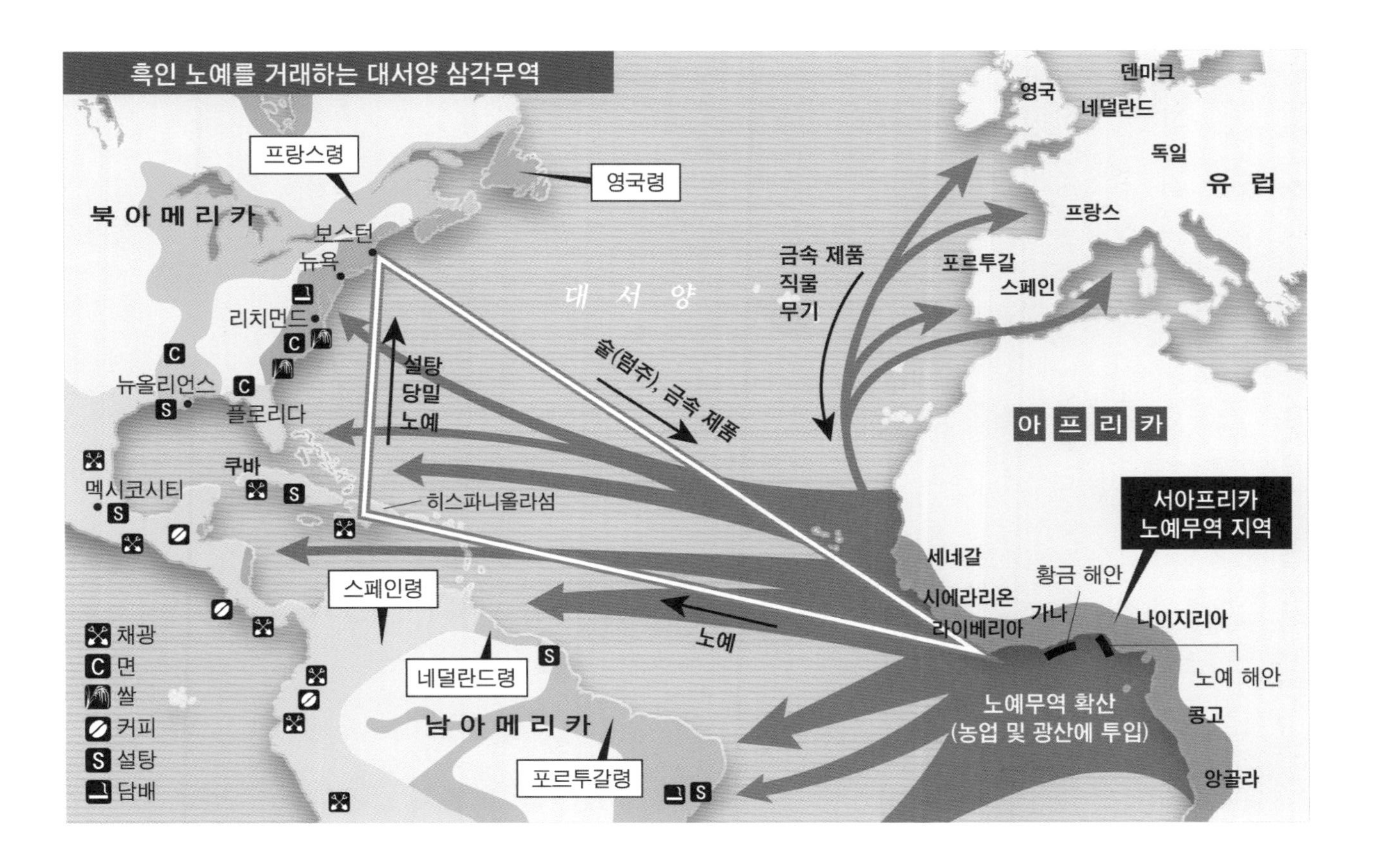

흑인 노예를 거래하는 대서양 삼각무역
프랑스령
영국령
북 아 메 리 카
보스턴
뉴욕
리치먼드
뉴올리언스
플로리다
쿠바
멕시코시티
히스파니올라섬
설탕
당밀
노예
대 서 양
술(럼주), 금속 제품
금속 제품
직물
무기
영국
덴마크
네덜란드
독일
유 럽
프랑스
포르투갈
스페인
아 프 리 카
서아프리카
노예무역 지역
세네갈
황금 해안
시에라리온
가나
라이베리아
나이지리아
노예 해안
노예무역 확산
(농업 및 광산에 투입)
콩고
앙골라
노예
스페인령
네덜란드령
남 아 메 리 카
포르투갈령
채광
면
쌀
커피
설탕
담배

영국은 서인도 제도에서도 노예무역을 전개했다. 대서양 무역의 해상권을 대부분 장악한 영국은 자국의 식민지로 대량의 흑인 노예를 보냈다. 18세기 중반, 1년에 6만 명의 노예가 대서양을 건너갔고, 그 가운데 절반은 영국 배로 운반되었다. 산업혁명을 일으킨 제국주의 영국이 인간을 '상품'으로 거래하며 선두에서 세계 자본주의를 이끌었던 것이다.

남미에서 유럽으로 감자 전파 1570년경

유럽 아일랜드와 프로이센에서 남미산 감자가 주식으로 정착

감자는 페루의 안데스 고원이 원산지이며, 탐험가 피사로가 본국 스페인 등 유럽으로 전파

감자는 페루의 안데스 고원이 원산지이며, 기원전 3000년경부터 재배되었다고 전해진다. 감자는 잉카제국 시대의 주요 식량이었다.

16세기경 스페인 탐험가 피사로가 남미 대륙을 정복하는 과정에서 감자를 본국으로 가져간 이후 전 유럽으로 전파되었다. 당시 유럽인들은 감자의 생김새 때문에 식용 작물로 여기지 않았고, 오히려 먹으면 나병 등 질병에 걸린다고 생각했다. 그러나 17세기 중반부터는 재배가 수월하고 단기간에 대량 수확이 가능하다는 점이 부각되면서 중요한 영양 공급원으로 자리 잡았다.

17세기 중반, 영국 크롬웰 장군의 침략을 받아 식민지로 전락한

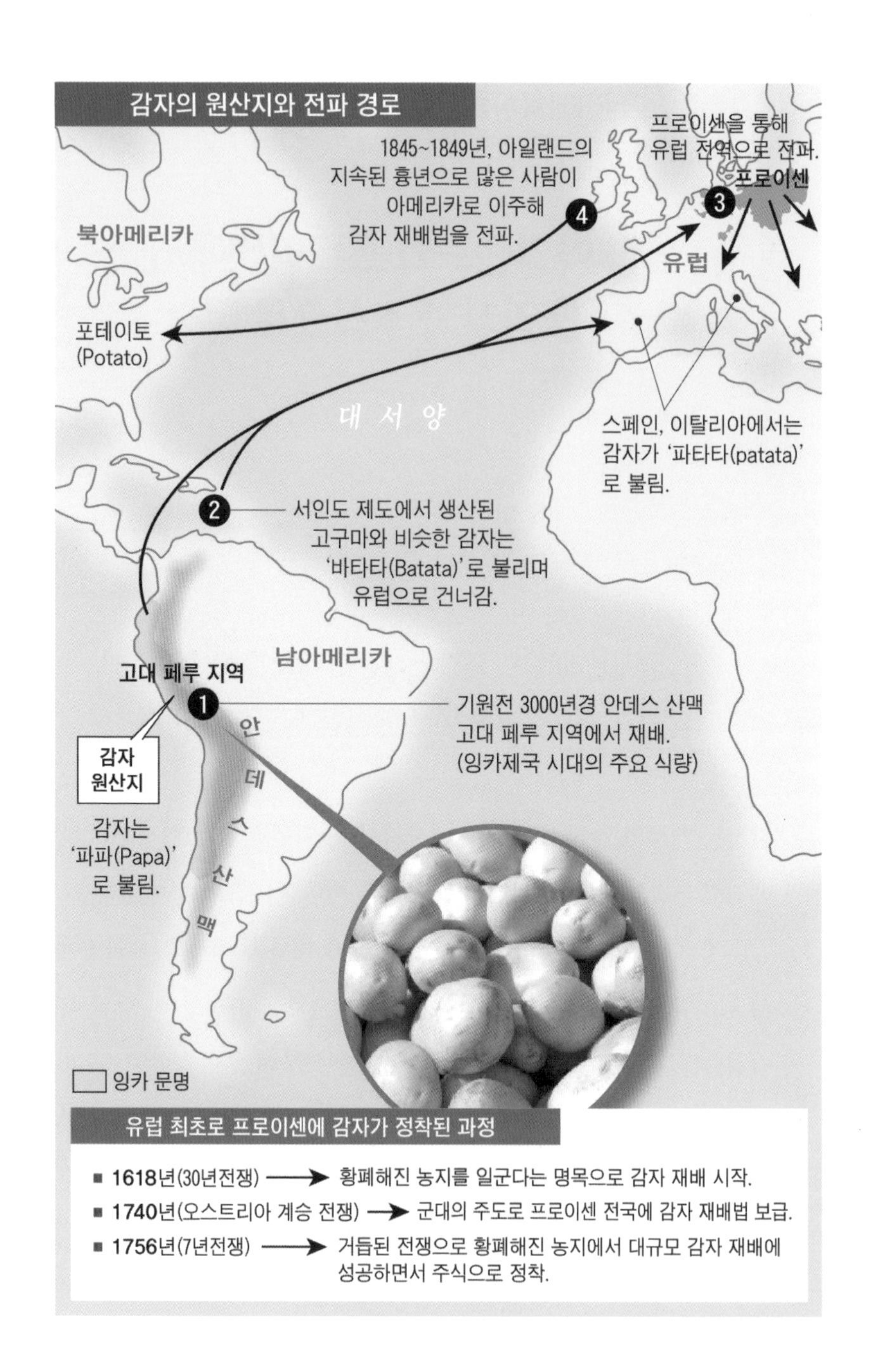
감자의 원산지와 전파 경로
1845~1849년, 아일랜드의
지속된 흉년으로 많은 사람이
아메리카로 이주해
감자 재배법을 전파.
프로이센을 통해
유럽 전역으로 전파.
프로이센
북아메리카
유럽
포테이토
(Potato)
대서양
스페인, 이탈리아에서는
감자가 '파타타(patata)'
로 불림.
서인도 제도에서 생산된
고구마와 비슷한 감자는
'바타타(Batata)'로 불리며
유럽으로 건너감.
남아메리카
고대 페루 지역
기원전 3000년경 안데스 산맥
고대 페루 지역에서 재배.
(잉카제국 시대의 주요 식량)
감자
원산지
감자는
'파파(Papa)'
로 불림.
안데스 산맥
잉카 문명
유럽 최초로 프로이센에 감자가 정착된 과정
■ 1618년(30년전쟁) → 황폐해진 농지를 일군다는 명목으로 감자 재배 시작.
■ 1740년(오스트리아 계승 전쟁) → 군대의 주도로 프로이센 전국에 감자 재배법 보급.
■ 1756년(7년전쟁) → 거듭된 전쟁으로 황폐해진 농지에서 대규모 감자 재배에
성공하면서 주식으로 정착.

아일랜드는 전쟁으로 전 국토가 피폐해지고 경제 상황도 극도로 악화되었다. 수많은 아일랜드인이 전쟁 중에 죽거나 노예로 팔려나가기까지 했다. 영국 침략자들의 토지 강탈과 착취에 시달리던 아일랜드인들은 감자가 도입되자마자 적극적으로 재배하기 시작했다. 척박한 땅에서도 대량 생산이 가능한 감자는 얼마 뒤 아일랜드인의 주식으로 자리매김했다.

구교와 신교 사이에서 30년 종교전쟁(1618~1648년)을 겪은 프로이센에서도 비슷한 시기에 감자 재배법이 전해졌다. 이후 '감자 대왕'이라고 불린 프리드리히 2세가 18세기 중반 오스트리아 계승 전쟁과 7년전쟁의 후유증으로 황폐해진 국토를 재건한다는 명목으로 감자 재배를 강제적으로 시행했다. 프리드리히 2세는 국민들이 가축 사료로 쓰던 감자를 먹지 못하겠다고 반발하자 자신이 매일 감자를 먹음으로써 식량 문제를 해결하는 데 앞장섰다. 이처럼 잇따른 전쟁으로 식량난에 부딪힌 독일이 적극 도입하면서 감자 재배는 유럽 전역으로 빠르게 확산되었다.

레판토 해전의 전말 1571년

기독교와 이슬람교의 해전에서 '신의 바람'은 누구 편이었는가?

오스만제국의 지중해 진출 저지를 명분으로 스페인 등 기독교 국가들이 신성동맹 결성해 참전

1453년, 동로마제국의 수도 콘스탄티노플을 함락한 오스만제국은 그 기세를 몰아 지중해에서 제해권 확대를 노렸다.

그들은 16세기 초부터 해군력을 증강해서 지중해 동부와 북아프리카의 패권을 장악하기 시작했다. 게다가 1570년 베네치아령 키프로스섬을 점령하기에 이른다. 키프로스섬은 동지중해를 지배하기 위한 교두보일 뿐 아니라 전략적 요충지였다. 베네치아는 오스만제국의 지중해 진출 저지를 명분으로 내세워 교황청을 비롯한 기독교 국가들에 도움을 청한다. 이를 받아들인 교황 비오(피우스) 5세는 오스만제국에 대항하는 신성동맹을 결성할 것을 기독교 국가들에 호

레판토 해전(1571년), 16세기, 작가 미상, 영국 국립해양박물관

소했다. 로마 교황청을 비롯해 이전부터 지중해 해안에서 오스만제국과 충돌이 잦았던 스페인도 참전을 결정했다.

교황청과 스페인, 베네치아를 주력으로 한 신성동맹은 연합군 함대를 편성한 후 오스만군을 공격하기 위해 출항했다. 오스만제국도 이들을 막기 위해서 함대를 편성했다. 그리고 1571년 10월 7일, 양 진영의 함대가 코린트만(灣) 레판토 앞바다에서 격돌하게 된다.

총사령관 알리 파샤가 지휘하는 오스만제국 함대들은 갤리선 약 280척을 주축으로 하고 작은 함선 수십 척이 뒤따랐다. 돈 후안이 이끄는 신성동맹 연합군은 베네치아의 대형 군함인 갤리어스선 6척

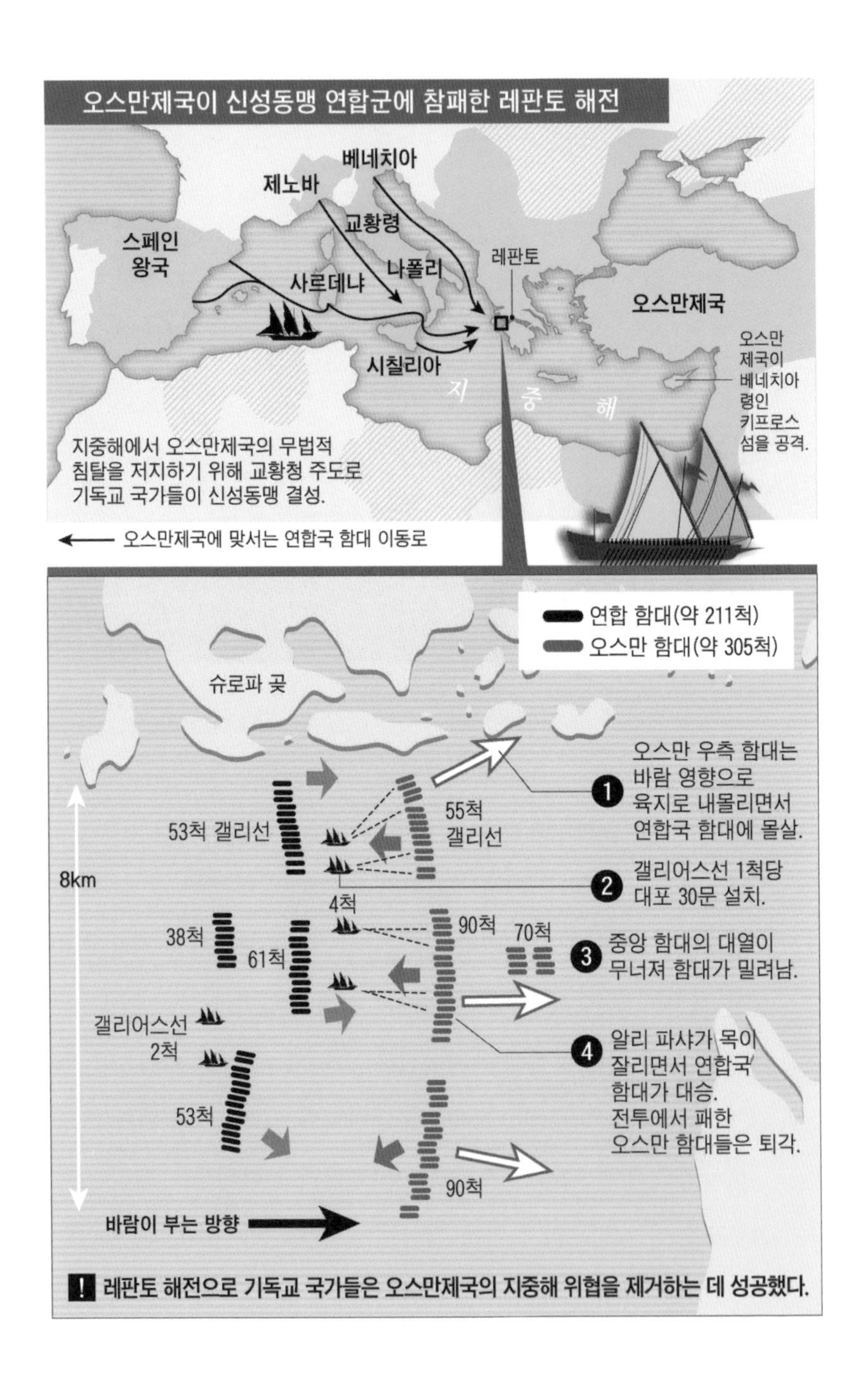
오스만제국이 신성동맹 연합군에 참패한 레판토 해전
베네치아
제노바
교황령
스페인
왕국
나폴리
레판토
사르데냐
오스만제국
시칠리아
오스만
제국이
베네치아
령인
키프로스
섬을 공격.
지
중
해
지중해에서 오스만제국의 무법적
침탈을 저지하기 위해 교황청 주도로
기독교 국가들이 신성동맹 결성.
오스만제국에 맞서는 연합국 함대 이동로
연합 함대(약 211척)
오스만 함대(약 305척)
슈로파 곶
오스만 우측 함대는
바람 영향으로
육지로 내몰리면서
연합국 함대에 몰살.
55척
갈리선
53척 갈리선
8km
갈리어스선 1척당
대포 30문 설치.
4척
90척
70척
38척
61척
중앙 함대의 대열이
무너져 함대가 밀려남.
갈리어스선
2척
알리 파샤가 목이
잘리면서 연합국
함대가 대승.
전투에서 패한
오스만 함대들은 퇴각.
53척
90척
바람이 부는 방향
레판토 해전으로 기독교 국가들은 오스만제국의 지중해 위협을 제거하는 데 성공했다.

과 갤리선 200여 척이 주력 함대로 편성되었다. 그리고 양 진영 모두 배를 충돌시켜 선상 백병전을 벌이겠다는 전략을 세우고 각각 3만 명에 가까운 전투 보병을 함대에 태웠다.

신성동맹 연합군은 전투가 시작되자마자 베네치아의 갤리어스선을 앞세워 오스만 함대(오른쪽 진영)에 대포 포격을 퍼부었다. 갤리어스선은 우세한 화력으로 오스만 함대의 갤리선을 격침하며 전열을 흩뜨려놓았다. 이 틈을 놓치지 않고 연합군의 중앙과 좌익이 적군의 우익을 밀어붙였다. 그런데 이때 마침 바람이 불기 시작해 육지 가까이에 있던 오스만 함대의 우익이 해안으로 떠밀리면서 전투 대열이 무너지고 결국 갤리선 대부분이 침몰하고 말았다.

레판토 해전은 그동안 무자비한 침략을 일삼았던 이슬람 세력의 기세를 꺾은 기독교 세력의 통쾌한 한판 승부였다. 이후 오스만제국은 지중해 제해권 확대를 포기했고, 기독교 국가들도 불패 신화를 자랑하던 오스만제국에 맞서 이길 수 있다는 용기와 희망을 가지게 되었다.

네덜란드의 80년 독립전쟁 1568~1648년

종주국 스페인의 탄압에 맞서 개신교 상공업자들이 독립 투쟁

독립전쟁의 대열에서 철수한 남부 10주는 1839년에 정식 국가인 벨기에로 독립

지금의 네덜란드와 벨기에 지역에 해당되는 중세 네덜란드의 경우 북부는 중개무역, 남부는 모직물 산업을 중심으로 번성했다. 이 지역은 노동으로 부를 쌓는 것은 모두 신의 뜻에 달렸다고 믿는 칼뱅주의를 신봉하는 개혁교회가 보급되어 있었다.

그러나 16세기 중반, 이곳을 지배하던 스페인의 펠리페 2세는 전쟁 경비를 충당하기 위해 상공업자들에게 높은 세금을 부과했다. 그리고 당시 북유럽 지역에서 빠르게 확산하던 개신교를 탄압하고 가톨릭을 강요했다.

1568년, 이에 불복한 상공업자들이 자치권을 요구하며 반발하자

생캉탱 전투(1557년)에서
프랑스를 무찌르고 승리한
펠리페 2세, 1560년, Antonis Mor,
왕립 산 로렌초 데 엘
에스코리알 수도원

펠리페 2세는 군대를 파견해 무자비하게 처형하며 탄압했다. 개신교도를 중심으로 한 독립 세력은 스페인의 정치적·종교적 지배에서 벗어나기 위해 독립 투쟁을 전개했다. 독립전쟁 초기부터 스페인은 로마 교황청이 주도해 지중해에서 벌어진 오스만제국과의 종교 전쟁에 참전하느라 적극적으로 대응하기가 힘들었다. 이런저런

위트레흐트동맹을 결성한 네덜란드 북부 7개 주

❶ 1579년 1월 23일, 네덜란드 북부 7개 주(홀란트, 젤란트, 위트레흐트, 흐로닝언, 헬데를란트, 오버레이설, 프리슬란트)가 위트레흐트동맹을 맺고 종교의 자유와 독립을 요구했다. 그리고 1581년까지 드렌터를 비롯해 안트베르펜 등 벨기에 북서부 여러 지역이 가세했다. 그러나 1580년대 후반에 벨기에 북서부 지역이 빠지면서 현재 네덜란드 영토의 모습을 갖추게 되었다.

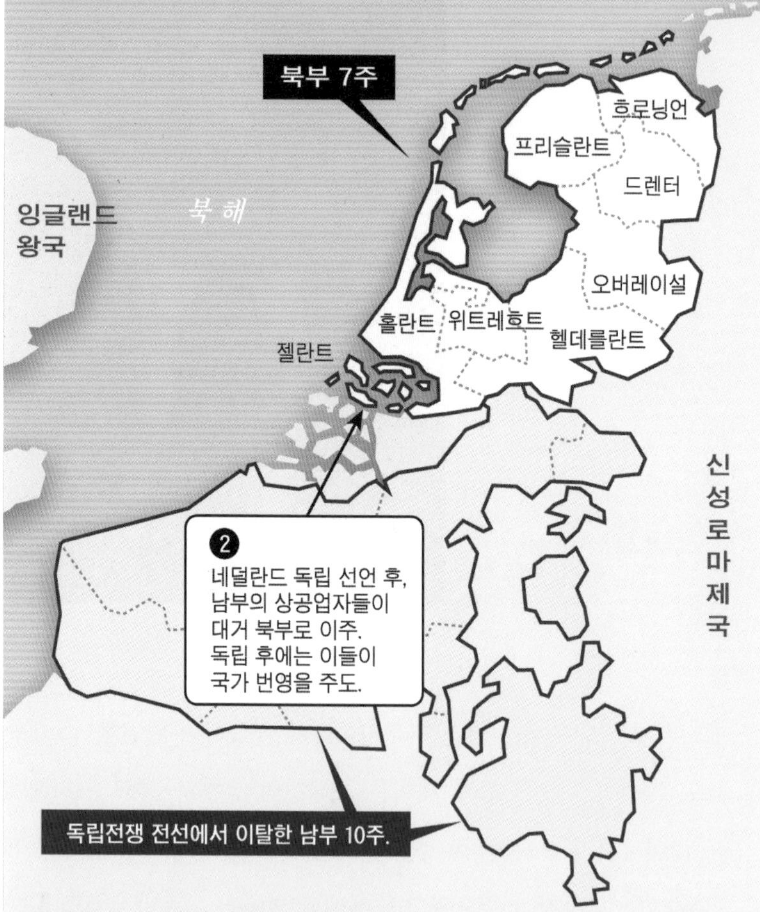

! 1568년, 스페인의 가톨릭 신앙 강요와 상공업자에게 부과한 높은 세금에 저항해 네덜란드의 독립전쟁이 발발.

이유로 전쟁이 장기전에 돌입하자 가톨릭교도가 많았던 남부 10주는 아라동맹을 맺고 독립전쟁의 대열에서 벗어나 철수했다. 그러나 1579년 1월 23일, 북부 7주는 신앙의 자유를 쟁취하기 위해 위트레흐트동맹을 맺고 계속해서 투쟁했다.

1581년 7월, 마침내 위트레흐트동맹이 스페인으로부터 독립을 선언함으로써 네덜란드연방공화국이 탄생했다. 이것이 오늘날의 네덜란드이다. 그러나 남부 지역은 여전히 스페인의 통치를 받았고, 네덜란드의 길고 긴 독립전쟁도 계속되었다. 네덜란드가 국제적으로 정식 국가로 승인된 것은 1648년 베스트팔렌 조약이 체결되면서부터였다. 이 조약으로 신성로마제국에서 일어난 신교와 구교 사이의 30년전쟁(1618~48년)과, 스페인과 네덜란드 사이의 80년전쟁이 최종적으로 종결되었다.

스페인에서 독립한 네덜란드는 남부에서 이주해 온 상공업자들이 적극적인 해상무역을 전개하며 경제적으로 큰 번영을 누렸다. 한편 독립전쟁의 대열에서 철수한 남부 10주는 1839년, 비로소 정식 국가인 벨기에로 독립했다.

아르마다 해전 - 무적함대의 패배 1588년

무적함대 패전은 스페인 몰락과 대영제국 탄생의 신호탄이었다

영국 북해를 통과할 때 추운 날씨와 폭풍우를 만난 스페인 함대는 70여 척의 배가 난파당했다

합스부르크 가문의 최대 전성기를 이끌었던 샤를 5세의 장남으로 태어난 펠리페 2세는 서유럽 스페인령과 네덜란드, 북아프리카, 중남미의 거대한 식민지를 통치했다. 스페인 국왕이었던 펠리페 2세는 대서양 제해권과 중남미 식민지에 대한 기득권에 도전하는 영국과 일전이 불가피한 상황이었다. 특히 영국은 네덜란드 독립전쟁을 지원할 뿐 아니라 사략선(영국이 허가한 개인 군함이자 해적선)이 대서양을 오가는 스페인 함선을 약탈하는 것을 사실상 방조했다. 섬나라인 영국은 해양 강국 스페인의 벽을 넘지 않고는 해상무역과 식민지 개척이 사실상 불가능했기 때문이다.

영국과 스페인의 해전에 투입되었던 무적함대, 16세기, 작가 미상, 영국 그리니치 해양박물관

1580년 포르투갈을 합병한 후 세계 최강의 해군력을 보유한 스페인의 펠리페 2세는 마침내 눈엣가시 영국을 정벌하기로 결심한다. 스페인의 무적함대 아르마다는 총 130척의 함선을 결집해 영국 해협을 향해 출항했다.

1588년 5월 25일, 리스본을 출발한 아르마다는 선제공격하기 위해 라 코루냐를 거쳐 영국 함대의 집결지인 플리머스를 향했다. 영국 최남단 요충지 플리머스에서 아르마다를 맞이한 영국 함대는 총 197척이었다.

7월 31일, 플리머스에서 벌어진 해상 전투에서는 영국 함대가 승

스페인 무적함대의 패배와 대영제국의 탄생
해상 전투
조난 지점
매서운 추위와 짙은 안개로
함선들 이탈과 일부 함선 조난.
폭풍우로 50여 척의 함선이
아일랜드 해안가에 조난.
난파선에서 뭍으로
나온 수백 명의
병사들은 모두
대기하고 있던
영국군에게 피습.
스코틀랜드
퍼스
북해
원정을 포기하고
영국을 일주한 뒤
스페인으로 복귀 예정.
아일랜드
잉글랜드
네덜란드
(스페인령)
플랑드르
도버
칼레
플리머스
플랑드르에서 파르마군을
기다리다 영국 함선의
기습을 받고 북쪽으로 도주.
스페인 함대는 영국 해협의
전투에서 승리하지 못한 채
도버 해협을 통과.
신성로마제국
대서양
7월 21일,
일부 함선의
선체 결함으로
125척만 출발.
프랑스
9월 21일,
선두 함선을 포함한 65척만 귀환.
라 코루냐
산탄데르
악천후로 인해
라 코루냐 항에서
수리 및 재보급받음.
포르투갈
(스페인이 합병)
리스본
스페인
탄약과 식량 확보에
실패한 채 영국 함대에
추격당하던 스페인 함대는
북해에서 극심한 굶주림과
폭풍 때문에 치명상을
입었다.
스페인이 영국에 선전포고.
1588년 5월 25일, 130척의
스페인 무적함대가 출발.

리했다. 이후 스페인 함대가 도버 해협을 빠져나갈 때까지 계속된 3번의 전투에서 공방전을 계속했지만 어느 쪽도 승기를 잡지 못했다. 스페인 함대는 가까이 접근한 다음 선상에서 백병전을 벌이는 것이 기본 전술이었고, 영국 함대는 멀리서 대포를 쏘아 상대 함선을 침몰시키려고 했기 때문에 전쟁의 승패를 가르는 치열한 전투가 벌어지지 않았다.

몇 차례 전투를 치르는 동안 탄약과 식량이 떨어진 스페인군은 전쟁을 중단하고 칼레로 향했다. 그러나 칼레에서 네덜란드군의 저지로 탄약과 식량을 확보하는 데 실패했고, 결국 북쪽으로 배를 돌려 영국 제도를 돌아 본국으로 철수하기로 결정했다.

북해를 통과하는 동안 추운 날씨와 폭풍우를 만난 스페인 함대는 전체의 절반이 넘는 50여 척의 배가 난파당했다. 그리고 곳곳에서 영국군에 피습당하고, 추위와 굶주림으로 생명을 잃은 병사가 부지기수였다.

무적함대 아르마다의 패전은 스페인 시대의 몰락과 함께 엘리자베스 시대의 대영제국 탄생을 알리는 신호탄이었다.

30년전쟁 - 신·구교의 종교 전쟁 1618~1648년

신성로마제국이 붕괴한 후, 개신교 근대 국가들의 탄생

1648년 베스트팔렌 조약으로 30년 종교 전쟁은 종결,
프로테스탄트가 가톨릭과 동등한 권리와 지위 획득

신성로마제국 영토에서 벌어진 30년전쟁(1618~1648년)은 구교와 신교의 종교 전쟁이자 신흥 강국들이 제국에 도전한 영토 분쟁이다.

독일을 지배하던 신성로마제국은 페르디난트 2세를 속령 보헤미아의 왕으로 임명했다. 대부분 프로테스탄트였던 이 지역의 제후들은 독실한 가톨릭 신자인 페르디난트 2세가 왕위에 올라 자신의 영토 안에서 절대 신앙을 강요하자 거세게 반발했다. 급기야 1618년에는 왕의 대관을 프라하 궁전의 창문 밖으로 던져버리는 사건이 일어났고, 이것이 30년전쟁의 불씨가 되었다.

보헤미아 왕국의 프라하에서 일어난 폭동은 순식간에 오스트리아

30년전쟁의 결정판이 된 백산 전투, 1620년, Peter Snayers, 바이에른 군사박물관

빈으로 번져나갔고, 오스트리아 역시 반란의 소용돌이에 휘말렸다. 그러나 1620년, 신성로마제국군은 프라하 근교에서 벌어진 전투에서 압도적인 승리를 거뒀다. 이로써 보헤미아는 가톨릭의 지배권에 들어가게 되었다. 1625년에는 덴마크의 크리스티안 4세가 영국과 네덜란드의 지원을 받아 독일의 영토를 노리고 침입했으나 역시 신성로마제국군에 패하고 말았다.

전쟁 초반에 압도적인 우세를 보였던 신성로마제국이 전세에서 밀리게 된 것은 주변의 신흥 강국들이 참전하면서부터였다. 1630년, 프로테스탄트 국가인 스웨덴이 보헤미아의 제후 편으로 참전하여

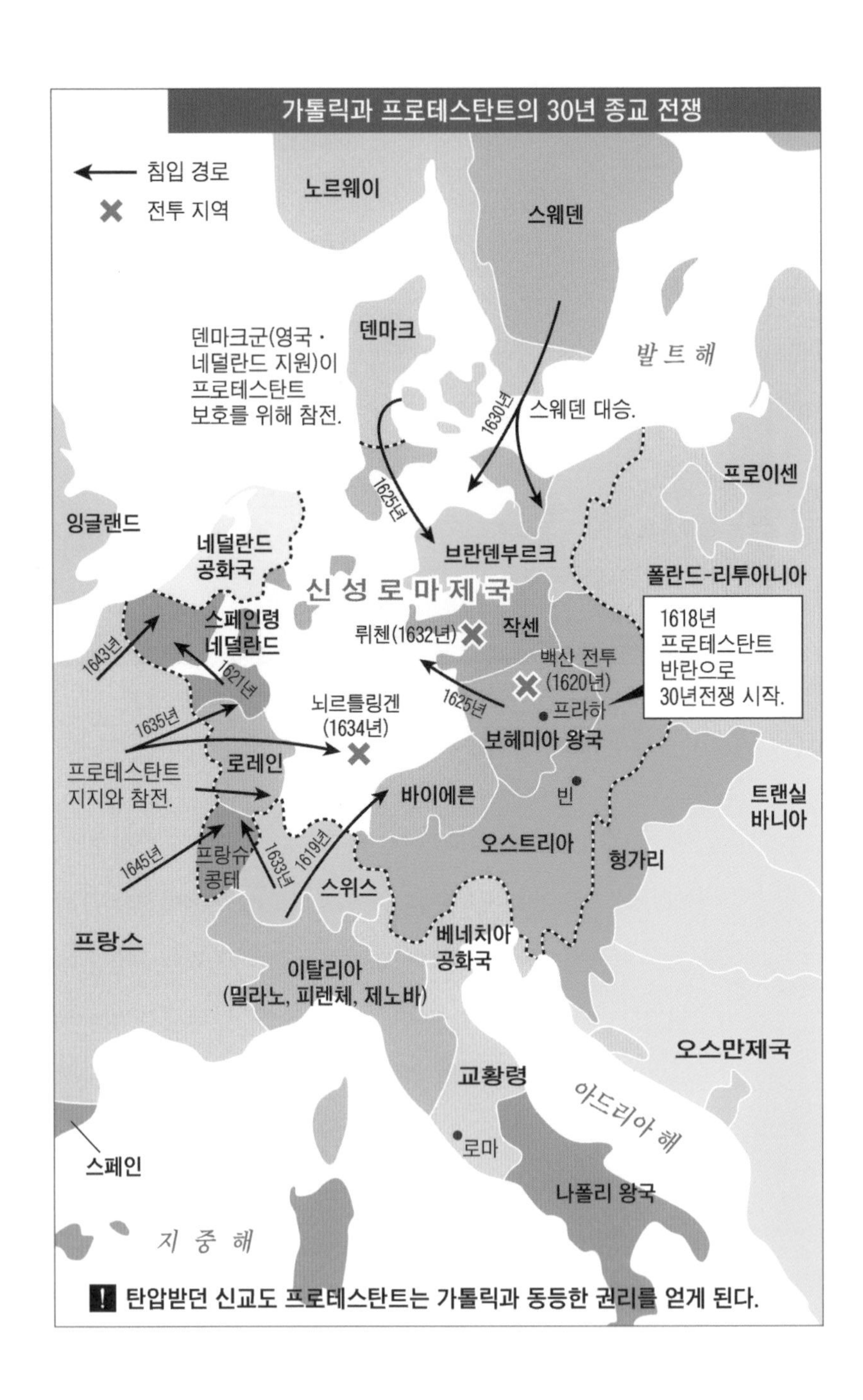
가톨릭과 프로테스탄트의 30년 종교 전쟁
침입 경로
전투 지역
노르웨이
스웨덴
덴마크
덴마크군(영국 · 네덜란드 지원)이 프로테스탄트 보호를 위해 참전.
발트 해
1630년
스웨덴 대승.
1625년
프로이센
잉글랜드
네덜란드 공화국
브란덴부르크
폴란드-리투아니아
신성로마제국
스페인령 네덜란드
뤼첸(1632년)
작센
1618년 프로테스탄트 반란으로 30년전쟁 시작.
1643년
1621년
백산 전투 (1620년)
1625년
프라하
1635년
뇌르틀링겐 (1634년)
보헤미아 왕국
로레인
프로테스탄트 지지와 참전.
바이에른
빈
트랜실바니아
1645년
프랑슈콩테
1633년
1619년
오스트리아
헝가리
스위스
프랑스
베네치아 공화국
이탈리아 (밀라노, 피렌체, 제노바)
오스만제국
교황령
아드리아 해
로마
스페인
나폴리 왕국
지 중 해
탄압받던 신교도 프로테스탄트는 가톨릭과 동등한 권리를 얻게 된다.

이듬해에 큰 승리를 거두었다. 이어 1635년에는 합스부르크 가문인 신성로마제국과 스페인 왕가의 반대편에서 프로테스탄트 세력을 밀었던 루이 13세의 프랑스가 스웨덴과 연합해서 전쟁에 본격적으로 뛰어들었다. 가톨릭 국가임에도 불구하고 합스부르크 가문의 협공을 저지하고 부르봉 왕가를 지키기 위함이었다.

유럽 전체가 전쟁의 소용돌이에 휘말린 30년전쟁은 유럽의 새로운 질서, 즉 신성로마제국이 붕괴하고 근대 국가가 탄생하는 계기가 되었다. 오랜 세월 전쟁에 시달린 신성로마제국의 페르디난트 3세를 비롯한 유럽 열강의 제후들이 1648년 베스트팔렌 조약을 체결하면서 30년간의 종교 전쟁은 마침내 종지부를 찍었다. 이로써 유럽 대륙에서 공식적으로 프로테스탄트가 가톨릭과 동등한 권리와 지위를 얻었다.

하지만 30년전쟁의 무대가 된 독일은 국토가 황폐화되고, 전쟁 전 1,800만 명에 달하던 인구가 700만 명으로 줄어드는 등 심각한 피해를 입으면서 강대국의 지위를 내려놓았다. 대신 프랑스가 유럽의 최강국으로 부상했고, 네덜란드를 비롯해 유럽의 여러 나라가 종교적·정치적으로 독립해서 근대 국가로 출발하는 계기가 되었다.

청나라의 영토 확장 1636~1912년

만주족의 청나라가 1세기 만에 중국 최대의 통일 왕조를 완성

강희제, 옹정제, 건륭제의 세 황제가 지배하는 동안 태평성대를 누린 '강건성세'의 중화제국

중국에서 300년 넘게 거대 국가를 유지한 청나라는 한족에게 이민족인 여진족(만주족)이 세운 국가였다.

여진족은 1115년 동북아시아에 금나라를 건국했지만, 오랜 세월 칭기즈칸의 원나라와 한족의 명나라에 지배당했다. 1616년, 건주 여진의 수장 누르하치(태조)는 여러 부족을 통합하고 나라를 세우면서, 예전의 금나라를 잇는다는 뜻에서 국호를 후금이라 칭했다. 만주 지역 전체를 점령한 후로는 연합 부족의 이름을 만주족으로 바꾸었다.

누르하치의 아들인 숭덕제 홍타이지(태종)는 1636년 국호를 청(淸)

청나라를 통일하고 태평성대를 누리게 한 세 명의 황제, 왼쪽부터 강희제, 옹정제, 건륭제, 황궁미술관

으로 바꾸고, 명나라와 주변 나라를 침공해 영토를 확장함으로써 청나라의 기초를 닦았다. 급사한 숭덕제의 뒤를 이어 즉위한 순치제 때인 1644년에는 내부 혼란으로 자멸한 명나라 수도 북경을 점령하고 중국의 유일한 통일 왕조를 선포했다.

4대인 강희제는 청나라가 독립을 인정했던 번왕인 오삼계(吳三桂, 운남), 상가희(尙可喜, 광동), 경계무(耿繼茂, 복건)의 반란을 진압하고, 이어서 대만(臺灣)의 반란도 평정했다. 또한 러시아 정벌에 나서 1689년 네르친스크 조약을 체결하고, 스타노보이 산맥과 아무르강을 경계로 하는 러시아와의 국경을 확정한 후 외몽골 정벌에 직접 나서 정복했다.

중화제국 최대의 영토를 완성한 청나라
러시아
바이칼 호
1 1644년경까지 청나라의 지배 영역
사할린 섬
아무르 강
2 1700년경까지 청나라의 지배 영역
발하슈 호
여진족 (만주족)
외몽고 (1697)
중가르 (1758)
현재 몽골 국경
내몽고 (1635)
현재 중국 국경
3 1750년경까지 청나라의 지배 영역
북경(北京)
조선
일본
淸 (청)
황 하
티베트 (1751)
중경(重慶)
장 강
명나라 시대의 영토
운남(雲南)
태 평 양
무굴제국
! 청나라의 만주족은 한족에게 복종을 맹세하는 증거로 변발을 강요했다.

5대인 옹정제는 황제의 직속 행정 기관인 군기처를 설치하고, 티베트의 일부를 정복해 제국의 영토에 편입했다. 6대인 건륭제 때는 몽골제국을 제외하고 중국의 역대 왕조 중에서 가장 큰 영토를 완성했다. 1750년대 후반에는 서몽골족인 중가르와 회부(回部)를 지배했으며, 두 지역을 묶어 신강(新疆)으로 만들었다.

이로써 청나라는 건국 1세기 만에 중국에서 가장 큰 통일 왕조를 완성했다. 강희제, 옹정제, 건륭제의 세 황제가 지배하는 동안 태평성대를 누린 17~18세기의 중화제국을 '강건성세(康乾盛世)'라 일컫는다.

청교도혁명 – 영국 의회와 국왕의 대립 1642~1649년

청교도 의회파를 이끈 크롬웰이 왕당파를 물리치고 공화국 설립

국왕 제임스 1세가 왕권신수설을 주장하며, 의회 권력을 쥐고 있었던 의회파와 충돌

영국과 프랑스가 프랑스 내 영국령의 지배권을 두고 벌인 백년전쟁(1339~1453년)에 이어 영국 내 랭커스터 가문과 요크 가문의 왕위 쟁탈전인 장미전쟁(1455~1485년)으로 많은 영국 귀족이 몰락했다. 30년 동안 벌어진 이 전쟁을 종식한 헨리 7세가 튜더 왕조의 개조가 되었다. 대영제국의 토대를 마련한 엘리자베스 1세가 자손 없이 죽으면서 튜더 왕조가 단절되고, 스코틀랜드 왕가 출신의 제임스 1세가 왕위에 올라 스튜어트 왕조로 바뀌었다.

당시 영국은 의회가 권력을 쥐고 있었고, 의회의 승인 없이 국왕 단독으로 입법과 과세를 결정할 수 없었다. 그러나 제임스 1세는 국

왕당파와 의회파가 벌인 마스턴 무어 전투(승자는 크롬웰), 1886년 이전, John Barker, 영국 챌튼햄 아트갤러리&박물관

왕이 절대 권력을 갖는 왕권신수설을 열렬하게 신봉했다.

“국왕은 신에게만 책임이 있고, 신하에게는 책임을 지지 않는다. 국왕이 법의 위에 있고, 법의 지배를 받지 않는다.”

제임스 1세의 이러한 주장은 의회와 충돌을 일으켰다. 결국 제임스 1세는 자신에게 반대하는 의회를 해산하고, 청교도에게 영국 국교회(성공회)로 개종할 것을 강요해 반란의 불씨를 심었다. 제임스 1세의 뒤를 이어 왕위에 오른 찰스 1세 역시 왕권신수설을 주장했다.

마침내 1642년, 이에 반발한 의회와 국왕 사이에 전쟁이 일어났

의회파 크롬웰이 왕당파를 물리친 청교도혁명

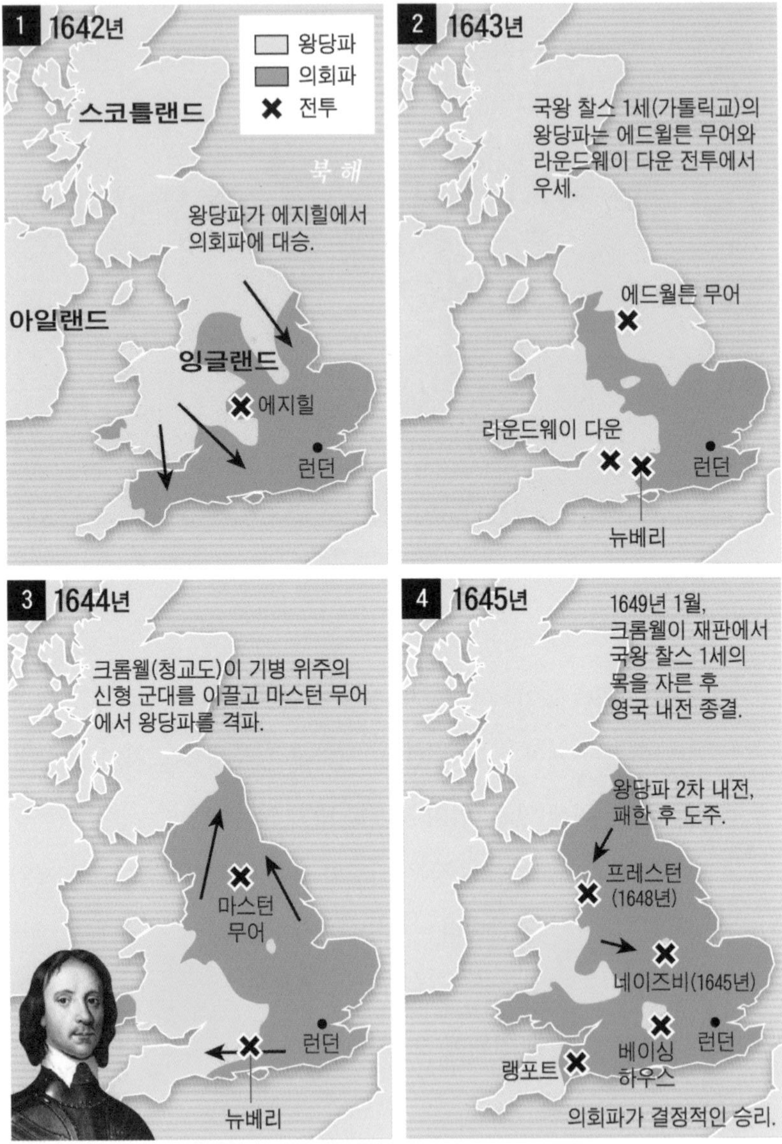

1 1642년

왕당파
의회파
✖ 전투

스코틀랜드
북해
왕당파가 에지힐에서
의회파에 대승.
아일랜드
잉글랜드
에지힐
런던

2 1643년

국왕 찰스 1세(가톨릭교)의
왕당파는 에드윌튼 무어와
라운드웨이 다운 전투에서
우세.
에드윌튼 무어
라운드웨이 다운
런던
뉴베리

3 1644년

크롬웰(청교도)이 기병 위주의
신형 군대를 이끌고 마스턴 무어
에서 왕당파를 격파.
마스턴
무어
런던
뉴베리

4 1645년

1649년 1월,
크롬웰이 재판에서
국왕 찰스 1세의
목을 자른 후
영국 내전 종결.
왕당파 2차 내전,
패한 후 도주.
프레스턴
(1648년)
네이즈비(1645년)
런던
베이싱
하우스
랭포트
의회파가 결정적인 승리.

! **내전 초반에는 왕당파가 우세했으나 크롬웰의 철기군이 등장하면서 전세 역전!**

다. 이 전쟁은 의회파가 영국의 칼뱅파인 청교도였기 때문에 청교도혁명이라 불리게 되었다.

1642년, 찰스 1세는 용병들로 구성된 군대를 이끌고 오합지졸이던 의회파에 대승을 거두었다. 1642년에 벌어진 에지힐 전투를 비롯하여 1643년의 에드월튼 무어, 라운드웨이 다운 전투에서도 찰스 1세의 왕당파가 우세한 양상을 보였다.

전쟁이 길어지면서 의회파의 주력이었던 올리버 크롬웰은 철기군을 창설했다. 그는 자영 농민을 중심으로 종교적 색채가 강한 군대를 조직했고, 무훈을 세우면 승진시키는 등 사기를 북돋았다. 1644년, 강력한 군대를 가진 크롬웰은 철기군의 힘으로 마스턴 무어에서 승리를 거뒀고, 이듬해에는 네이즈비 전투에서 승리함으로써 전세는 결정적으로 의회파로 기울었다.

1647년, 찰스 1세는 고향인 스코틀랜드로 피신했다가 크롬웰에게 인도된 후 1649년 처형되었다. 청교도혁명을 통해 왕당파를 물리치고 공화국을 세운 크롬웰은 스스로 호국경의 자리에 올라 의회를 해산하는 등 독재 권력을 행사했다. 독재자 크롬웰은 대규모 군대를 유지하기 위해 세금을 과하게 부과했고, 그 때문에 시민들의 미움을 사고, 사후에는 왕정 복고가 이루어졌다. 그리고 왕위에 복귀한 찰스 1세의 아들 찰스 2세에 의해 부관참시를 당하는 오점을 남긴다.

스페인 왕위 계승 전쟁 1701~1714년

합스부르크가와 부르봉가가 스페인 왕위 승계 문제로 충돌

부르봉가의 루이 14세가 손자를 스페인 왕으로 선포, 영국, 오스트리아, 네덜란드가 동맹 결성해 대립

1700년, 스페인 합스부르크 왕가의 마지막 왕인 카를로스 2세가 죽으면서, 후계자로 프랑스 루이 14세의 손자인 부르봉 왕가의 필리프(펠리페 5세)를 낙점했다. 이로써 합스부르크 스페인에서 부르봉 스페인으로 왕조가 교체되고, 장차 프랑스와 스페인의 합병으로 유럽 최대 영토를 가진 국가가 탄생할 것을 예고했다.

루이 14세의 야심을 우려한 영국과 신성로마제국은 신성로마제국 황제 레오폴트 1세의 차남인 카를 대공이 스페인 왕위와 영토를 상속해야 한다고 주장했다. 그러나 루이 14세가 펠리페 5세를 스페인 왕으로 선포하자 영국, 오스트리아, 네덜란드가 반(反) 프랑스동

스페인 국왕
펠리페 5세 초상화, 1739년,
Louis-Michel van Loo,
프라도미술관

맹을 결성해 대항하면서 전쟁이 발발했다.

전쟁 초기에는 프랑스가 주변국까지 가담한 동맹군의 공격을 물리치고, 펠리페 5세도 스페인에서 입지를 확고하게 다지는 데 성공했다. 그러나 유럽 여러 나라가 참전하고 전쟁이 장기화 국면에 접어들면서 프랑스가 점차 수세에 몰리기 시작했다. 동맹군이 프랑스를 잇달아 격파하면서 전세를 뒤집었고, 바다에서도 영국·네덜란드 동맹군이 프랑스·스페인 연합군을 물리치고 승리를 거두었다.

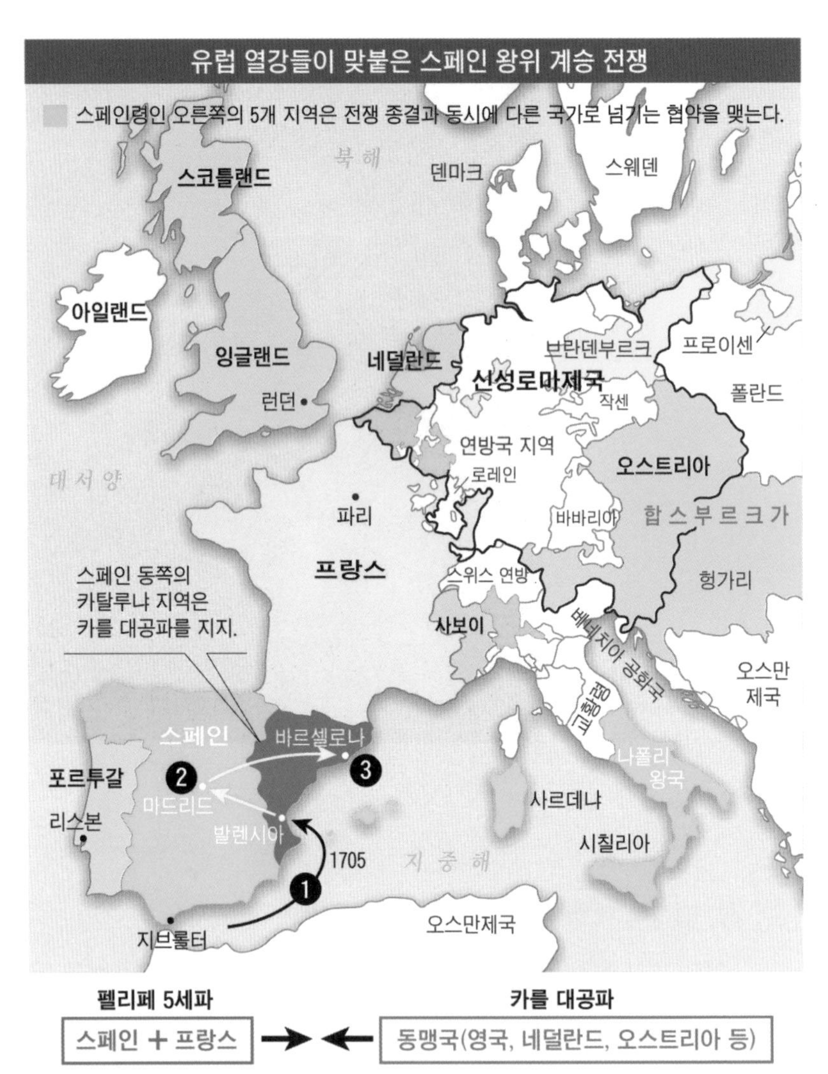

❶ 1704년, 카를 대공을 지지하는 동맹군이 지브롤터 점령 후 스페인에 상륙.

❷ 펠리페 5세는 1706년에 마드리드를 탈출했다가 1707년에 다시 입성. 프랑스군의 패배로 1710년에 마드리드에 입성했던 카를 대공은 1711년 신성로마제국 황제로 즉위.

❸ 1713년, 위트레흐트 조약의 체결로 영국과 네덜란드는 프랑스와 종전 선언. 1714년 9월, 카를 대공과 동맹군의 지원을 받던 카탈루냐군은 마지막까지 저항하다 펠리페 5세에게 항복.

장기간 전쟁에 시달리고 전세가 불리해지자 루이 14세는 전쟁 종결을 위한 협상에 나섰고, 동맹군 측에서도 스페인 왕으로 내세웠던 카를 대공의 상황이 급변했다. 1711년, 신성로마제국 황제이자 합스부르크 세습령의 통치자인 요제프 1세가 갑작스럽게 서거하면서, 동생인 카를 대공이 카를 6세로 즉위한 것이다. 카를 6세는 황제의 자리에 오르면서 스페인 영토에 대한 열의가 식어버렸다.

영국을 위시한 동맹국들도 합스부르크가의 군주가 스페인-오스트리아-신성로마제국을 함께 지배하는 것을 용납할 수가 없었다. 결국 전쟁을 시작한 명분이 사라지면서 스페인 왕위를 둘러싼, 13년에 걸친 계승 전쟁이 끝났다.

1713년에 위트레흐트 조약, 이듬해에는 라슈타트 조약이 체결되면서 영국과 오스트리아는 펠리페 5세의 스페인 왕위 승계를 인정했다. 대신 스페인 왕이 프랑스 왕을 겸하는 것은 금지함으로써 유럽 열강들이 힘의 균형을 유지하게 되었다.

인도 플라시 전투 1757년

제국주의 영국과 프랑스가 인도에서 벌인 식민지 전쟁

영국·무굴제국 연합군과 프랑스·벵골 연합군이 벵골의 플라시 평원에서 인도 지배권 놓고 격돌

17세기 중반, 인도에서 포르투갈과 네덜란드를 몰아낸 영국은 동인도회사를 설립하고 인도에 대한 경제적 침탈을 본격화했다. 당시 무굴제국과의 외교적 교섭과 군대를 동원한 무력행사를 통해 뭄바이와 콜카타에서 인도 진출의 교두보를 마련한 영국은 장차 인도를 식민지로 통치하려는 야욕을 가지고 있었다. 그런데 1664년, 뒤늦게 동인도회사를 세우고 인도 진출을 시작한 프랑스와 인도의 지배권을 놓고 한판 승부를 벌일 수밖에 없었다. 프랑스 역시 벵골을 중심으로 무굴제국의 지배권을 확대하고 있었기 때문이다.

1757년, 인도 벵골의 태수 시라지 웃다울라는 자신의 반대파를

클라이브(영국)의 승리로 마무리 한 플라시 전투, 1760년경, Francis Hayman, 영국 내셔널갤러리

지원한 영국에 대한 반발과 동인도회사의 밀무역을 핑계 삼아, 영국인들을 콜카타에서 추방하는 명령을 내렸다. 이에 영국은 시라지 웃다울라가 프랑스 편에 설 것을 염려하여 다른 인물을 태수로 옹립하려는 음모를 꾸미고 태수 측 장군 미르 자파르를 매수했다. 그리고 미르 자파르와 내통해 시라지 웃다울라로 하여금 영국과의 전쟁을 결심하게 만드는 데 성공했다.

그렇게 해서 로버트 클라이브가 이끄는 영국과 무굴제국 연합군과, 소수의 프랑스군을 포함한 시라지 웃다울라 태수군은 6월 23일, 벵골의 북쪽 바기라티 강변에 있는 플라시 평원에서 결전을

영국이 프랑스에 승리한 플라시 전투

영국·무굴제국 연합군과 프랑스·시라지 태수의 연합군이 벵골의 플라시 평원에서 격돌. 병사 수가 적은 영국 연합군이 미르 자파르를 매수해 기적적으로 승리한 전투이다. 이 전투를 통해 영국은 벵골의 지배권을 확보하고, 인도의 식민지화를 위한 침략의 교두보로 삼는다.

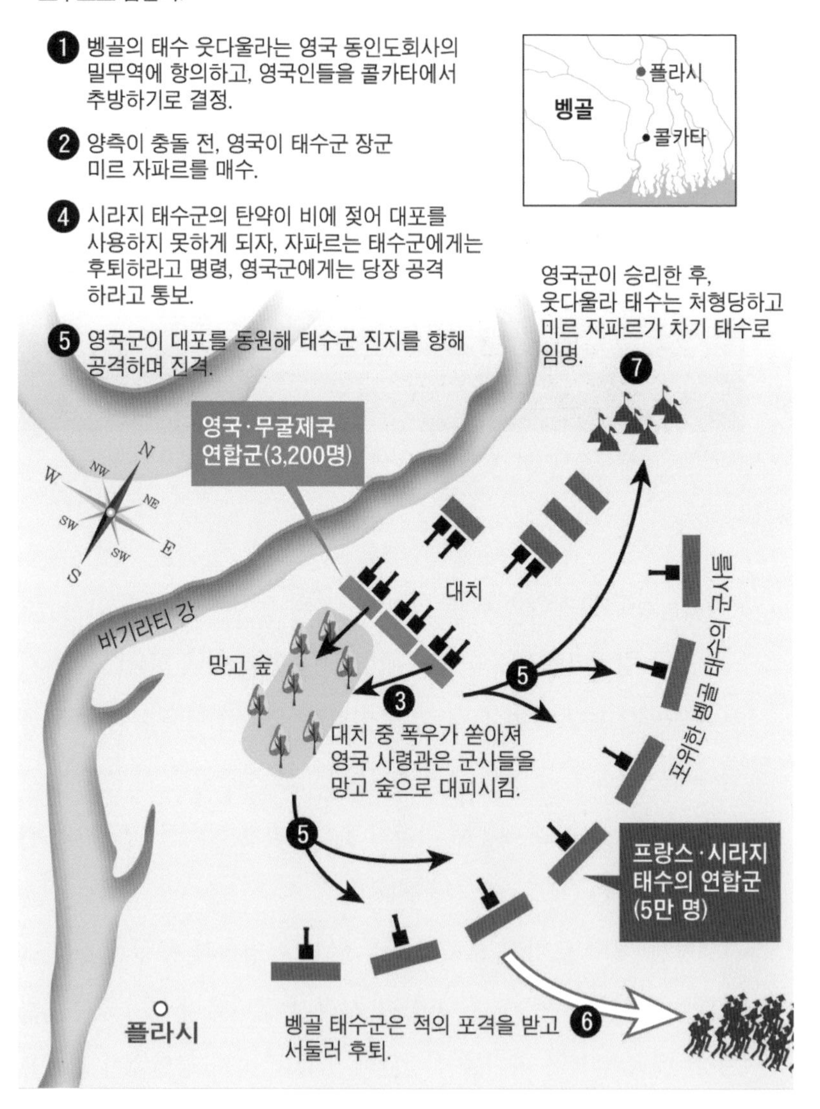

벌였다.

시라지 태수군은 5만 명인 데 비해 영국 연합군은 겨우 3,200명에 불과했다. 양측은 전투를 벌이다가 수적으로 밀리던 영국군이 잠시 망고 숲으로 후퇴하게 되었다. 그때 갑자기 날씨가 궂어지더니 폭풍우가 몰아쳤다. 과수원 방수포 아래 있던 영국군은 비를 피했지만, 시라지 태수군은 비를 그대로 맞는 바람에 탄약이 비에 젖어 대포를 사용할 수 없게 되었다.

내통자 미르 자파르는 시라지 웃다울라 태수에게 후퇴를 권유하는 한편, 영국군 클라이브 장군에게는 당장 태수군을 공격하라고 전언했다. 영국군이 대포로 공격하며 진격해오자 태수군은 대포를 쏠 수 없어 꼼짝없이 당하고야 말았다. 결국 영국군은 태수군의 야영지를 빼앗으며 기적적으로 승리를 거두었다. 시라지 웃다울라 태수는 배신한 미르 자파르의 아들에게 잡혀 처형당했고, 미르 자파르가 벵골 태수가 되었다.

플라시 전투에서 승리한 영국은 벵골의 지배권을 확립하고 인도에서 프랑스를 완전히 패퇴시켰다. 이제 인도는 영국 제국주의의 식탁 위에 올라간 먹이 신세에 지나지 않았다.

유럽 3개국의 폴란드 분할 1772~1795년

120년간 세계지도에서 사라진 약소국 폴란드의 비극적 망국사

폴란드는 1795년 이후 제1차 세계대전 말까지
무려 120년 동안 유럽 지도에서 사라졌다

폴란드는 야기에우워 왕조(1386~1572년)가 통치하던 시절에는 동부 유럽의 최대 강국으로 넓은 영토를 지배하며 번영을 누렸다. 그러나 야기에우워 왕조가 단절되고 의회가 국왕을 선출하는 선거 왕정으로 바뀌면서 혼란의 시대를 맞이했다. 18세기 후반부터 폴란드의 귀족공화국은 유력 귀족들이 권세를 휘두르면서 내분과 외세의 침략으로 인해 몰락의 길을 걷고 있었다.

당시 유럽 강국으로 부상한 주변 국가들이 폴란드 왕국의 쇠퇴와 내분에 편승해 내정 간섭을 노골화한 것이다. 특히 러시아, 프로이센, 오스트리아의 세 군주들은 폴란드의 영토를 땅 따먹기 하듯이

타데우시 코시치우슈코의 초상화,
1802년 이후,
Karl Gottlieb Schweikart,
바르샤바 국립미술관

자기들 마음대로 국경선을 긋고 나누었다.

1772년, 폴란드는 그 세 나라에 의해 제1차 분할이 이루어졌다. 먼저 러시아의 예카테리나 2세가 폴란드 내정에 개입하면서 프로이센의 프리드리히 2세와 오스트리아의 요제프 2세가 러시아의 폴란드 단독 점령을 저지하고 나섰다. 그러면서 세 나라는 폴란드 영토의 3분의 1을 세 구역으로 나눠 각각 자국의 영토로 삼았다. 러시아는 벨라루스, 프로이센은 북부, 오스트리아는 서부를 차지했다.

1793년에는 러시아와 프로이센에 의해 제2차 분할이 이루어졌

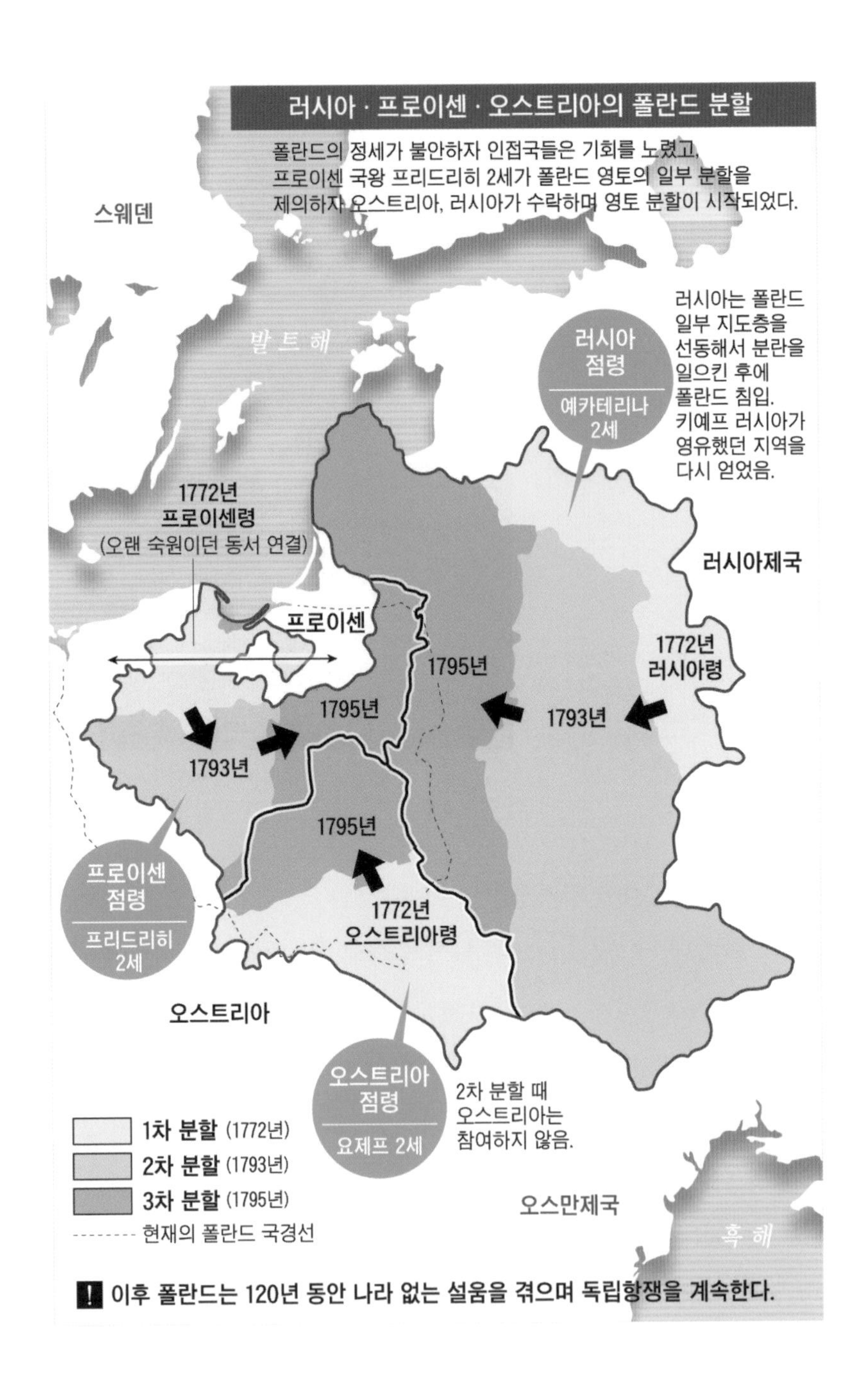
러시아 · 프로이센 · 오스트리아의 폴란드 분할
폴란드의 정세가 불안하자 인접국들은 기회를 노렸고, 프로이센 국왕 프리드리히 2세가 폴란드 영토의 일부 분할을 제의하자 오스트리아, 러시아가 수락하며 영토 분할이 시작되었다.
스웨덴
발트해
러시아 점령
예카테리나 2세
러시아는 폴란드 일부 지도층을 선동해서 분란을 일으킨 후에 폴란드 침입. 키예프 러시아가 영유했던 지역을 다시 얻었음.
1772년 프로이센령 (오랜 숙원이던 동서 연결)
러시아제국
프로이센
1795년
1772년 러시아령
1795년
1793년
1793년
1795년
프로이센 점령
프리드리히 2세
1772년 오스트리아령
오스트리아
오스트리아 점령
요제프 2세
2차 분할 때 오스트리아는 참여하지 않음.
1차 분할 (1772년)
2차 분할 (1793년)
3차 분할 (1795년)
현재의 폴란드 국경선
오스만제국
흑해
이후 폴란드는 120년 동안 나라 없는 설움을 겪으며 독립항쟁을 계속한다.

다. 폴란드의 내분을 명분으로 러시아와 프로이센이 출병한 대가로 영토 분할에 나선 것이다. 러시아는 우크라이나, 프로이센은 단치히를 편입했다. 오스트리아는 당시 프랑스혁명 때문에 상황이 여의치 않아 참가하지 않았다.

폴란드의 귀족 타데우시 코시치우슈코가 주변 열강의 침략과 영토 분할에 분개하며 군대를 조직해 봉기했고, 잠시 바르샤바 임시정부를 수립하는 데 성공했다. 그러나 러시아가 출병하면서 그는 결국 포로가 되고 민족 독립운동도 무참히 짓밟히고 말았다. 러시아를 비롯한 3국은 이를 계기로 폴란드의 나머지 영토마저 분할하기로 결정했다.

1795년에 일어난 제3차 분할에 따라 폴란드는 지도에서 완전히 사라졌다. 이로써 폴란드는 제1차 세계대전 말까지 무려 120년 동안 유럽 지도에서 사라지는 비운을 맞고 말았다.

4장

혁명과 전쟁의 시대

영국의 산업혁명 18세기~

방적기와 증기기관을 발명한 영국은 '세계의 공장'으로 질주

1825년에 스톡턴-달링턴의 산업 철도가 개통되었고, 1830년 맨체스터-리버풀의 45㎞ 여객 철도가 개통

18세기 후반에 일어난 영국의 산업혁명은 근대 사회에 결정적인 변화를 가져왔다. 가장 먼저 변화가 시작된 것은 영국의 주요 산업인 면직물 공업이었다. 1764년, 제임스 하그리브스가 제니 방적기를 발명했다. 방추 8개를 이용해 실 8줄을 동시에 뽑아낼 수 있는 다축 방적기였다. 방적기 등의 발명이 영국의 풍부한 자원과 결합하여 전국 각지에 공업 지대가 형성되었다.

또 1769년에는 제임스 와트가 증기기관을 개량해 특허를 냈다. 기존 증기기관은 탄광의 배수에만 사용되었는데, 와트는 실린더라는 냉각기를 분리하고 그 안에서 이루어지는 피스톤 왕복 운동을

1859년에 제작된 와트 타입의 증기기관, © Nicolás Pérez, 마드리드 산업공학고등기술학교

회전 운동으로 바꿔 한층 실용적으로 만들었다. 새로운 증기기관은 모든 기계의 원동력이 되었다. 용광로의 대형화를 실현했고, 그 덕분에 철과 석탄 생산량이 단숨에 증가했다.

영국 공장들은 분업화에 이어 기계의 힘으로 움직이는 동력기를 개발함으로써 제품 생산량을 비약적으로 증대했다. 제품 생산량이 증가하자 원료와 제품을 더욱 빠르고 저렴하게 수송하기 위한 교통망이 정비되었다. 게다가 1814년, 조지 스티븐슨이 증기기관차를 발명한 후 철도가 주요 수송 수단으로 부상했다. 1807년에는 미국

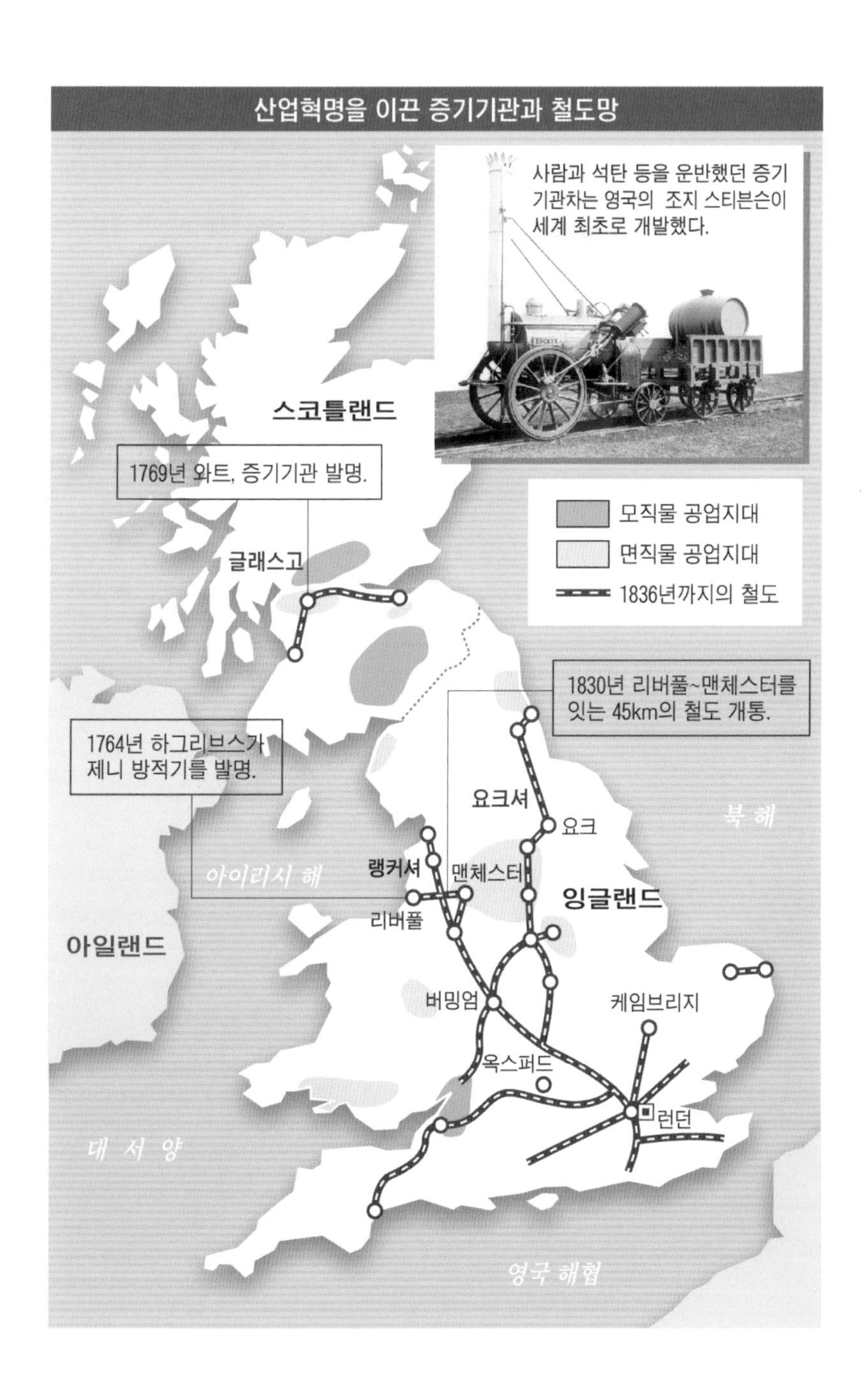
산업혁명을 이끈 증기기관과 철도망
사람과 석탄 등을 운반했던 증기 기관차는 영국의 조지 스티븐슨이 세계 최초로 개발했다.
모직물 공업지대
면직물 공업지대
1836년까지의 철도
스코틀랜드
1769년 와트, 증기기관 발명.
글래스고
1830년 리버풀~맨체스터를 잇는 45km의 철도 개통.
1764년 하그리브스가 제니 방적기를 발명.
요크셔
요크
북해
랭커셔
맨체스터
아이리시 해
잉글랜드
리버풀
아일랜드
버밍엄
케임브리지
옥스퍼드
런던
대서양
영국 해협

인 로버트 풀턴이 증기기관을 이용한 증기선을 발명했다.

1825년에는 석탄을 탄갱에서 수로(水路)까지 운반하는 것을 목적으로 한 스톡턴-달링턴 철도가 개통되었고, 1830년 맨체스터와 리버풀을 잇는 45㎞의 여객 철도가 개통되어 상업적으로 큰 성공을 거두었다. 이런 성공에 자극받아 철도망이 급격하게 영국 전역으로 확대되고, 산업자본을 순환시키는 대동맥이 되었다. 각 공업 도시를 잇는 수송망의 발달로 공업 생산은 더욱 발전했다.

이처럼 대량 생산, 대량 소비가 가능해진 영국은 '세계의 공장'이라는 타이틀을 얻게 되었다.

미국 보스턴 차 사건 1773년

영국의 착취와 탄압에 저항하는 미국의 독립전쟁이 시작되었다

홍차 상인들이 보스턴항의 영국 상선을 습격해 홍차 상자 300여 개를 바다에 던져버린 사건

재정난을 겪던 영국은 식민지 내에서 홍차와 유리, 종이, 납, 도료 등에 높은 관세를 부과했다. 식민지의 거센 반발로 대부분은 관세를 다시 낮췄지만 인기 품목인 인도산 홍차만큼은 끝까지 높은 관세를 고수했다. 그러자 미국에서 밀수꾼이 등장했고, 그들이 제공하는 값싼 홍차가 사람들에게 큰 환영을 받았다.

영국은 홍차 재고가 대량으로 쌓이자 1773년 차 조례를 제정하여, 동인도회사가 식민지에 면세로 차를 판매할 수 있는 권리를 주었다. 차 시장에서 동인도회사에 독점권을 부여하는 동시에 미국 상인들의 몰락을 예고하는 것이었다. 수입이 줄어들 것을 염려한

석판화로 표현한 보스턴 차 사건(1773년), 1846년, Nathaniel Currier

홍차 상인들은 인디언 원주민으로 변장하고, 보스턴항에 정박 중이던 영국 상선을 습격해 상자 300여 개에 담긴 다량의 홍차를 바다에 던져버린다. 이것이 보스턴 차 사건이다.

이 사건은 식민지가 종주국 영국의 가혹한 착취에 대한 불만을 처음으로 표출한 것이었다. 영국 정부는 바다에 버려진 찻값에 대한 손해 배상을 요구하고, 매사추세츠 식민지가 배상할 때까지 보스턴항을 폐쇄하기로 결정하면서 영국군 4개 연대를 주둔시켰다.

보스턴 차 사건은 미국 독립전쟁의 서막이었다. 보스턴항의 봉쇄와 식민지에 대한 탄압은 영국에 대한 강한 반감과 저항을 불러올 뿐이었다. 1775년 4월 18일, 매사추세츠 렉싱턴에서 영국군과 식

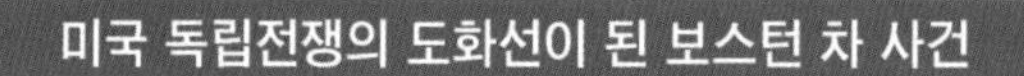

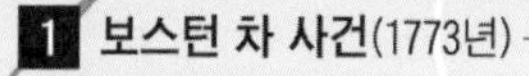

12월 16일 밤에 미국 식민지 주민들이 영국의 차(茶) 수입 저지를 위해 영국 동인도회사 상선에 몰래 올라 300여 개의 차 상자를 바다에 던져버린 사건.
영국 정부는 이후 식민지 탄압을 강화했고, 보스턴항을 봉쇄하고 군대를 주둔시켜 손해배상을 요구.

온타리오 호

포틀랜드

3 새러토가 전투(1777년)

9~10월 두 차례에 걸친 전투에서 미국 독립군이 영국군에 승리. 이 전투를 계기로 승기를 잡고 프랑스가 참전을 결의.

현재의 매사추세츠주

보스턴

현재의 뉴욕주

북 아 메 리 카

뉴욕

2 렉싱턴 전투(1775년)

영국 식민지 정책에 반대한 애국파들의 무기고를 영국군이 습격하는 과정에서 식민지 민병대를 만나 벌어진 총격전. 양측이 200여 명의 사상자를 내면서 영국군이 패배.

필라델피아

워싱턴

대 서 양

4 요크타운 전투(1781년)

현재의 버지니아주

영국군이 버지니아 요크타운으로 물러났을 때 워싱턴의 독립군이 프랑스군의 지원을 받아 영국군을 격파. 영국의 항복을 받아낸 독립군의 승리로 독립전쟁은 종결.

노퍽

! 영국 동인도회사가 홍차를 면세로 팔 수 있는 특권을 얻자, 이에 반발한 식민지 사람들이 영국 동인도회사의 배를 습격해 대량의 홍차 상자를 바다에 내던진다. 이 사건은 미국 독립전쟁의 발단이 되었다.

민지 민병대 사이에 최초의 무력 충돌이 일어나 양측이 200여 명의 사상자를 내면서 반영 감정이 들끓기 시작했다.

식민지 대표들은 영국으로부터의 독립전쟁을 결의하고, 조지 워싱턴을 총사령관으로 하는 연합군을 결성했다. 그리고 1776년 7월 4일, 식민지 13개 주 대표들이 필라델피아에 모여 미국의 독립을 선포했다. 이후 연합군은 새러토가 전투(1777년)에서 영국군에 대승을 거두고 불리한 전세를 뒤집는 데 성공했다. 그리고 버지니아의 요크타운 전투(1781년)에서 워싱턴의 독립군이 영국군을 격파함으로써 독립전쟁을 승리로 이끌었다.

미국 독립전쟁 - 요크타운 전투 1781년

요크타운 전투에서 영국을 이긴 미국 13개 주가 독립국으로 출발

버지니아의 동쪽 요크타운에서 벌어진 전투에서 패한 영국군이 항복함으로써 미국 독립전쟁에 종지부

미국은 연합군 총사령관으로 조지 워싱턴을 임명하고 독립전쟁을 개시했다. 1776년 7월 4일, 식민지 13개 주의 대표는 필라델피아에서 토머스 제퍼슨의 주도로 완성한 독립선언문을 만장일치로 채택했다. 독립선언문의 주요 내용은 인간의 자유와 평등, 사회계약설, 압제에 대한 저항의 정당성이었고, 이는 근대 민주주의의 기본이 되었다.

독립전쟁 초기 독립군은 식량과 무기 부족으로 전세가 불리한 상황이었지만 전투를 계속했다. 독립전쟁이 시간을 끌면서 국내외 여건도 독립군에게 유리하게 돌아가고 있었다. 새러토가 전투에서 독

미국 연합군에 항복하는 영국의 콘월리스 장군, 1820~1826년, John Trumbull, 미국 국회의사당 로툰다

립군이 영국군에 대승을 거둔 후 프랑스와 스페인이 미국에 힘을 실었고, 러시아도 중립 입장을 취함으로써 간접적으로 미국을 지원했다. 미국의 독립전쟁이 제국주의 간의 패권 다툼이기는 했지만, 실제로는 절대왕정에 반대하면서 세계적으로 유행한 근대 시민의 계몽주의를 주도하고 있다는 점이 지지를 받았기 때문이다.

1781년, 노스캐롤라이나의 길퍼드에서 대패한 영국군은 버지니아의 요크타운으로 이동해 지원군을 기다리며 결전에 임했다.

미국의 조지 워싱턴 사령관과 프랑스의 로샹보 장군이 이끄는 미국·프랑스 연합군 1만 5,000명은 찰스 콘월리스 장군이 이끄는 영

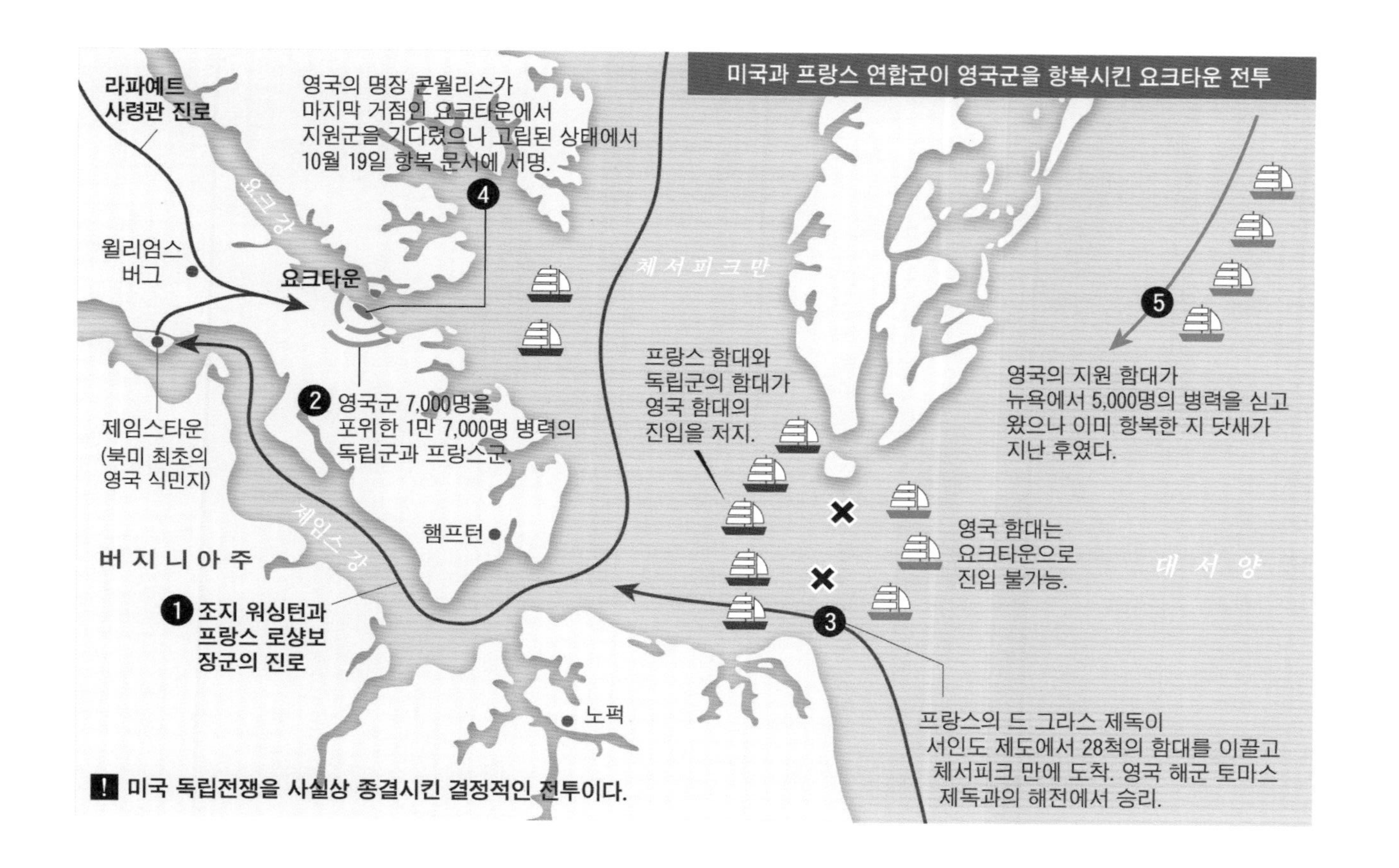
미국과 프랑스 연합군이 영국군을 항복시킨 요크타운 전투
라파예트 사령관 진로
영국의 명장 콘월리스가 마지막 거점인 요크타운에서 지원군을 기다렸으나 고립된 상태에서 10월 19일 항복 문서에 서명.
4
요크 강
윌리엄스버그
요크타운
2 영국군 7,000명을 포위한 1만 7,000명 병력의 독립군과 프랑스군.
제임스타운 (북미 최초의 영국 식민지)
제임스 강
햄프턴
버지니아 주
1 조지 워싱턴과 프랑스 로샹보 장군의 진로
노퍽
체서피크 만
프랑스 함대와 독립군의 함대가 영국 함대의 진입을 저지.
영국 함대는 요크타운으로 진입 불가능.
3
프랑스의 드 그라스 제독이 서인도 제도에서 28척의 함대를 이끌고 체서피크 만에 도착. 영국 해군 토마스 제독과의 해전에서 승리.
5
영국의 지원 함대가 뉴욕에서 5,000명의 병력을 싣고 왔으나 이미 항복한 지 닷새가 지난 후였다.
대서양
! 미국 독립전쟁을 사실상 종결시킨 결정적인 전투이다.

국군 7,000명을 포위했다. 영국군이 포위망을 뚫기 위해 공격을 감행하기도 했지만 수적 열세를 뒤집기는 불가능했다. 더구나 육지와 바다의 통로를 막는 봉쇄 작전으로 인해 영국군은 무기와 식량 부족에 시달리며 전의를 거의 상실한 상태였다.

결국 10월 19일, 영국군은 항복을 선언하고 요크타운 전투가 막을 내렸다. 버지니아의 동쪽에 위치한 영국군의 마지막 거점 요크타운에서 벌어진 전투는 미국 독립전쟁을 사실상 종결한 결정적 전투였다. 2년 후인 1783년, 파리 강화조약에 따라 식민지 13개 주는 마침내 영국에서 독립하여 미국으로 새롭게 출발했다.

루이 16세를 처형한 프랑스혁명 1789~1799년

바스티유 감옥 습격한 파리 시민, 혁명의 물결은 프랑스 전국으로!

루이 16세는 콩코르드 광장의 단두대에서 처형, 수개월 후 왕비 마리 앙투아네트도 뒤를 따랐다

18세기 프랑스에서는 귀족과 성직자들이 면세 등 온갖 특권을 누렸고, 농민과 빈민들은 정치적 압제와 경제적 수탈에 시달렸다. 국가 재정은 베르사유 궁전 건설, 제국주의 열강과의 전쟁, 식민지 경쟁에 낭비하느라 바닥난 상태였다.

따라서 귀족과 교회에서 세금을 걷지 않고는 심각한 재정난을 해결할 수가 없었다. 프랑스 왕 루이 16세는 새로운 세금을 부과하기 위해 귀족과 교회, 평민으로 구성된 삼부회를 소집했다. 그런데 귀족과 교회의 특권층이 자신에게 세금이 부과되는 것에 반대하자 평민층은 여기에 반발해 표결 방식의 변경을 요구하며 국민의회의 개

바스티유 감옥 습격, 작가 미상, 프랑스 역사박물관

최를 선언했다.

루이 16세와 귀족이 국민의회를 해산하기 위해 군대를 동원하고, 평민층의 이익을 대변했던 재무대신 네케르를 파면한 것을 계기로 프랑스혁명이 일어났다. 1789년 7월 14일, 파리 시민들은 군인들의 병원과 거주지로 사용하던 앵발리드에서 무기를 탈취해 바스티유 감옥으로 향했다. 바스티유 감옥을 습격해 죄수를 풀어주고 군대와 전투를 벌인 것을 시작으로 혁명의 물결이 프랑스 전국으로 번져나

루이 16세를 처형한 프랑스혁명
파 리
7 콩코르드 광장
1793년 1월 21일,
루이 16세가 단두대에서
처형당하고 수개월 후
왕비 마리 앙투아네트도
처형당한다.
4 튈르리 궁전
1791년 6월 20일,
국왕 일가는
튈르리 궁전을 탈출.
탕플 탑
팔레 루아얄
혁명가가 모인
오를레앙 공작의 성.
센 강
시청
루아얄 광장
노트르담 성당
팡테옹
뤽상부르
정원
앵발리드 1
1789년 7월 14일,
시민들이 무기를 탈취해
바스티유 감옥으로 향했다.
바스티유 감옥 2
1789년 7월 14일,
바스티유 감옥을 습격하면서
프랑스혁명이 시작된다.
3 베르사유 궁전
1789년 10월 6일, 국왕 일가는
베르사유에서 파리의
튈르리 궁전으로 끌려간다.
벨기에
6 바렌에서
붙잡혀 압송
몽메디
우아즈 강
프랑스
5 국왕 가족의 도주
마른 강
생트므누
클레르몽
센 강
모
샹 트리스
파리
몽미라일
에르 강

갔다.

잇따른 혁명에 당황한 국왕 일가는 1791년에 왕비 마리 앙투아네트의 모국인 오스트리아로 도피를 시도하지만, 바렌에서 혁명군에 체포되어 다시 파리로 압송되었다. 혁명에 반대한 국외 망명 귀족과 모의한 바렌 도피 사건으로 인해 시민들은 루이 16세에게 완전히 등을 돌리게 된다.

혁명파들이 공화제와 입헌군주제를 두고 갈등을 벌이는 동안 루이 16세의 운명도 바람 앞의 등불 같았다. 결국 1792년, 민중이 국왕을 공격하는 2차 혁명이 일어나 억류된 상태에서 왕권도 정지되었다. 이어서 새로 제정한 공화제의 신헌법에 따라 재판을 받고 사형이 선고되었다.

1793년 1월 21일, 루이 16세는 콩코르드 광장의 단두대에서 처형되었고, 수개월 후 왕비 마리 앙투아네트도 그 뒤를 따랐다.

트라팔가르 해전 1805년

넬슨 제독이 나폴레옹 격퇴 후, 영국은 100년간 '바다의 지배자'

나폴레옹이 이끈 프랑스·스페인 함대를 상대로
넬슨의 영국 해군이 압도적으로 승리한 전투

1799년, 부르주아 시민에 의한 총재 정부가 탄생하면서 프랑스혁명은 막을 내린다. 그러나 국내 정치는 여전히 혼란스러웠고, 국외에서도 오스트리아를 비롯한 유럽 각국의 군주들이 프랑스혁명이 유입되는 것을 막기 위해 지속적으로 도발을 일삼았다.

그와 같은 상황에서 오스트리아와 영국이 맺은 제1차 대(對)프랑스동맹, 제2차 대프랑스동맹을 깨뜨린 영웅이 등장했으니 바로 프랑스의 구세주 나폴레옹이다. 총재 정부를 붕괴시키고 통령 정부를 수립한 나폴레옹은 1802년에 종신 통령으로 추대되었고, 《나폴레옹 법전》을 발포해 근대 헌법의 기초를 닦고, 사회 여러 분야에 걸

트라팔가르 해전, 1836년, Auguste Étienne François Mayer, 프랑스 국립해양박물관

쳐 봉건 잔재를 혁파하는 등 계몽군주로서의 입지를 다지는 데 성공했다. 1804년에는 국민투표를 실시해 압도적인 찬성으로 황제의 자리에 올라 나폴레옹 1세라는 칭호를 얻었다.

1805년 결성된 제3차 대프랑스동맹에 맞선 나폴레옹은 스페인 해군과 손잡고 영국 본토를 공략한다는 계획을 수립했다. 하지만 나폴레옹의 야심 찬 꿈은 영국의 탁월한 지휘관인 넬슨 제독에 의해 무참히 꺾여버렸다. 바로 트라팔가르 해전에서였다.

트라팔가르 해전은 1805년 10월 21일, 영국 해군이 나폴레옹이 이끈 프랑스·스페인 연합 함대를 상대로 결정적 승리를 거둔 전투

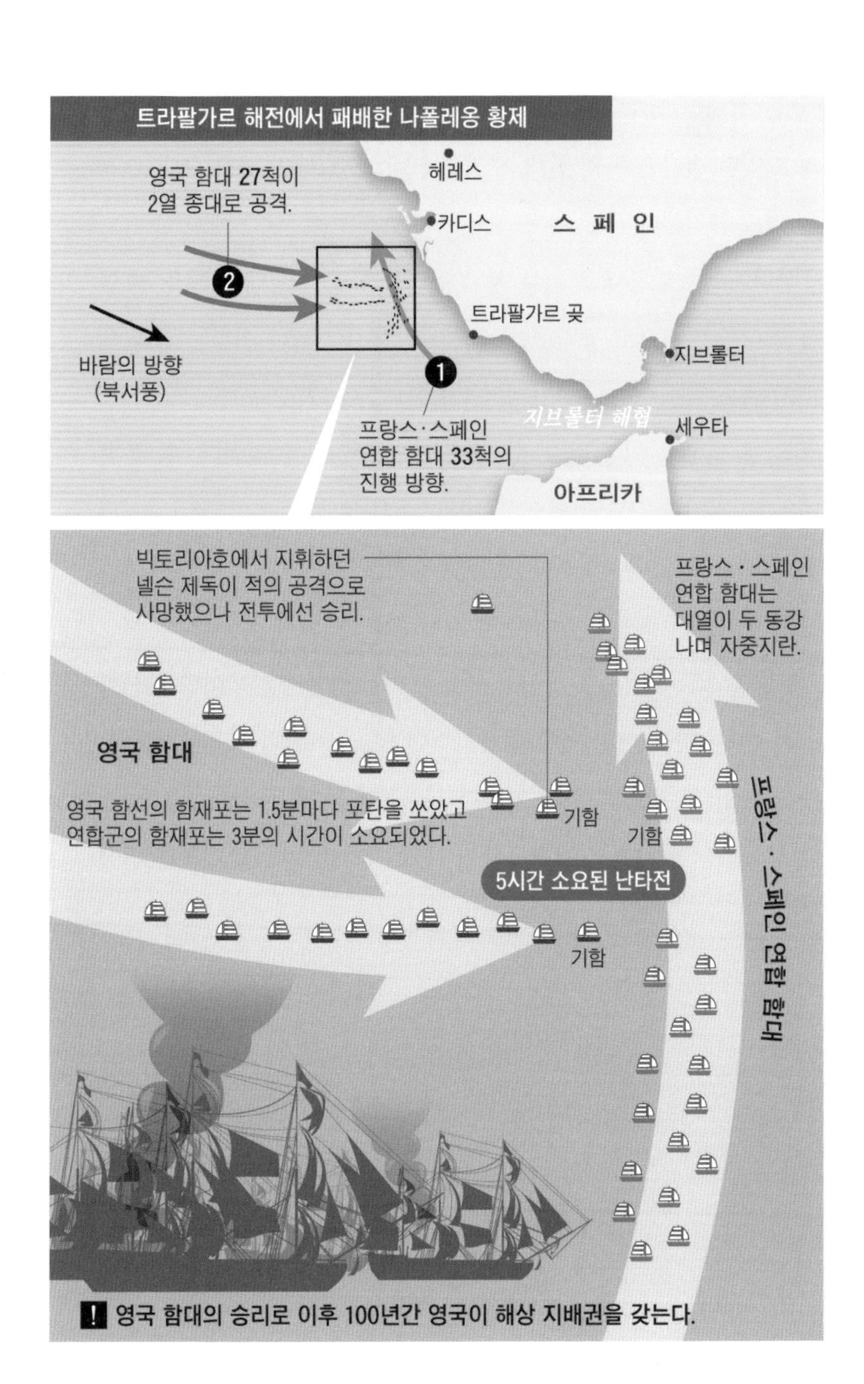
트라팔가르 해전에서 패배한 나폴레옹 황제
영국 함대 27척이
2열 종대로 공격.
헤레스
카디스
스 페 인
트라팔가르 곶
지브롤터
바람의 방향
(북서풍)
프랑스·스페인
연합 함대 33척의
진행 방향.
지브롤터 해협
세우타
아프리카
빅토리아호에서 지휘하던
넬슨 제독이 적의 공격으로
사망했으나 전투에선 승리.
프랑스 · 스페인
연합 함대는
대열이 두 동강
나며 자중지란.
영국 함대
영국 함선의 함재포는 1.5분마다 포탄을 쏘았고
연합군의 함재포는 3분의 시간이 소요되었다.
기함
기함
5시간 소요된 난타전
기함
프랑스 · 스페인 연합 함대
영국 함대의 승리로 이후 100년간 영국이 해상 지배권을 갖는다.

이다. 스페인 남부 카디스 항구 근처인 트라팔가르 해역에서 기다리고 있던 넬슨 제독의 함대 27척은 프랑스·스페인 연합 함대 33척을 기습 공격했다.

바다에서 2열 종대로 진을 치고 있던 영국군은 횡대로 진을 친 연합 함대를 정면으로 공격했다. 5시간에 걸친 치열한 전투는 영국 해군의 압도적인 승리로 끝났다. 연합 함대는 33척 가운데 3분의 1이 격침 등 피해를 입었고, 7,000명에 가까운 병사를 잃었다. 영국 함대는 한 척의 손실도 없었으며, 병사들은 전사 450명, 부상 1,200명의 피해를 입었다. 그러나 전투를 승리로 이끈 넬슨 제독은 교전 중 프랑스군의 총탄에 맞아 결국 전사하고 말았다.

트라팔가르 해전으로 영국 정복을 노리던 나폴레옹의 야망은 산산조각 났고, 병사 15만 명을 대기시켰던 영국 상륙 작전도 포기할 수밖에 없었다. 유럽 대륙의 지배자 나폴레옹을 꺾은 영국은 19세기 내내 세계의 바다를 장악함으로써 해가 지지 않는 대영제국을 건설했다.

라틴아메리카의 독립운동 1811년 이후

식민지에서 태어난 백인들이 라틴아메리카의 독립운동 주도

베네수엘라의 볼리바르와 아르헨티나의 마르틴은 스페인으로부터 라틴아메리카를 해방시킨 영웅들

아시아, 아프리카 지역의 식민지 독립은 대부분 원주민의 주도로 이루어졌다. 그러나 19세기 전반, 스페인과 포르투갈로부터 독립한 라틴아메리카는 식민지에서 태어난 스페인 출신의 백인인 크리오요(Criollo, 나중에는 백인과 식민지 원주민 사이에 태어난 혼혈인을 지칭하기도 함)가 독립을 주도했다. 그들이 라틴아메리카의 독립을 위해 앞장서기로 결심한 것은 개인의 자유와 인권을 내세운 프랑스혁명의 계몽주의 사상에 영향을 받았기 때문이다.

베네수엘라 출신의 크리오요인 시몬 볼리바르는 '라틴아메리카 해방의 아버지'로 불린다. 1783년 베네수엘라 카라카스에서 태어난

볼리비아의 초대 대통령이었던
시몬 볼리바르, 1922년,
José Toro Moreno

그는 유럽 여행을 다녀온 후 라틴아메리카 해방 운동에 적극적으로 뛰어들었다. 1809년, 볼리비아 라파스에서 최초로 독립 투쟁을 시작했으며, 이후 스페인의 식민지였던 베네수엘라, 페루, 볼리비아 등 안데스 지역의 여러 나라를 독립시켜 대(大)콜롬비아를 수립했다. 1821년의 카라보보 전투에서 승리함으로써 에콰도르도 해방시켰다.

시몬 볼리바르는 지금도 라틴아메리카의 독립 영웅으로 칭송받고 있으며, 그의 이름은 볼리비아공화국의 국명, 그리고 각국의 지명

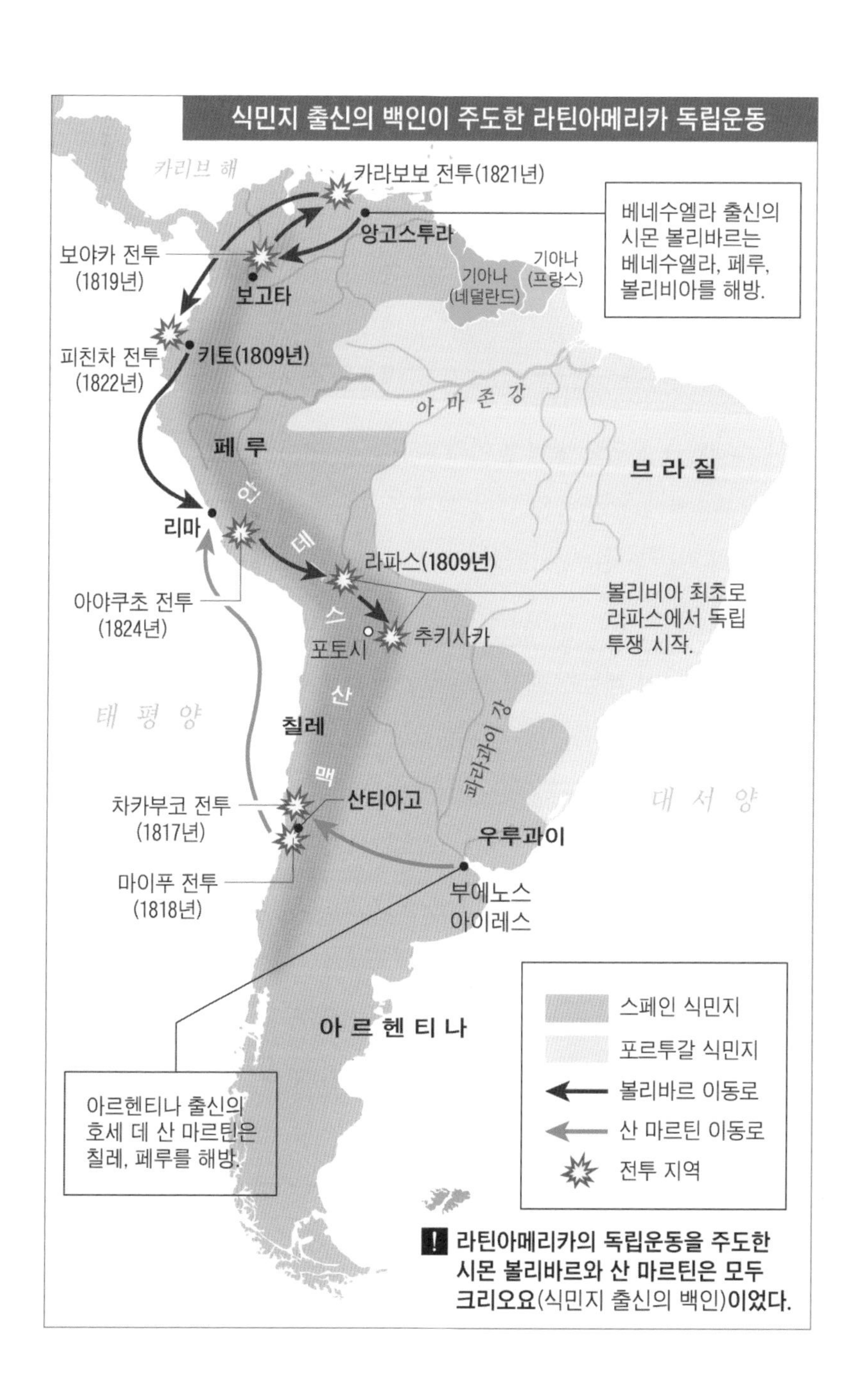

! **라틴아메리카의 독립운동을 주도한 시몬 볼리바르와 산 마르틴은 모두 크리오요**(식민지 출신의 백인)**이었다.**

과 광장 이름에도 사용되고 있다.

아르헨티나 출신의 호세 데 산 마르틴도 모국뿐만 아니라 칠레와 페루의 독립을 위해 최선을 다했다. 1778년, 아르헨티나에서 태어난 호세 데 산 마르틴은 스페인군에 입대해 프랑스와의 전투에 참전하는 동안 라틴아메리카 독립을 위해 헌신하겠다고 결심했다. 그리고 1812년, 아르헨티나 부에노스아이레스에서 혁명군에 가담하면서 스페인을 상대로 벌어진 여러 차례의 독립전쟁을 이끌었다.

1817년, 안데스 산맥을 넘어 칠레로 간 후에는 차카부코 전투(1817년)와 마이푸 전투(1818년)에서 스페인 군대를 잇달아 물리치는 데 성공했다. 그리고 1819년 칠레의 독립, 1820년에는 페루의 독립을 성공시키면서 페루의 최고 지도자 자리에 오르기도 했다.

호세 데 산 마르틴은 시몬 볼리바르와 함께 스페인으로부터 라틴아메리카를 해방시킨 영웅이자 아르헨티나 국민의 아버지로 높이 추앙받고 있다. 아르헨티나에서는 그의 기일을 국경일로 정하고 있으며, 지폐에는 그의 초상화가 인쇄되어 있다.

워털루 전투 - 나폴레옹 황제의 몰락 1815년

워털루에서 패한 나폴레옹은 세인트헬레나섬으로 유배

1815년, 엘바섬을 탈출해 복귀한 나폴레옹은 영국 등 연합군과 마지막 전쟁을 치른다

나폴레옹의 프랑스제국은 19세기 전반 절정기를 맞이했다. 비록 트라팔가르 해전의 참패로 영국 정복 계획은 무산되었지만, 나폴레옹은 대프랑스동맹을 와해하기 위해 전격적으로 오스트리아 정복에 나섰다. 오스테를리츠 전투에서 뛰어난 전술로 오스트리아·러시아 연합군에 완벽한 승리를 거두었고, 영국에 대해서는 대륙 국가들과의 통상 및 교통이 불가능하도록 대륙 봉쇄령을 내렸다. 또 신성로마제국과 러시아·프로이센 연합군을 쳐부수면서 사실상 유럽의 전통적인 강국 모두를 자신의 지배하에 두었다.

1812년, 러시아와 영국의 밀무역이 발각되자 나폴레옹은 러시아

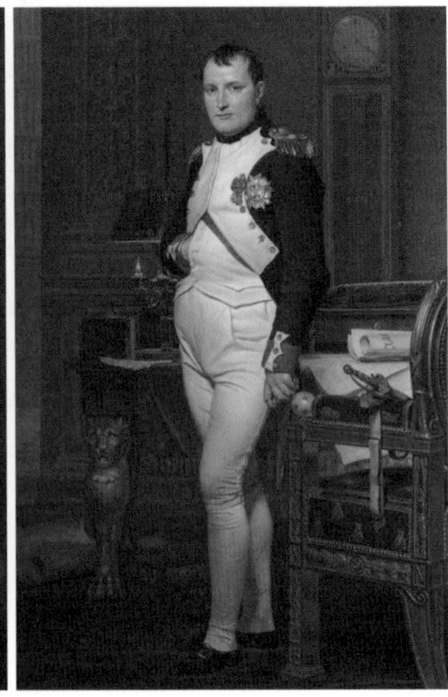

워털루 전투에서 승리한 웰링턴(1815~1816년, Thomas Lawrence, 앱슬리하우스 역사박물관)과 패배한 나폴레옹(1812년, Jacques-Louis David, 영국 내셔널갤러리)

원정에 나섰다. 그러나 이 원정은 실패로 돌아갔고, 유럽 강국들은 다시 동맹을 맺고 기다렸다는 듯이 곧바로 반격에 나섰다. 라이프치히 전투(1813년 10월)에서 유럽 연합군에 패한 나폴레옹은 퇴위를 선언하고 엘바섬에 유배됐다(1814년 4월).

1815년, 엘바섬을 탈출해 다시 제위에 오른 나폴레옹은 유럽 연합군과 마지막 전쟁을 치른다. 워털루 전투는 1815년 6월 18일, 벨기에 남동부 워털루에서 나폴레옹의 7만 2,000명 병력에 맞선 웰링턴 공작의 영국·네덜란드 연합군 6만 8,000명 및 블뤼허가 지휘하는 프로이센 4만 8,000명 사이에 벌어졌다.

나폴레옹이 웰링턴에게 패한 워털루 전투

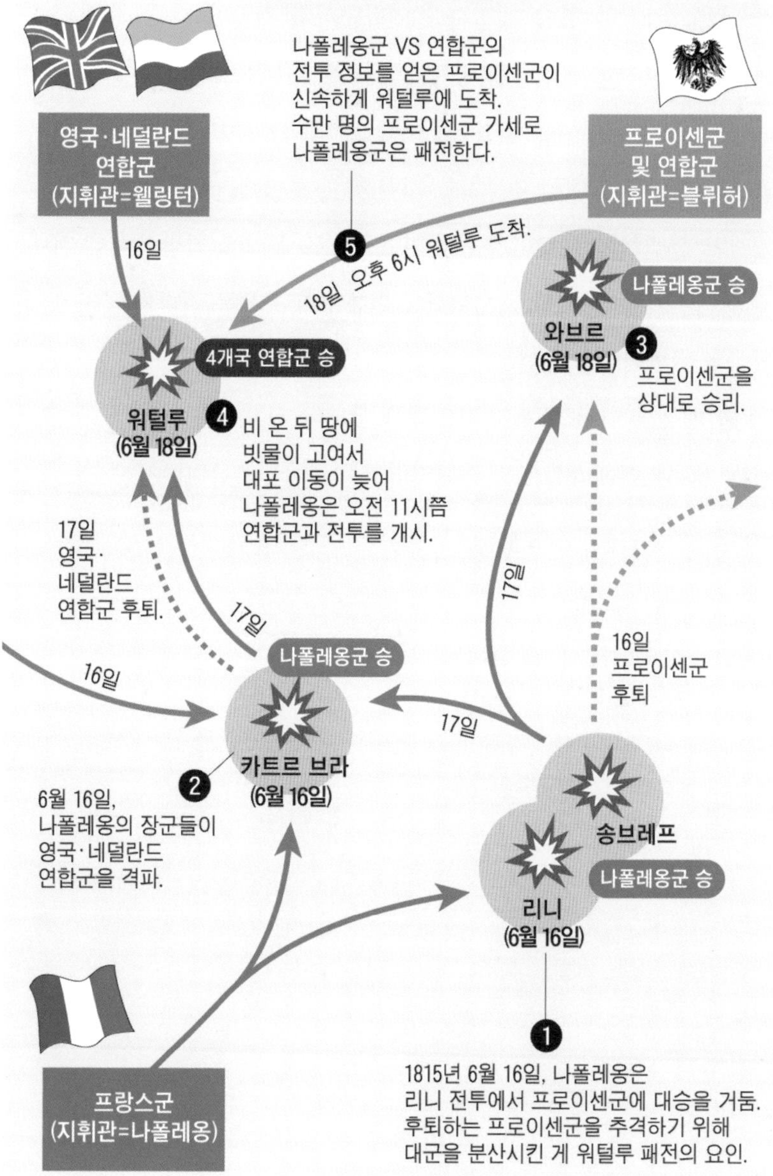

프랑스군은 먼저 6월 16일에 리니에서 프로이센군을 물리치고, 카트르 브라에서 영국·네덜란드 연합군까지 격파한 다음, 도망치는 적들을 추격하느라 주력 병력을 나누는 실수를 저질렀다.

6월 18일, 프랑스군은 워털루에 미리 도착해 진을 치고 있던 영국·네덜란드 연합군에 대해 총공격을 개시했다. 초반에는 프랑스가 우세했지만 블뤼허의 프로이센군이 기습적으로 공격에 가담하면서 전세가 역전되었다. 프랑스군은 결국 연합군의 공세를 견디지 못하고 워털루 전투에서 패배했다.

나폴레옹은 다시 황제의 자리에서 물러나 아프리카 적도 부근에 있는 세인트헬레나섬으로 유배되었고, 그곳에서 파란만장한 생을 마감한다.

그리스의 독립운동 1821~1829년

유럽 열강이 지원한 그리스가 오스만제국의 지배에서 독립

지중해에서 활동하던 상인들이 흑해 연안의 오데사에서 그리스의 해방을 목표로 비밀 조직을 결성

15세기 중반 비잔티움제국이 멸망한 이후 오스만제국의 지배하에 있던 그리스는 프랑스혁명의 영향을 받아 18세기 말부터 독립운동을 본격적으로 전개했다. 유럽 각지에서 활동하던 그리스 지식인과 상인들이 무장봉기 등 다양한 방식으로 독립운동에 앞장선 것이다.

1814년, 지중해를 중심으로 활동하던 상인들은 크림 반도 인근의 오데사에서 조국 그리스의 해방을 목표로 비밀 조직 필리키 에테리아(Filiki Eteria)를 만들었다. 그리스 출신으로 러시아 군인이었던 알렉산드로스 입실란티스가 비밀 조직을 이끌면서 1821년 도나우 공국에서 무장봉기를 일으켰다. 그리고 그리스 전역에서 오스만제국

그리스 독립운동과 나바리노 해전
영국
프로이센
러시아
오스트리아-
헝가리
프랑스
스페인
오스만
제국
그리스
영·러·프는 협상 끝에
분쟁에 개입하기로 함.
자국 해군을 그리스에 파병.
1814년, 오스만제국의
지배에 반대한 그리스인이
오데사에서 무장조직 결성.
→ 그리스 독립전쟁 개시.
그리스는 러시아, 프랑스, 영국 등
유럽 열강의 지원으로 오스만
제국으로부터 독립을 쟁취한다.
현재의 그리스 국경
흑해
마케도니아
이스탄불
테살로니키
갈리폴리
에게해
오스만제국
펠로폰
네소스
반도
메솔롱기
키오스섬
그리스
아테네
에페소스
스파르타
이오니아 해
이드라섬
나바리노
(필로스)
로도스섬
1827년, 오스만제국의 함대
물리침 → 독립전쟁 종료.
크리티
(크레타섬)
그리스의 독립국 승인
(1832년 5월)
지중해
독립운동 및 전투 지역

에 대항해 봉기할 것을 선언했다.

오스만제국에 대한 반란의 불길은 펠로폰네소스에서 시작해 남부와 중부 그리스로 점차 확대되었다. 그리스 곳곳에서 무슬림에 대한 공격이 이어지자 무력 탄압에 나선 오스만제국의 술탄은 이집트 총독에게 지원군을 요청했다. 총독의 아들 이브라힘 파샤의 이집트군은 펠로폰네소스 반도로 상륙해 메솔롱기와 아테네까지 단숨에 점령했다. 이집트군의 참전으로 반란군의 전세가 불리해지면서 유럽 강국들은 몇 차례 협상 끝에 그리스 독립운동에 개입하기로 결정했다.

지중해 진출 기회를 노리던 러시아가 참전을 결의했고, 1827년에는 영국과 프랑스도 해군을 파견해 나바리노 해전에 가세했다. 1827년 10월 20일, 러시아와 영국, 프랑스 함대가 나바리노만에서 이집트를 포함한 오스만 해군을 궤멸하고 승리를 거두었다.

나바리노 해전에서 참패한 이집트군이 본국으로 귀환해버린 다음, 육지에서도 연합군의 지원을 받은 반란군이 파죽지세로 오스만군에 승리를 거두었다. 그리고 1832년 런던의정서에 따라 그리스의 국경선이 확정되고 독립 국가가 수립되었다.

그러나 유럽 강국의 힘을 빌린 독립은 진정한 자유를 보장하지 않았다. 1832년, 영국의 주도로 바이에른(바바리아) 왕 루트비히 1세의 아들인 오토 1세가 신생 국가 그리스의 왕으로 임명된 것이다. 이후에도 위대한 그리스를 건설하겠다는 그리스인의 꿈은 주변 강대국의 내정 간섭으로 번번이 좌절되고 만다.

중국과 영국의 아편전쟁 1840~1842년

아편전쟁에서 패한 청나라는 서구 열강의 먹잇감으로 전락

임칙서가 영국 상인에게서 몰수한 아편을 불태우고 영국 측과 교역을 중지하자 아편전쟁 발발

아편전쟁은 쇠락하는 청나라와 부상하는 영국 사이에 일어난 전쟁이다. 19세기 중반 아시아에서 식민지 확장에 열을 올리던 영국은 아편 단속을 빌미로 청나라를 제국주의 열강의 먹잇감으로 만들어 버렸다.

전쟁(제1차 아편전쟁) 발발 당시 산업혁명으로 큰 발전을 이룬 영국에서는 차(茶)가 굉장한 인기를 끌고 있었다. 자연히 중국차 수입량이 크게 늘어났다. 영국은 차 대금을 은(銀)으로 지불했는데, 양국의 무역수지는 중국의 수출 초과 상태가 지속되었기 때문에 영국은 차 대금을 결제할 은이 부족해졌다. 이에 따라 영국은 중국에 인도산

영국 동인도회사의 증기선 네메시스가 청나라의 정크선을 파괴하는 모습, 1843년, Edward Duncan

아편을 수출해 무역적자를 해소하려 했다.

명나라 말기부터 광범위하게 퍼진 아편 때문에 심각한 사회문제가 발생하자 청나라는 1796년부터 아편의 수입을 금지하고 있었다. 19세기 들어서도 여러 차례 금지령을 내렸지만 아편 밀수입은 사라지지 않고 부정부패, 풍기 문란, 재정 악화 등 국가적인 악폐만 쌓여갈 뿐이었다.

이에 청나라 황제인 도광제는 '아편 금지론'을 주장한 대신 임칙서

영국이 청나라를 굴복시킨 아편전쟁
영국군은 천진에서 청나라를 위협.
청나라는 항복한 후 영국 함대를
광동으로 돌려보냄.
淸(청)
북경(北京)
천진(天津)
4
영국은 1842년 6월 상해를 점령한 후
남경(南京)으로 진격.
그해 8월, 청나라는 영국 함대의
갑판에서 굴욕적인 남경 조약 체결.
주요 내용
- 홍콩을 영국에 넘겨준다.
- 광주, 상해 등 5개 항을 개항.
- 그 5개 항에 영사를 주재시키고
배상금 1,200만 달러를 지불한다.
황하
황해
영국군은 장강
하구를 봉쇄.
3
5
남경(南京)
상해(上海)
주산도
(舟山島)
항주(杭州)
장강
1
1839년, 청나라 황제인
도광제로부터 아편 단속의
특명을 받은 임칙서가
국가의 질서를 위협하는
아편 1,400톤을 불태우고
영국과의 교역을 금지함.
하문(廈門)
광동성
주강
광주
(廣州)
호문(虎門)
홍콩
남중국해
2
1840년 6월, 4,000명의 영국 원정군을 태운
30여 척의 함대가 광동 앞바다에 도착 후
청나라에 공격 단행.

(林則徐)를 특명장관으로 임명해 광동성으로 파견했다. 임칙서는 아편 상인들에게 서약서를 받고, “아편을 반입하는 자는 사형에 처한다”라며 아편 단속을 강행했다. 1839년 6월 6일, 임칙서는 영국 상인에게서 몰수한 아편 1,400톤을 불태우고 영국 측에 교역 중지 의사를 전했다.

그러나 영국은 아편 단속에 반발하며 무역 자유화라는 명분을 내세워 제1차 아편전쟁을 일으켰다. 영국은 홍콩을 점령한 상태에서 동중국해로 북상해 상해를 공략했다. 힘이 쇠할 대로 쇠한 청나라는 세계 최강의 영국군을 이길 힘이 없었다. 수도 북경 부근의 천진이 침략당하자 도광제는 이내 영국에 굴복했다.

1842년, 청나라와 영국은 남경 조약을 체결했고, 이때부터 중국 대륙은 서구 열강에 서서히 잠식되어갔다.

반세기 만에 유럽 철도망 완성 1840~1890년

증기기관차와 철도망의 발달로 유럽은 하나로 연결되었다

1850년대 영국의 본격적인 철도 건설 이후 유럽 국가들도 잇달아 철도 건설에 착수

산업혁명이 진전되면서 원료와 제품, 생활 물자 등을 저렴하게 대량으로 운반할 운송 수단의 필요성이 대두되었다. 이전까지 운하와 포장도로를 이용했던 영국은 철도 발달로 다른 나라에 앞서 합리적인 수송 루트를 구축하게 되었다.

1804년, 리처드 트레비식은 와트가 발명한 증기기관을 토대로 레일 위를 달리는 소형 증기기관차를 만들었다. 또한 철도의 아버지로 불리는 조지 스티븐슨은 증기기관차 제작에 본격적으로 뛰어들어 1814년 7월 25일, 처음으로 증기기관차 운행에 성공했다.

증기기관차의 효과에 주목한 리버풀과 맨체스터 두 도시는 철도

리버풀-맨체스터 철도의 첫 개통, 1830년, A.B. Clayton, 석판화

연결을 의회에 요청했고, 의회는 1826년 5월 철도 부설 법안을 통과했다. 그 결과 1830년 9월 15일 리버풀-맨체스터 철도가 개통되었다. 리버풀-맨체스터 철도는 45㎞에 달하는, 세계 최초의 장거리 철도였다.

1850년대부터 런던에서는 철도망이 거미줄처럼 뻗어나가기 시작했다. 1855년에 영국 내 철도의 총 거리는 1만 3,400㎞에 달했다. 영국의 본격적인 철도 건설은 유럽 여러 나라의 부러움을 사기에 충분했다. 1840년대 이후 유럽 국가들도 엄청난 이익을 기대하며 잇달아 철도 건설에 착수했다.

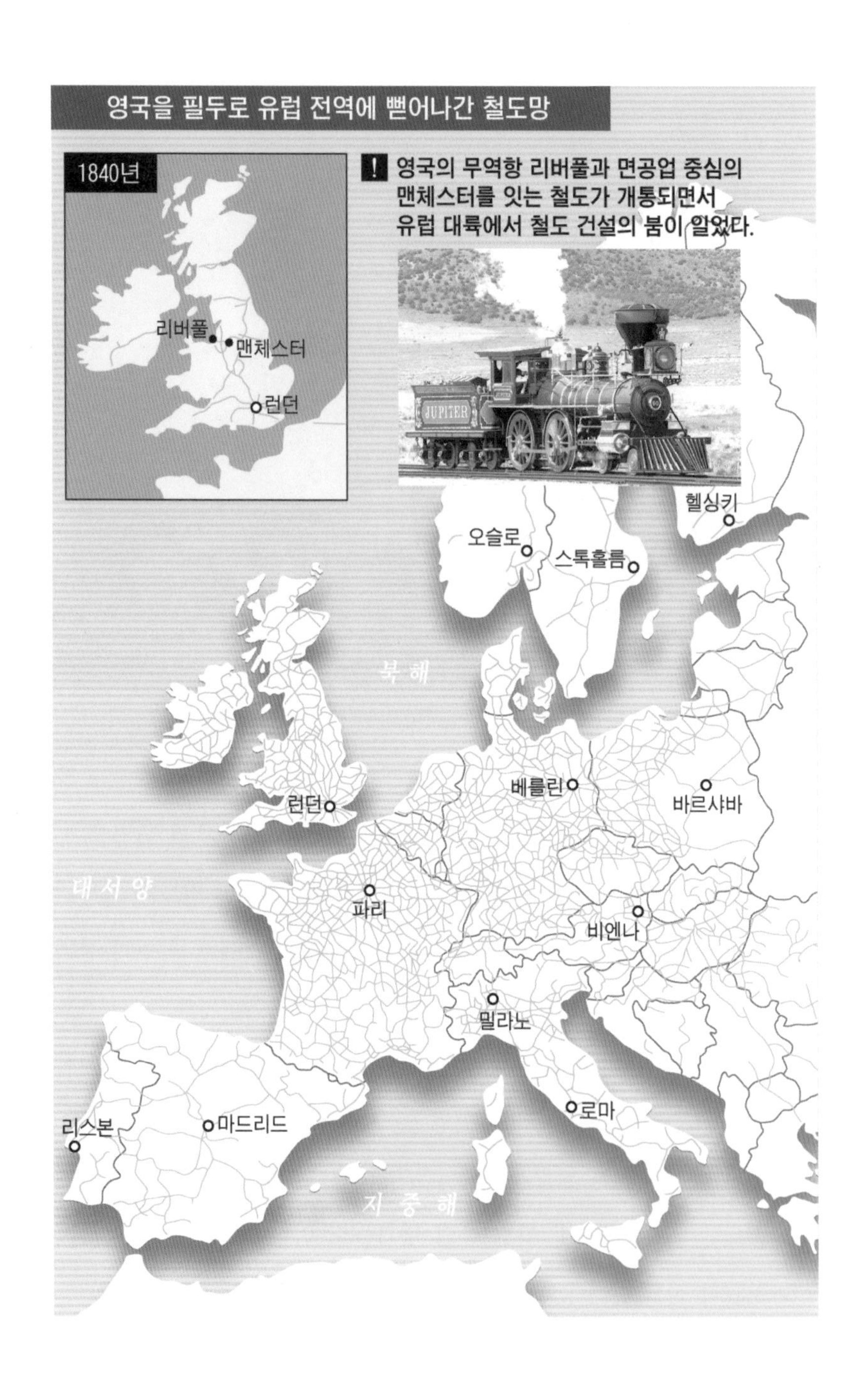
영국을 필두로 유럽 전역에 뻗어나간 철도망
1840년
리버풀
맨체스터
런던
영국의 무역항 리버풀과 면공업 중심의
맨체스터를 잇는 철도가 개통되면서
유럽 대륙에서 철도 건설의 붐이 일었다.
JUPITER
헬싱키
오슬로
스톡홀름
북해
베를린
바르샤바
런던
대서양
파리
비엔나
밀라노
로마
리스본
마드리드
지중해

독일은 프로이센 왕국의 수도 베를린을 중심으로 철도 건설에 박차를 가했다. 1835년경 6㎞에 불과했던 독일의 철도는 1850년대에 6,000㎞를 넘어서며 증기기관차가 전국을 누비게 되었다. 산업혁명을 주도했던 다른 국가들보다 늦게 철도 건설에 뛰어든 프랑스는 1860년대 무렵 파리를 중심으로 하는 철도망이 완성되었다.

이처럼 유럽 대륙은 각국이 경쟁하듯 철도 건설에 매달리면서 사방으로 뻗어나가는 레일을 따라 하나로 이어지게 되었다.

프랑스의 2월 혁명 1848년

산업자본과 노동자의 혁명으로 유럽 전역에 자유주의 물결 확산

프랑스의 2월 혁명을 시작으로 유럽 전역에 봉건 왕조에 반대하는 자유주의 혁명이 확산

워털루 전투에서 패한 나폴레옹이 세인트헬레나섬으로 유배를 간 후, 대프랑스동맹을 주도했던 오스트리아, 프로이센, 러시아, 영국 등 유럽의 열강은 오스트리아의 수도 빈에 모여 전후 처리 문제를 논의했다. 유럽에서는 절대왕정을 유지하자는 복고적 동맹 체제 결성을 결의했는데, 이것이 이른바 '빈 체제'이다.

그러나 유럽 곳곳에 움튼 자유주의, 민족주의를 외치는 혁명의 도도한 물길은 이미 누구도 멈출 수 없는 상황이었다. 먼저 프랑스에서는 산업혁명과 함께 노동자 계급이 대두되었다. 1830년 7월에 일어난 혁명(7월 혁명)으로 왕위에 오른 루이 필리프가 내세운 입헌군

2월 혁명으로 내쫓긴
루이 필리프 1세, 1841년,
Franz Xaver Winterhalter,
프랑스 역사박물관

주제에 노동자 계급은 강하게 반발했고, 곧바로 계급 투쟁 성격의 노동운동으로 확산되었다.

마침내 1848년 2월(2월 혁명), 새로운 사회 세력으로 등장한 산업 자본가들과 노동자들은 선거권 확대를 요구하며 봉기했고, 국왕 루이 필리프는 왕위에서 물러나 영국으로 망명했다.

프랑스의 2월 혁명을 시작으로 유럽 전역에 봉건 왕조에 반대하

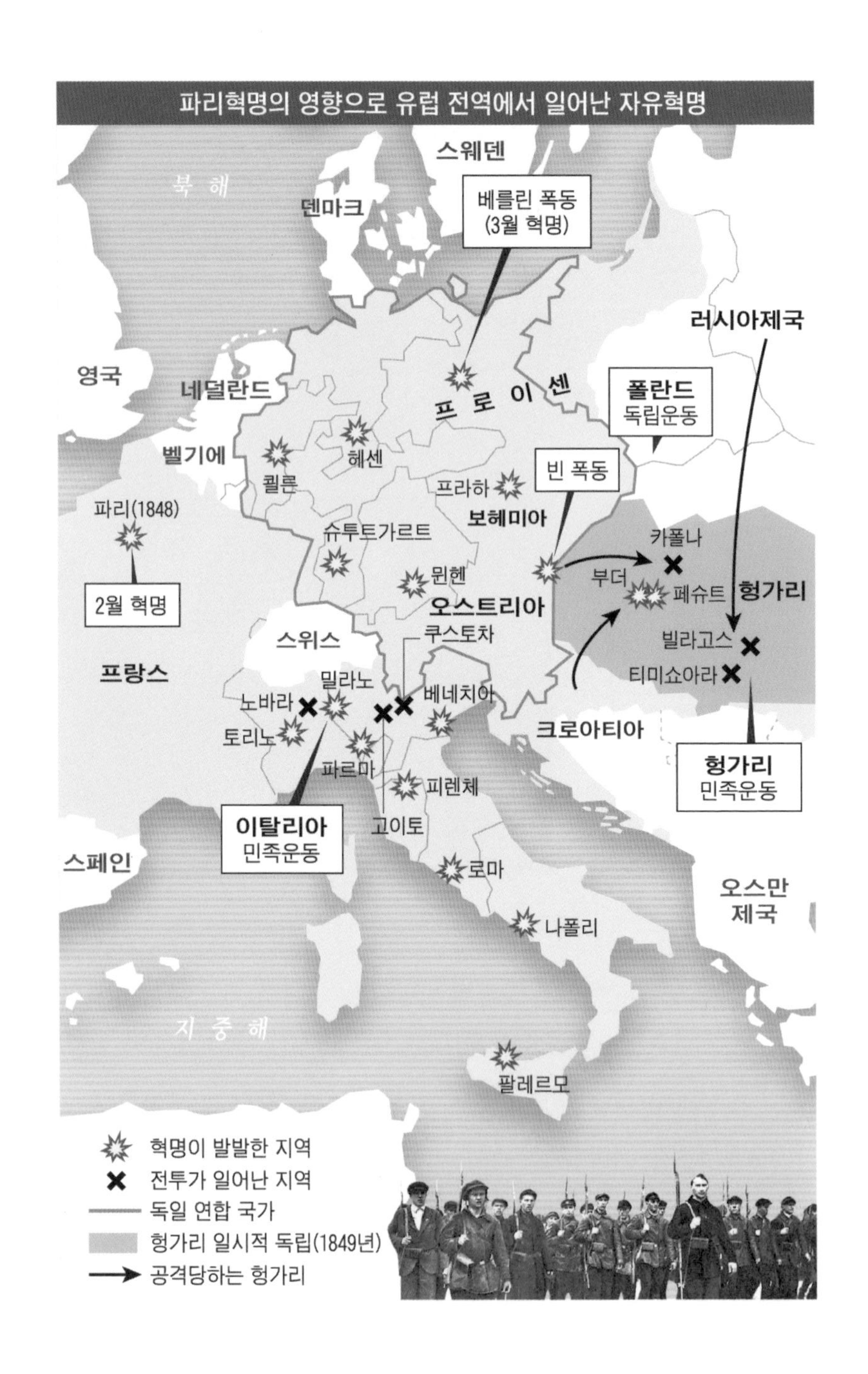
파리혁명의 영향으로 유럽 전역에서 일어난 자유혁명
스웨덴
북해
덴마크
베를린 폭동
(3월 혁명)
러시아제국
영국
네덜란드
프로이센
폴란드
독립운동
벨기에
헤센
쾰른
빈 폭동
프라하
파리(1848)
보헤미아
슈투트가르트
카폴나
2월 혁명
뮌헨
부더
페슈트
헝가리
오스트리아
스위스
쿠스토차
빌라고스
프랑스
티미쇼아라
밀라노
노바라
베네치아
토리노
크로아티아
파르마
헝가리
민족운동
피렌체
이탈리아
민족운동
고이토
스페인
로마
오스만
제국
나폴리
지중해
팔레르모
혁명이 발발한 지역
전투가 일어난 지역
독일 연합 국가
헝가리 일시적 독립(1849년)
공격당하는 헝가리

는 자유주의 혁명이 들불처럼 번져나갔다. 오스트리아에서는 3월에 빈 폭동이 일어나 국회와 왕궁이 습격당했고, 프로이센도 베를린을 비롯해 전국에서 혁명이 일어났다. 이탈리아에서는 민족운동이 일어나 공화국을 건설했으나 오스트리아의 개입으로 진압되었다.

동유럽에서도 민족주의 혁명이 광범위하게 전개되었는데, 그중에서도 헝가리의 민족운동은 매우 격렬했다. 당시 헝가리 왕국은 오스트리아제국의 지배하에 있었기 때문에 의회의 자치권이 제한되었다. 헝가리 국민은 프랑스 2월 혁명과 비슷한 시기에 일제히 봉기했다. 마침 본국 빈에서도 혁명이 일어나자 오스트리아 황제는 한 발 물러섰고, 1849년 마침내 헝가리는 공화국으로 독립한다.

그러나 크로아티아, 슬로바키아 등의 인근 나라들이 헝가리의 마자르어를 공용어로 사용하는 국민국가 건설에 반발했다. 결국 헝가리의 혁명은 러시아군의 지원을 받은 오스트리아에 진압당했고 다시 속국으로 전락하고 만다.

태평천국의 난 1851~1864년

종교와 결합한 농민의 투쟁이 중국 대륙을 피로 물들였다

태평천국은 프로테스탄트 사상과 농민 혁명이 결합해 정치·사회의 전반에 대한 무장 혁명으로 발전

영국과의 아편전쟁에서 패한 청나라는 군사비 충당과 배상금 지불을 위해 농민들에게 높은 세금을 부과해 원성이 자자했다. 게다가 영국에서 유입된 값싼 공업 제품 때문에 가내 수공업 중심의 경제가 타격을 받아 실업자가 속출했다.

이런 불안한 정세 속에서 1851년, 광동성의 농민 출신 홍수전(洪秀全)이 태평천국(太平天國)이라는 결사체를 만들어 내란을 일으켰다. 홍수전은 자신을 '천왕'이라고 칭하고, 자신이 통치하는 땅을 태평천국이라 불렀다. 태평천국은 19세기 중국에 보급된 프로테스탄트 사상과 농민 혁명이 결합해 정치·사회의 전반에 대한 무장 혁명으

태평천국 반란 당시 중국 강남 일대, 1886년

로 발전했다.

태평천국의 난이 일어난 청나라의 정세는 아편전쟁 이후 영국 등 제국주의 열강의 경제적 침탈과 관료의 부정부패, 농촌 사회의 붕괴 등으로 멸망의 길을 걸어가고 있었다. 게다가 이민족 왕조의 통치에 대한 한족의 누적된 불만이 한꺼번에 분출하면서 많은 사람이 태평천국의 난에 합류했다.

청나라는 태평천국의 세력이 확대되는 것을 염려해 진압에 나섰지만 태평군은 청나라 군대를 물리치고 계속 북상하며 세력을 키웠

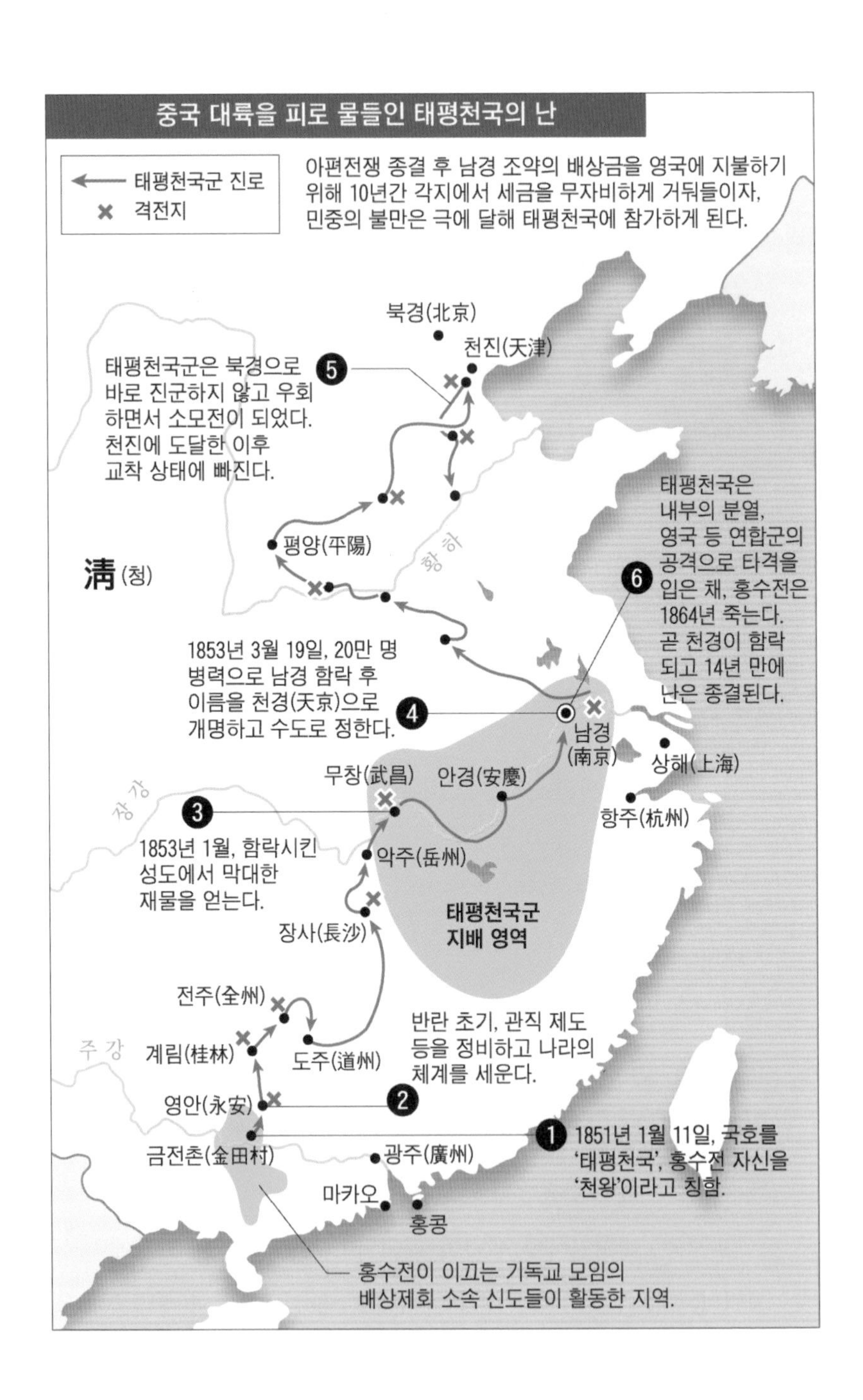

중국 대륙을 피로 물들인 태평천국의 난
태평천국군 진로
격전지
아편전쟁 종결 후 남경 조약의 배상금을 영국에 지불하기 위해 10년간 각지에서 세금을 무자비하게 거둬들이자, 민중의 불만은 극에 달해 태평천국에 참가하게 된다.
북경(北京)
천진(天津)
5 태평천국군은 북경으로 바로 진군하지 않고 우회하면서 소모전이 되었다. 천진에 도달한 이후 교착 상태에 빠진다.
평양(平陽)
황하
淸(청)
6 태평천국은 내부의 분열, 영국 등 연합군의 공격으로 타격을 입은 채, 홍수전은 1864년 죽는다. 곧 천경이 함락되고 14년 만에 난은 종결된다.
4 1853년 3월 19일, 20만 명 병력으로 남경 함락 후 이름을 천경(天京)으로 개명하고 수도로 정한다.
남경(南京)
상해(上海)
무창(武昌)
안경(安慶)
장강
3 1853년 1월, 함락시킨 성도에서 막대한 재물을 얻는다.
항주(杭州)
악주(岳州)
장사(長沙)
태평천국군 지배 영역
전주(全州)
반란 초기, 관직 제도 등을 정비하고 나라의 체계를 세운다.
주강
계림(桂林)
도주(道州)
영안(永安)
2
1 1851년 1월 11일, 국호를 '태평천국', 홍수전 자신을 '천왕'이라고 칭함.
금전촌(金田村)
광주(廣州)
마카오
홍콩
홍수전이 이끄는 기독교 모임의 배상제회 소속 신도들이 활동한 지역.

다. 1853년, 태평천국군 수십만 명이 남경(南京)을 점령했다. 그리고 그곳에 태평천국의 수도 천경(天京)을 수립한다고 선언했다. 그들은 토지 사유를 인정하지 않는 천조전무제도(天朝田畝制度)라는 토지균분 정책을 실시했고 변발을 거부했다.

이후 청나라 수도 북경을 공략하는 데 실패하고, 증국번(曾國藩)이 이끄는 청나라 의용군의 반격과 내분이 겹치면서 점차 수세에 몰리기 시작했다. 또한 청나라와의 교역에서 막대한 이익을 챙긴 서양 열강들이 자청해 태평천국의 난을 진압하는 바람에 결정적 타격을 입었다.

그 결과 1864년, 남경에서 철수하고 홍수전의 죽음과 함께 태평천국은 멸망했다. 그러나 14년에 걸쳐 중국 대륙을 피로 물들였던 태평천국의 난은 이후 중국의 농민 운동과 민족운동에 큰 영향을 미쳤다.

크림 전쟁 - 러시아의 남하 정책 1853~1856년

흑해의 오스만 함대를 공격한 러시아가 영국 등 연합군에 참패

오스만제국을 지원한 영국과 프랑스가 승리했고, 흑해와 지중해 진출의 러시아 야욕도 무산

19세기 초, 러시아의 황제 니콜라이 1세는 지중해 남하 정책을 추진했다. 오스만제국 내의 그리스 정교도 보호를 구실로 일으킨 크림 전쟁은 그 정책의 일환이었다.

1853년 7월, 니콜라이 1세는 선전포고도 없이 오스만제국의 지배하에 있던 루마니아 인근의 몰도바와 왈라키아로 군대를 보냈다. 발칸 반도에서 러시아군과 오스만군이 일진일퇴를 거듭하며 전선은 교착 상태에 빠졌다.

그런 와중에 1853년 11월, 러시아는 흑해의 시노프항에 정박 중인 오스만 함대를 급습해 기지와 항구를 초토화했다. 이를 계기로

크림 전쟁 중 러시아-튀르키예 전쟁(카르스 요새의 폭풍) 일부, 1839년, January Suchodolski,
러시아 아르한겔스크미술관

그동안 참전을 꺼리던 영국과 프랑스가 오스만제국과 동맹을 맺고 러시아에 선전포고(1854년 3월)를 했다. 1854년 9월, 영국 · 프랑스를 주축으로 대규모 선단을 포함한 연합군이 흑해의 크림 반도로 출동했다. 크림 반도 남서해안에 있는 러시아 흑해 함대의 사령부 세바스토폴 요새를 공략하기 위해서였다.

10월, 연합군의 포격과 함께 세바스토폴 공방전이 시작되었다. 연합군이 대규모로 포격을 퍼부었지만 러시아의 흑해 함대는 사력을 다해 요새를 방어했다. 그런데 연합군이 러시아보다 몇 배나 많

러시아의 지중해 진출을 좌절시킨 크림 전쟁
오스트리아
오데사
아조프 해
러 시 아
크림 반도
케르치
노보로시스크
도나우 강
세바스토폴
흑 해
바르나
연합군
함대 항로
오스만
제국
이스탄불
많은 병력과 우세한 무기로도 세바스토폴 요새를 함락시키는 데 1년이나 걸린 것은 태풍과 전염병 때문이었다.
흑 해
4 1년 동안의 전투로 요새가 폐허로 변하자, 러시아군은 요새를 폭파하고 함정을 침몰시킨 채 후퇴.(1855.8.11)
2
연합군은 세바스토폴 포격 개시.(1854.10.17)
러시아 흑해 함대 사령부 세바스토폴 요새
프랑스 군함 상륙
(1854년 9월)
R
R
체르나야 강
프랑스군
러시아군
카미츠항
영국군
프랑스군
R
대규모 연합군이 발라클라바 등 크림 반도 곳곳에 상륙.
1
발라클라바항
사르데냐군
오스만
튀르크군
영국 군함 상륙
(1854년 9월)
3 태풍이 연합군 함대를 덮쳐서 월동 대비 물자를 잃어버림.

은 병력과 우수한 병기를 갖추고도 요새를 공략하는 데 무려 1년이 나 걸린 주요 원인은 태풍이었다. 갑작스러운 태풍 때문에 수송선에 실어둔 방한용 의복, 식량, 탄약, 의료품 등이 모두 침수되어 연합군은 겨울의 혹한에 대처할 수 없었다. 티푸스와 콜레라 같은 역병에 시달리면서 전투력도 약화되었다.

하지만 1855년 초에는 아시아 무역 경로 확보를 위해 사르데냐 왕국(북이탈리아)이 연합군에 가세했고, 2월에 니콜라이 1세가 죽고 8월에는 세바스토폴 요새가 함락되면서 러시아는 패전을 인정할 수밖에 없었다.

1856년 3월, 파리에서 강화조약을 체결하고, 러시아는 영토 일부를 오스만제국에 할양하고 흑해에서 함대를 철수함으로써 중립화를 인정했다. 크림 전쟁이 오스만제국을 지원한 영국과 프랑스의 승리로 끝났고, 흑해를 발판으로 삼아 지중해로 진출하려던 러시아의 야욕도 무산되었다.

애로 전쟁의 원인과 결과 1856~1860년

영국 상선 애로호에 침입했던 청나라가 영·프 연합군에 항복

청나라의 관헌이 영국 국적의 상선 애로호에 해적 혐의를 적용하자 영국이 반발하며 침공

아편전쟁(1차)에서 승리한 영국은 남경 조약으로 여러 가지 이권을 장악했다. 상해를 비롯한 5개 항구를 개방시켰고, 어마어마한 금액의 배상금을 손에 넣었다. 청나라는 그 이듬해에도 영국의 치외법권을 인정하고, 자국의 관세 자주권을 포기한다는 내용의 후속 조약을 강제로 맺게 되었다.

이 불평등 조약으로 인해 청나라는 외국인 배척 운동이 일어나는 등 반영(反英) 분위기가 확산되었고, 그 결과 영국 무역량도 제자리를 맴돌았다. 그러자 영국은 새로운 방법으로 자국의 이익 확대를 노렸다.

세상의 으뜸이라는 뜻을 가진 황실 정원 원명원은 150년에 걸쳐 조성된 호화로운 정원이다. 천안문 광장의 8배 크기로 화려함이 극에 달했으나 애로 전쟁으로 불탄 후 최근까지 복원 중이지만 수많은 관광객을 끌어모으고 있다.

1856년, 청나라의 관헌이 영국 국적의 상선 애로(Arrow)호에 해적 혐의를 적용하여 배에 침입했다. 그러자 영국은 애로호에서 중국인 선원을 해적 혐의로 체포하는 과정에서 자국의 국기가 훼손되었다며 항의했다. 영국은 마침 선교사가 피살된 프랑스와 함께 연합군을 결성, 손쉽게 광주를 점령하고 곧이어 북쪽으로 진격해 천진에 진을 치고 청나라를 압박했다.

1858년 6월, 청나라가 항복한 다음 천진 조약이 체결된다. 그러나 불평등 조약에 불만을 품은 청나라 강경파가 조약 비준을 거부

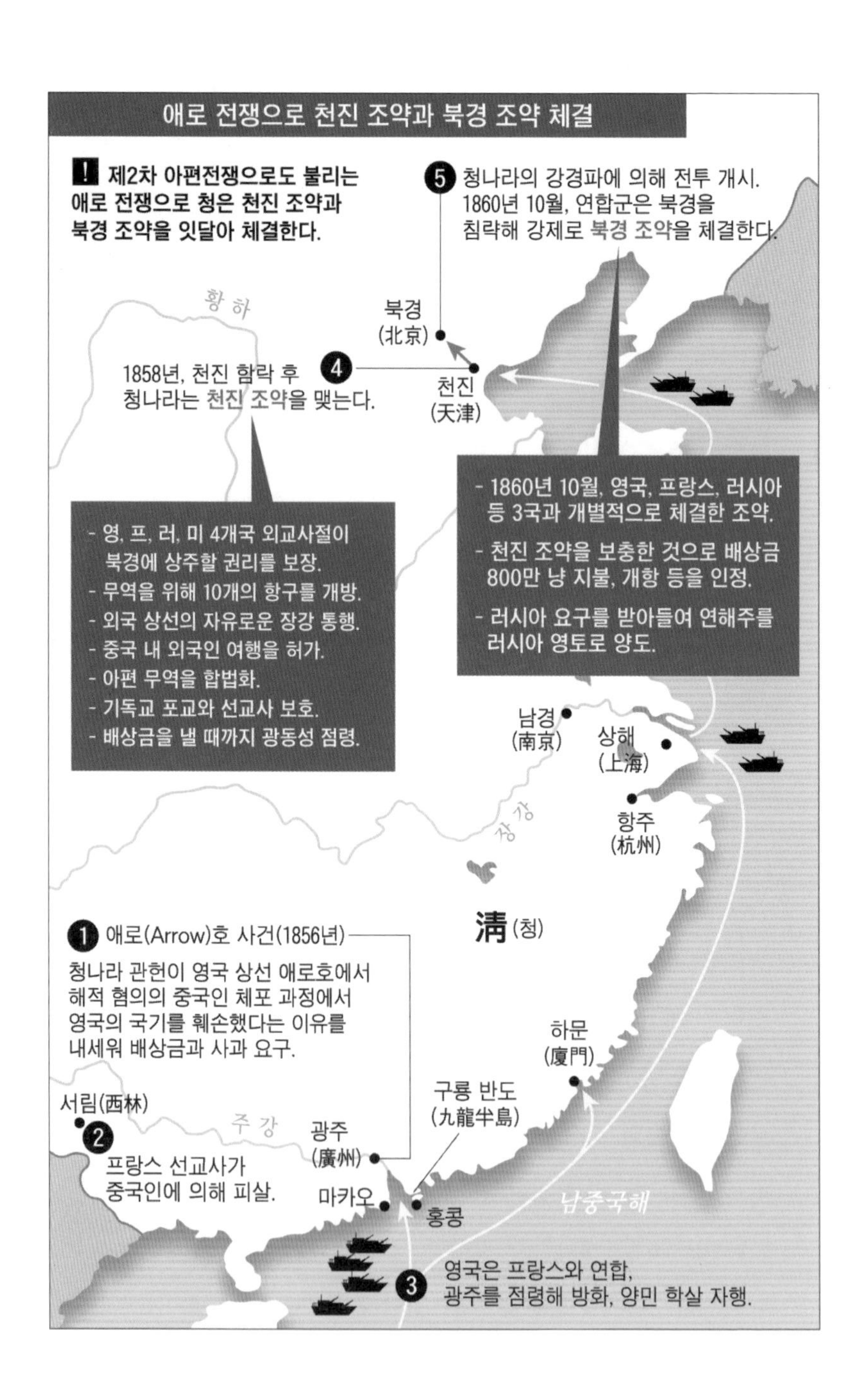

애로 전쟁으로 천진 조약과 북경 조약 체결
! 제2차 아편전쟁으로도 불리는 애로 전쟁으로 청은 천진 조약과 북경 조약을 잇달아 체결한다.
5 청나라의 강경파에 의해 전투 개시. 1860년 10월, 연합군은 북경을 침략해 강제로 북경 조약을 체결한다.
황하
북경 (北京)
4 1858년, 천진 함락 후 청나라는 천진 조약을 맺는다.
천진 (天津)
- 1860년 10월, 영국, 프랑스, 러시아 등 3국과 개별적으로 체결한 조약.
- 천진 조약을 보충한 것으로 배상금 800만 냥 지불, 개항 등을 인정.
- 러시아 요구를 받아들여 연해주를 러시아 영토로 양도.
- 영, 프, 러, 미 4개국 외교사절이 북경에 상주할 권리를 보장.
- 무역을 위해 10개의 항구를 개방.
- 외국 상선의 자유로운 장강 통행.
- 중국 내 외국인 여행을 허가.
- 아편 무역을 합법화.
- 기독교 포교와 선교사 보호.
- 배상금을 낼 때까지 광동성 점령.
남경 (南京)
상해 (上海)
항주 (杭州)
장강
淸(청)
1 애로(Arrow)호 사건(1856년)
청나라 관헌이 영국 상선 애로호에서 해적 혐의의 중국인 체포 과정에서 영국의 국기를 훼손했다는 이유를 내세워 배상금과 사과 요구.
하문 (廈門)
구룡 반도 (九龍半島)
서림(西林)
2 프랑스 선교사가 중국인에 의해 피살.
주강
광주 (廣州)
마카오
홍콩
남중국해
3 영국은 프랑스와 연합, 광주를 점령해 방화, 양민 학살 자행.

하고 영·프 연합군을 공격하는 일이 발생했다. 이에 영·프 연합군은 북경을 침략해 황실 정원인 원명원(圓明園)을 파괴하고 보물들을 약탈했다.

1860년 10월, 청나라는 영·프 연합군에 항복하고 러시아의 중재로 북경 조약을 체결한다. 열강 3국과 개별적으로 체결한 북경 조약에는 배상금의 증액, 천진을 비롯한 11개 항 개방, 구룡(九龍) 반도 일부 영국 할양 등의 굴욕적인 내용들이 포함되어 있었다. 이 조약으로 청나라는 전면적으로 문호를 개방한 채 서양 열강의 먹잇감으로 전락했다.

인도 세포이 항쟁 1857~1859년

동인도회사의 인도인 세포이가 영국을 상대로 독립 대항쟁 개시

영국 동인도회사는 힌두교도와 무슬림을 용병으로 고용,
이들 세포이를 군대로 편성해 인도를 지배

영국은 17세기 초 인도에 동인도회사를 설립하고 동방 무역의 전초 기지로 삼았다. 이후 무굴제국이 쇠퇴하면서 영국이 인도에 대한 지배력을 확대하는 과정에서 프랑스와 충돌하게 되었다. 1757년, 영국은 플라시 전투에서 프랑스와 벵골 태수의 연합군을 물리치고 인도 지배권을 확보했다.

실질적으로 인도를 지배한 영국의 동인도회사는 수많은 힌두교도와 무슬림을 용병으로 고용했고, 이들 용병을 세포이(병사라는 뜻의 페르시아어)라고 불렀다. 동인도회사는 세포이를 군대로 편성해 인도를 지배한 것이다.

세포이 반란 중 1857년 9월 영국이 델리를 탈환한 모습, 1857–1858년, Bequet Freres, 컬러 석판화, 영국 국립육군박물관

1857년 5월 10일, 영국 동인도회사의 인도인 세포이들이 델리 근교의 소도시 메루트에서 폭동을 일으켰다. 부당한 처우에 대한 불만과 함께, 자신들에게 지급된 신식 총포의 탄약 포장지에 소와 돼지의 기름이 칠해져 있다는 소문이 퍼졌기 때문이었다. 탄약을 사용하려면 포장지 양 끝을 입으로 뜯어야 했는데, 이는 힌두교나 이슬람교를 믿는 세포이 대다수에게는 종교를 부정하는 행위와 마찬가지였다.

분개한 인도인 세포이들이 항쟁을 일으켰고, 9월에는 델리로 진격하여 영국군 철수와 무굴제국 부활을 선언했다. 세포이의 항쟁은 북인도를 거점으로 삼으며 빠른 속도로 각지로 번져나갔고, 농민

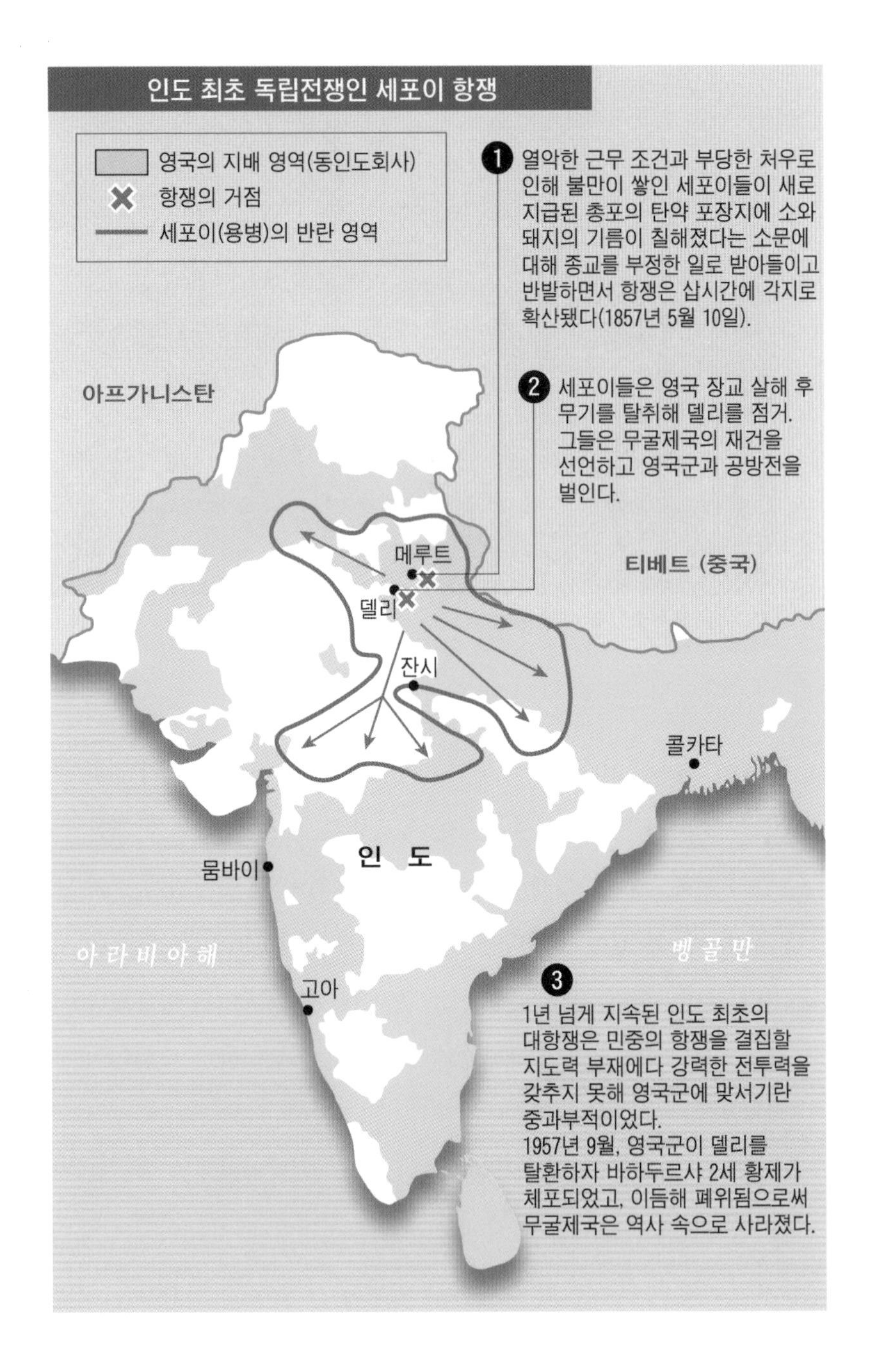
인도 최초 독립전쟁인 세포이 항쟁
영국의 지배 영역(동인도회사)
항쟁의 거점
세포이(용병)의 반란 영역
❶ 열악한 근무 조건과 부당한 처우로 인해 불만이 쌓인 세포이들이 새로 지급된 총포의 탄약 포장지에 소와 돼지의 기름이 칠해졌다는 소문에 대해 종교를 부정한 일로 받아들이고 반발하면서 항쟁은 삽시간에 각지로 확산됐다(1857년 5월 10일).
❷ 세포이들은 영국 장교 살해 후 무기를 탈취해 델리를 점거. 그들은 무굴제국의 재건을 선언하고 영국군과 공방전을 벌인다.
아프가니스탄
메루트
델리
티베트 (중국)
잔시
콜카타
인 도
뭄바이
아라비아해
벵골만
고아
❸ 1년 넘게 지속된 인도 최초의 대항쟁은 민중의 항쟁을 결집할 지도력 부재에다 강력한 전투력을 갖추지 못해 영국군에 맞서기란 중과부적이었다.
1957년 9월, 영국군이 델리를 탈환하자 바하두르샤 2세 황제가 체포되었고, 이듬해 폐위됨으로써 무굴제국은 역사 속으로 사라졌다.

등의 일반 시민도 가세해 대항쟁으로 발전했다.

영국은 본국에서 지원받은 군대를 투입해 강력한 진압에 나섰다. 세포이와 영국군은 델리를 비롯해 인도 중부 지역과 갠지스강 상류 지역에서 치열한 공방전을 벌였다. 이 인도 최초의 대항쟁은 1년 넘게 지속되다가 1859년 영국군에 완전히 진압되면서 무굴제국은 멸망을 맞이했다.

세포이 항쟁을 진압한 영국은 동인도회사를 해체하고, 인도를 직접 통치하는 직할 식민지로 만들었다.

19세기 이탈리아 통일 전쟁 1859년

마젠타·솔페리노 전투에 승리한 사르데냐 왕국을 프랑스가 배신

가리발디 장군은 '붉은 셔츠대'를 조직하고 시칠리아와 나폴리를 정복해 통일에 기여

중세 이래 늘 분할된 상태였던 이탈리아는 19세기에 들어서자 통일의 기운이 고조되었다. 1859년에 시작된 이탈리아 통일 운동을 주도한 것은 이탈리아 북서부와 사르데냐섬을 영토로 삼았던 사르데냐 왕국이었다.

1858년 7월, 사르데냐 왕국의 수상 카보우르는 비밀리에 프랑스를 방문해, 이탈리아 통일에 관심이 많은 나폴레옹 3세를 만났다. 두 사람은 사르데냐와 프랑스가 함께 오스트리아를 침략한다는 비밀 협정을 맺었다. 사르데냐 왕국이 오스트리아로부터 롬바르디아 지역을 빼앗아 실질적으로 이탈리아 전 영토를 지배하고, 프랑스는

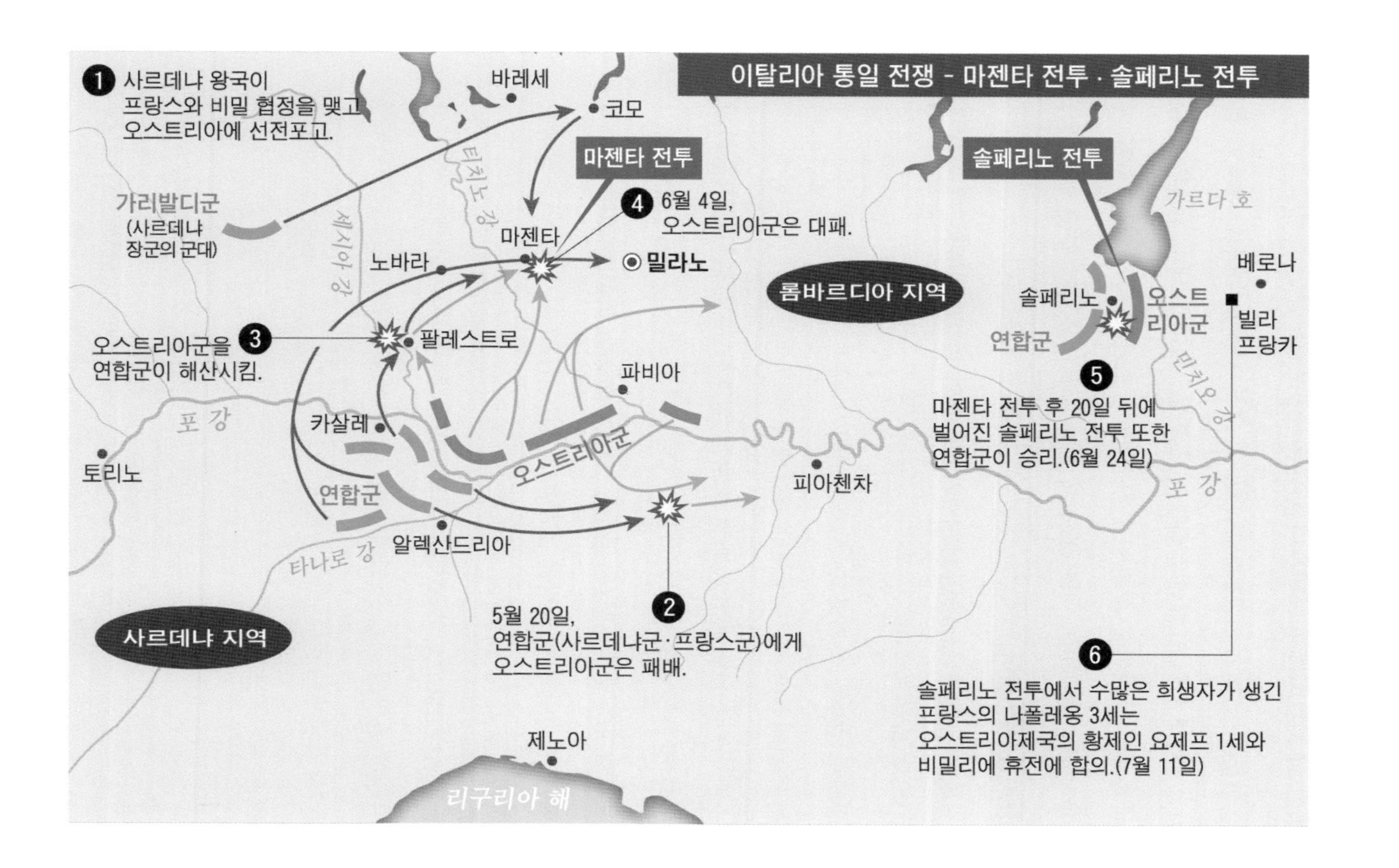
이탈리아 통일 전쟁 - 마젠타 전투 · 솔페리노 전투
1 사르데냐 왕국이
프랑스와 비밀 협정을 맺고
오스트리아에 선전포고.
바레세
코모
가리발디군
(사르데냐
장군의 군대)
티치노 강
세시아 강
마젠타 전투
4 6월 4일,
오스트리아군은 대패.
마젠타
노바라
밀라노
롬바르디아 지역
3 오스트리아군을
연합군이 해산시킴.
팔레스트로
파비아
포 강
카살레
토리노
오스트리아군
연합군
알렉산드리아
타나로 강
피아첸차
2 5월 20일,
연합군(사르데냐군·프랑스군)에게
오스트리아군은 패배.
사르데냐 지역
제노아
리구리아 해
솔페리노 전투
가르다 호
베로나
솔페리노
오스트리아군
빌라
프랑카
연합군
민치오 강
5 마젠타 전투 후 20일 뒤에
벌어진 솔페리노 전투 또한
연합군이 승리.(6월 24일)
포 강
6 솔페리노 전투에서 수많은 희생자가 생긴
프랑스의 나폴레옹 3세는
오스트리아제국의 황제인 요제프 1세와
비밀리에 휴전에 합의.(7월 11일)

니스와 사보이를 할양받는다는 내용이었다.

사르데냐 왕국은 1859년 4월, 오스트리아에 전쟁을 선포했다. 6월 4일에 벌어진 마젠타 전투에서 프랑스와 사르데냐 왕국의 연합군은 오스트리아군을 손쉽게 무찔렀다. 또한 마젠타 전투 20일 뒤에 벌어진 솔페리노 전투에서도 11시간에 걸친 사투 끝에 연합군이 승리를 거두었다.

그러나 솔페리노 전투에서 약 2만 명의 희생자가 발생해 전의를 상실한 프랑스는 단독으로 오스트리아와 강화를 맺었다. 프랑스가 롬바르디아를 차지하고, 오스트리아가 베네치아를 계속 지배한다는 조건이었다. 이 조약으로 사르데냐 왕국은 큰 타격을 입었다.

북이탈리아에 대한 지배권 확보에 실패한 사르데냐 왕국의 가리발디 장군은 남이탈리아의 반란군 정벌에 나섰다. 이탈리아 통일 운동에 앞장선 가리발디 장군은 통일 결사체 '붉은 셔츠대'를 조직해 시칠리아와 나폴리를 정복하고 남이탈리아를 사르데냐 왕국에 바침으로써 이탈리아의 통일에 결정적으로 기여했다.

마침내 1861년, 사르데냐 왕국의 빅토르 엠마누엘 2세가 통일 이탈리아 왕국의 국왕 자리에 올랐다.

남북전쟁과 게티즈버그 전투 1861~1865년

남·북군의 3일간 공방전 끝에 모두 5만 명의 사상자가 발생

'국민의, 국민에 의한, 국민을 위한 정치'로 민주주의를 정의한 링컨의 게티즈버그 명연설

19세기 전반, 상공업을 중심으로 경제 기반을 닦은 미국 북부와 농업에 뿌리를 둔 남부가 대립하며 남북전쟁이 일어났다.

양측이 대립하게 된 이유 중 하나는 노예제였다. 서부 개척 시기 북부는 노예 해방을 주장했지만, 노예제로 운영되는 대단위 플랜테이션이 자리 잡은 남부는 노예제 확대를 주장했다. 1860년, 노예 해방 지지자인 공화당의 링컨이 대통령으로 당선되자 양측의 대립은 더욱 거세졌고 결국 남북전쟁으로 발전했다.

링컨 대통령이 취임하기 전, 사우스캐롤라이나를 비롯한 남부 7개 주가 합중국에서 이탈해 아메리카연합국을 설립했다. 1861년

미국 남북전쟁의 승패를 결정한 게티즈버그 전투
(1863년 7월 1~3일)
미국 남북 경계
자유주
노예주
격전지
북 부 연 방
펜실베이니아주
버지니아주
애퍼매턱스
리치먼드
사우스
캐롤라이나주
미시시피주
빅스버그
섬터 요새
남 부 연 합
게티즈버그 전투의
남·북군 사상자는
총 5만 명이며
5,000마리의
말이 죽었다.
남부군
북부군
7월 1일 전투 개시
철도
게티즈버그
컵스
언덕
묘지
언덕
능선
록 강
작은 고지
높은 고지
포토맥 강
7월 2일
능선
록 강
게티즈버그
묘지
언덕
작은 고지
높은 고지
포토맥 강
7월 3일 전투 종료
능선
록 강
게티즈버그
묘지
언덕
작은 고지
높은 고지
서쪽에서 우회하여 올라온 남부군이 게티즈버그 북쪽 북부군을 공격. 북부군의 방어선이 무너져 후퇴하여 남쪽 묘지 언덕에서 방어.
서쪽 저지선이 무너진 북부군은 폭격에 유리한 작은 고지를 장악. 묘지 언덕의 북부군은 유리한 지역에서 맹공을 퍼부었다.
탁 트인 평원에서 북부군의 대규모 포격을 받은 남부군은 수많은 사상자가 발생. 지리적 이점을 활용한 방어 전략으로 북부군이 승리.

3월 4일, 링컨 대통령이 취임하면서 이를 반란으로 규정했다. 4월 12일에 남부 연합군이 사우스캐롤라이나주의 섬터 요새를 포격하는 것으로 남북전쟁이 시작되었다.

개전 초기에는 남부 연합군이 우세했지만, 전쟁이 장기화되면서 인구와 산업 등에서 우위에 있는 북부 연맹군이 점차 승기를 잡게 되었다. 북부 연맹군은 서부에서 자영농을 육성하는 홈스테드법을 제정하고 노예 해방을 선언하면서 농민과 외국에서도 지지를 얻었다.

1863년 7월 1일, 남북전쟁의 승패를 결정지은 게티즈버그 전투가 벌어졌다. 펜실베이니아 남쪽에 있는 게티즈버그는 철도와 도로의 중심지로 부대 이동과 물자 보급에 중요한 전략 요충지여서 양측은 사생결단의 총력전을 펼칠 수밖에 없었다. 북부 연맹군의 미드 장군과 남부 연합군의 리 장군은 게티즈버그의 요새를 사이에 두고 3일 동안 치열한 공방전을 벌였다. 마지막 날 남부 연합군이 세미터리 능선을 공격했다가 패퇴하면서 북부 연맹군이 최종적으로 승리했지만 양측 모두 5만 명의 사상자가 발생한 참혹한 전투였다.

게티즈버그 전투가 북부군의 승리로 끝난 후 1863년 11월 19일, 격전지였던 펜실베이니아 주 게티즈버그에서 전몰자 위령 집회가 열렸다. 이 자리에서 '국민의, 국민에 의한, 국민을 위한 정치'로 민주주의를 정의한 링컨의 명연설이 탄생했다.

1865년, 남부 연합군의 수도 리치먼드가 함락되면서 4년을 끌어온 남북전쟁은 종지부를 찍었다.

프로이센-오스트리아 전쟁 1866년

쾨니히그레츠 전투에서 승리한 프로이센이 독일 통일의 주도권

쾨니히그레츠 전투에서 대패한 오스트리아는 프로이센 지배하의 독일연방에서도 제외

1866년, 독일 통일의 주도권을 둘러싸고 프로이센과 오스트리아가 전쟁을 일으켰다. 막강한 군사력을 앞세운 프로이센이 무기력한 오스트리아군을 상대로 전세를 유리하게 이끌었다.

전쟁이 시작된 후 자국 군대가 큰 피해를 입었다는 소식을 들은 오스트리아의 지휘관 베네데크 장군은 전쟁 승리를 자신할 수 없었다. 그래서 황제에게 평화적 해결을 제안했지만 거부당한 채 프로이센과 일전을 벌일 수밖에 없었다. 베네데크는 엘베강 상류에 있는 보헤미아의 도시 쾨니히그레츠(정확히 말하면 쾨니히그레츠 북서쪽에 있는 자도바라는 마을)에 진지를 구축하고 프로이센군과의 일전에 대

프로이센군을 승리로 이끈
총사령관 프리드리히
빌헬름 왕세자,
1867년, Oscar Begas,
햄펄 파인아트 옥션

비했다.

당시 24만 명의 오스트리아군을 이끌고 있던 베네데크 장군은 우세한 포병 전력을 앞세워, 엘베강을 등진 아담한 언덕 중앙에 좌우로 군을 배치하여 탄탄한 방어벽을 구축했다. 전술적으로 오스트리아군에 매우 유리한 작전이었으므로 프로이센군이 전진하기만을 기다렸다가 공격하면 되는 상황이었다. 그러나 보병들이 느리고 장전하는 데 위험이 따르는 전장식 소총으로 무장한 것이 가장 큰 취약점이었다. 반면 몰트케 장군이 이끄는 28만 명의 프로이센군은 오스트리아군에 비해 포병 전력이 열세였지만 유럽에서 가장 먼저

* 전쟁 종료 후 프로이센은 프라하 조약(1866.8.23)으로 오스트리아를 독일연방 국가에서 제외. 이탈리아는 프로이센과 동맹 체결 후 운 좋게 베네치아를 되찾음.

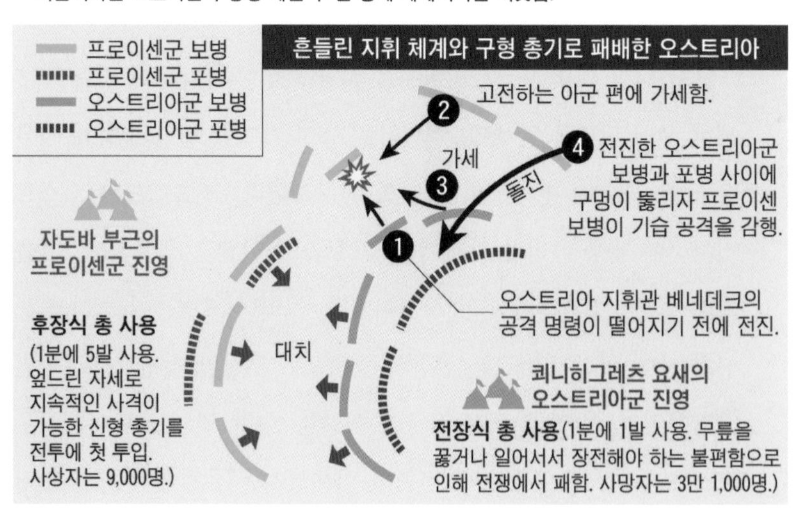

신식 무기인 후장식 소총으로 무장하고 있었다.

양쪽 부대가 대치한 상황에서 오스트리아 진영의 우익을 지휘했던 백작 두 명이 좀처럼 시작되지 않는 전투에 분통을 터뜨리며 멋대로 병사들을 진군시켰다. 우익을 담당했던 부대가 임의로 전투를 시작하고 대열에서 이탈하는 바람에 우측 방어벽이 무너지는 결정적 실책을 저질렀던 것이다. 그렇게 북쪽 방어벽이 뚫린 오스트리아군은 순식간에 무너졌다.

프로이센군이 진을 치고 있던 스위프바르트 숲 속으로 진군한 오스트리아군도 너무도 간단하게 궤멸당하고 말았다. 전투가 시작되자 프로이센 보병들은 몸을 숨긴 채, 돌격해 오는 오스트리아 보병들을 향해 신식 후장식 소총을 쏘아대며 전진을 막았던 것이다, 방어에 성공한 프로이센군은 재빠른 역습을 감행해 오스트리아군을 크게 무찔렀다.

쾨니히그레츠 전투에서 대패한 오스트리아군은 약 4만 명이 전사하고 절반 정도가 포로가 되었다. 이에 비해 신식 무기로 무장한 채 뛰어난 전술로 대승한 프로이센군의 피해는 1만 명 정도에 지나지 않았다.

이 전투에서 승리한 프로이센은 독일 통일의 주도권을 잡게 되었다. 쾨니히그레츠 전투는 독일 통일의 시발점이 되었던 것이다. 반면 패배한 오스트리아는 그해 8월에 프라하 조약을 체결하고 프로이센 지배하의 독일연방에서 제외되는 수모를 당했다.

프로이센-프랑스 전쟁 1870~1871년

독일 비스마르크가 던진 미끼를 나폴레옹 3세가 덥썩 물었다

프랑스 절대왕정의 상징인 베르사유 궁전에서 빌헬름 1세는 독일제국의 황제로 즉위

1866년에 벌어진 프로이센-오스트리아 전쟁에서 프로이센은 프랑스의 많은 견제를 받았다. 프랑스는 독일이 통일 후 강대국으로 부상하는 것에 부담을 느꼈고, 프로이센은 그런 프랑스를 점점 눈엣가시로 여겼다. 프로이센의 비스마르크는 스페인 혁명으로 비어있던 스페인 왕위에 프로이센 왕족을 추천함으로써 프랑스를 도발했다.

프랑스는 프로이센 왕족 틈에 끼이는 신세가 될 것을 염려해 항의했고, 1870년 7월 19일 프랑스가 선전포고를 함으로써 프로이센-프랑스 전쟁이 발발했다. 프랑스의 나폴레옹 3세가 프로이센의 비

베르사이유 궁전(거울의 방)에서 열린 독일제국 선포식, 1885년, Anton von Werner,
독일 비스마르크박물관

스마르크가 던진 미끼를 덥석 문 것이다. 오랜 기간 동안 프랑스와 일전을 준비해온 프로이센은 북독일연방뿐만 아니라 남독일연방의 지지까지 얻어 만만치 않은 군비를 갖추고 있었다.

몰트케가 지휘하는 프로이센군은 병력을 더욱 증강하여 프랑스 국내로 쳐들어갔다. 나폴레옹 3세가 지휘하는 프랑스군은 프로이센군의 공격에 맞서 일진일퇴를 거듭했지만, 전략 요충지인 메츠 요새가 함락되면서 초반 전세가 기울어지게 되었다.

국경에서 밀린 프랑스군은 스당으로 퇴각했다. 프로이센군은 곧 프랑스군을 포위하고 승패를 결정짓는 공격을 개시했다. 나폴레옹

프로이센 - 프랑스 전쟁을 끝낸 스당 전투
덴마크
스웨덴
발트 해
북 해
메클렌 부르크
올덴 부르크
독일연방 국가
네덜란드
브라운슈바이크
프 로 이 센
러시아제국
안할트
엘베 강
벨기에
라인란츠 팔츠
뫼즈 강
튀링겐
작센
헤센
스당
바 이 에 른
로렌
오스트리아제국
프 랑 스
뷔르템 베르크
메츠
알자스
바 덴
호엔촐레른
헝가리
프랑스가 전쟁에서 패배한 후 알자스·로렌 지방을 프로이센에 할양.
스위스
스당 전투(1870년)
프로이센군
프랑스군
벨기에
프랑스
뫼즈 강
프로이센군, 스당 북부로 이동하여 프랑스군을 포위.
나폴레옹 3세 진지
프랑스군이 포위당함.
스당
전투에 참전한 나폴레옹 3세는 스당에서 항복하여 14만여 명의 군사와 함께 포로가 됨. 프로이센은 스당 승리(1870.9.2)를 기념하고자 1919년까지 국경일로 제정.
프로이센 황태자 진지
프로이센군 공격.
뫼즈 강
작센 황태자 진지

3세가 직접 참전했지만 소총으로 무장한 프랑스군은 프로이센군이 퍼붓는 대포 공격에 속수무책으로 당할 수밖에 없었다.

1870년 9월 2일, 스당 요새에서 프로이센군에 포위되어 전의를 상실한 나폴레옹 3세는 14만여 명의 병력과 함께 프로이센에 항복하고 포로 신세로 전락하고 말았다. 프로이센군은 나폴레옹 3세의 항복에도 불구하고 계속 진격하여 마침내 1871년 1월 28일에 파리를 함락하고 프랑스가 무릎 꿇게 만들었다.

프로이센이 파리를 함락하기 직전인 1871년 1월 18일, 프로이센의 국왕 빌헬름 1세는 프랑스 절대왕정의 상징인 베르사유 궁전 '거울의 방'에서 독일제국의 황제로 즉위했다. 프랑스의 상징인 베르사유 궁전에서 이루어진 독일 황제의 즉위식은 프랑스인에게 두고두고 크나큰 굴욕이 되었다.

5월 10일, 프랑크푸르트 강화조약에 따라 프랑스는 알자스·로렌 지방 대부분을 프로이센에 할양했고, 50억 프랑의 전쟁 배상금까지 물게 되었다. 이 전쟁의 승리로 프로이센은 독일이라는 근대 민족국가로 출범할 수 있었고, 또 명실상부한 유럽 최강국으로 우뚝 서게 되었다.

러시아-오스만 전쟁 1877~1878년

러시아의 남하 정책이 승리한 후, 오스만은 발칸 반도의 지배권 상실

러시아의 발칸 반도에 대한 특권을 배제하는 동시에 오스만제국도 치명적인 영토 손실을 입었다

19세기, 발칸 반도에 위치한 오스만제국의 여러 식민지들은 독립을 위해 활발하게 움직였다. 1876년, 불가리아에서 반란이 일어났지만 유혈 진압당했다. 러시아는 그러한 분위기를 이용해 발칸 반도에서의 영향력을 확대하고 지중해로 가는 통로를 확보하고자 했다.

1877년 4월, 러시아는 발칸 반도에서 기독교도를 구제하고 슬라브계인 불가리아와 세르비아의 독립을 지원하겠다는 명분을 내세우며 오스만제국을 공격한다. 사전에 유럽 열강들의 중립을 약속받고, 루마니아의 협조 속에 오스만군을 파죽지세로 무찌르며 남진을 계속했다. 오스만제국은 결사적으로 저항했으나 결국 식민지의 대

러시아 남하 정책이 오스만과 충돌
제6차 전쟁을 승리한 러시아는 발칸 지역 국가들의 독립을 승인하고 오스만제국으로부터 캅카스 등 일부 영토를 할양 받았다. 또한 다르다넬스 해협 개방 약속을 받아냈다.
러시아군의 진격로
격전 지역
독립을 승인한 국가
전쟁에서 승리한 러시아가 결정한 불가리아의 국경선(산스테파노 조약). 이후 영국, 프랑스 등 강대국의 반발로 베를린 협정을 통하여 다시 축소하였음.
프로이센
오스트리아제국
러시아제국
헝가리
루마니아
부쿠레슈티
흑 해
보스니아-
헤르체고비나
세르비아
니코폴
플레벤
불가리아
바르나
몬테네그로
쉬노보
소피아
동 루멜리아
1886년에
불가리아와 병합
플로브디프
이스탄불
산스테파노
에게 해
오스만제국
그리스
갈리폴리
에게 해
다르다넬스
해협
트로이
지 중 해

부분을 빼앗기고 이스탄불까지 위협받게 되었다.

러시아의 일방적인 승리를 우려한 영국 등 열강의 중재로 1878년 3월, 이스탄불 근교에서 러시아-오스만 전쟁의 강화조약인 산스테파노 조약을 체결한다. 이 조약에 따라 오스만제국은 세르비아, 몬테네그로, 루마니아 등의 독립을 승인하고, 러시아에 영토 일부를 할양하며, 다르다넬스 해협을 개방하겠다고 약속했다. 러시아는 불가리아 자치공국을 자국의 지배하에 두는 등 발칸 반도 진출의 교두보를 확보하는 성과를 거두었다. 그런데 러시아가 일방적으로 결정한 불가리아의 국경선이 발칸 반도 대부분을 차지하자 유럽 열강들이 반발하며 적극적으로 개입하고 나섰다. 러시아의 발칸 반도 지배를 저지하기 위해 불가리아 영토를 분할하는 등 조약의 수정을 요구했다.

유럽 열강들은 1878년, 독일 재상 비스마르크의 주관으로 베를린에 모여 산스테파노 조약을 일부 수정하는 베를린 협정을 의결했다. 협정의 주요 내용은 러시아가 축소된 불가리아의 영토만 관할하게 하는 등 러시아의 발칸 반도에 대한 특권을 배제하는 것이었다. 그리고 오스트리아-헝가리제국은 보스니아와 헤르체고비나에 대한 지배권을 확보했다. 영국은 오스만제국과 별도 조약을 맺어 키프러스를 차지했다. 이로써 오스만제국은 치명적인 영토 손실을 입은 채 마케도니아, 알바니아, 트라키아 지역에 대한 지배권만 유지하게 되었다. 러시아 역시 베를린 협정에 따라 불가리아를 남하 정책의 발판으로 삼으려던 계획이 수포로 돌아가고 말았다.

청나라-프랑스 전쟁 1884~1885년

베트남 종주권 확보한 프랑스는 인도차이나 전역으로 지배권 확대

베트남에 대한 지배권을 확보한 프랑스는
라오스 등 인도차이나 전역으로 식민 지배 확대

청-프랑스 전쟁은 베트남의 종주권을 놓고 1884년 8월에서 1885년 4월까지 청나라와 프랑스가 맞붙은 전쟁이다.

18세기 중엽 프랑스는 인도에서 영국과 벌인 플라시 전투에서 패한 이후 동남아시아 진출로 방향을 선회했다. 프랑스혁명이 마무리되고 황제에 취임한 나폴레옹 3세는 영국과 동맹을 맺고, 영국이 제2차 아편전쟁을 치르는 동안 베트남 침략에 본격적으로 나섰다.

프랑스는 먼저 베트남 남부인 코친차이나(사이공을 중심으로 형성된 메콩강 하류의 곡창 지대)를 점령하고, 인도차이나 반도와 동남아 진출을 위한 교두보로 삼았다. 이어 북부 베트남 정벌에 나서자 응우옌

(阮朝) 왕조는 당시 국경을 장악하고 있던 청나라 출신의 흑기군에 도움을 청해 프랑스군에 맞섰다. 그러나 프랑스는 유영복(劉永福)이 이끄는 흑기군을 응징한다는 명목을 내세워 하노이를 점령하고, 아르망 조약(1883년)을 맺어 베트남을 보호국으로 만들었다.

이전부터 베트남 종주국을 자처했던 청나라는 프랑스의 침략에 반발하면서 참전을 선언했다. 베트남 통킹만 부근의 북부 국경 지대에 원정군을 파견하고 흑기군에 군수 물자를 지원하는 등 항쟁에 나서 프랑스군과 일진일퇴를 거듭했다.

육지 전투가 우열을 가리지 못한 채 장기전의 형태를 보이자 프랑스군은 전세를 뒤집기 위해 베트남에서 북상해 청나라의 해군 기지 공격에 나섰다. 프랑스의 극동 함대는 대만의 포대가 있는 기륭(基隆)에 접근을 시도하다 실패한 다음, 복주(福州)와 민강(閩江) 연안의 해군 기지를 공격해 청나라 함대 대부분을 대파하는 등 압도적인 승리를 거두었다.

프랑스 함대의 공격으로 해상 전투에서 참패한 청나라 조정에서는 화평론자들이 프랑스와의 협상을 주도했다. 프랑스도 베트남 국경 지대의 전투에서 잇따라 패배하면서 전쟁을 계속할 명분을 상실한 상태였다. 그 결과 1885년 6월, 청나라는 천진에서 프랑스와 강화조약을 맺고 베트남 종주권을 포기하며 베트남에 대한 프랑스의 보호권을 인정했다. 베트남에 대한 지배권을 확보한 프랑스는 인근의 라오스와 캄보디아 등 인도차이나 전역으로 식민 지배를 확대하기 시작했다.

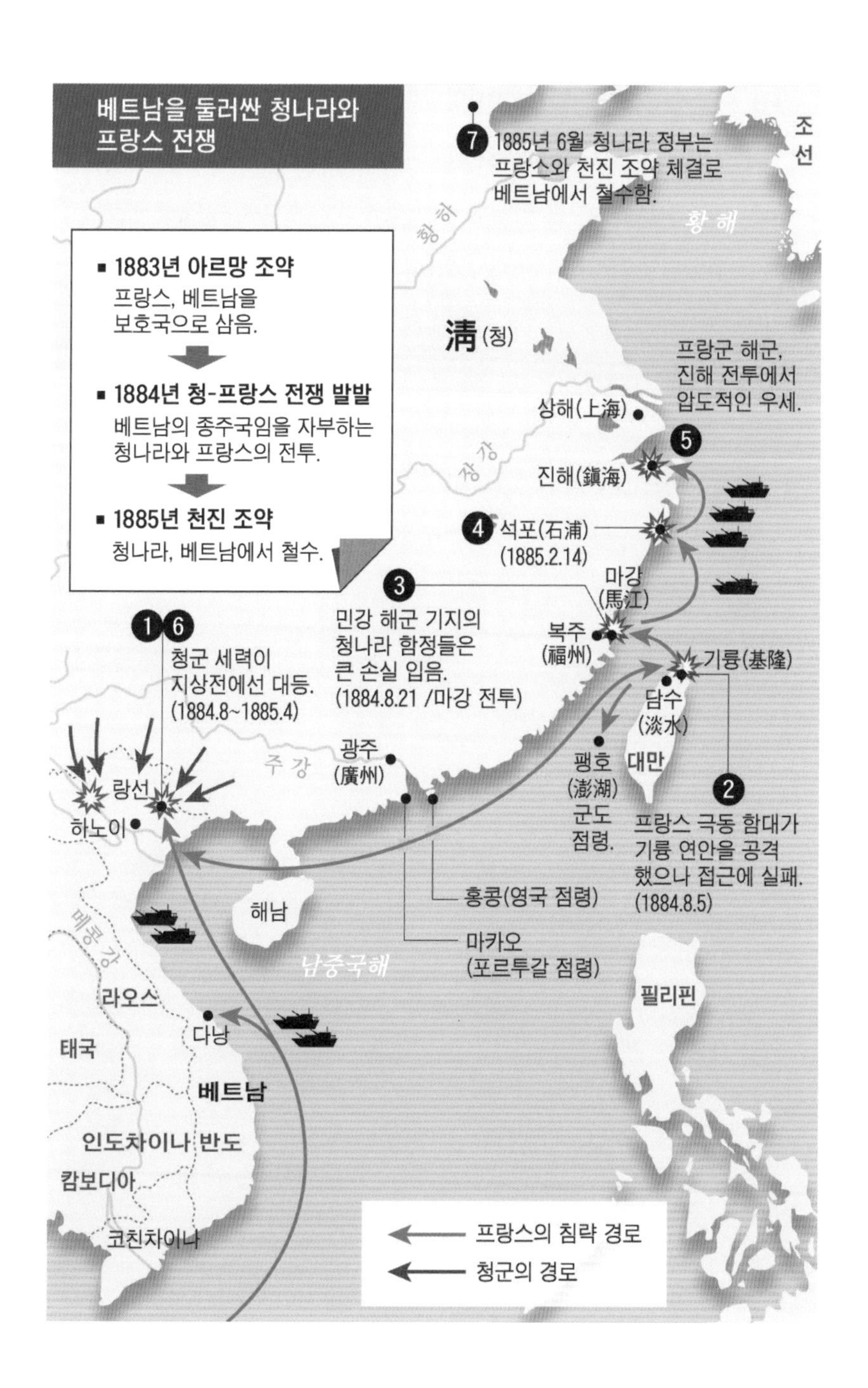
베트남을 둘러싼 청나라와 프랑스 전쟁
7 1885년 6월 청나라 정부는 프랑스와 천진 조약 체결로 베트남에서 철수함.
조선
황하
황해
■ 1883년 아르망 조약
프랑스, 베트남을 보호국으로 삼음.
■ 1884년 청-프랑스 전쟁 발발
베트남의 종주국임을 자부하는 청나라와 프랑스의 전투.
■ 1885년 천진 조약
청나라, 베트남에서 철수.
淸(청)
프랑군 해군, 진해 전투에서 압도적인 우세.
상해(上海)
5
장강
진해(鎭海)
4 석포(石浦)
(1885.2.14)
마강
(馬江)
3
민강 해군 기지의 청나라 함정들은 큰 손실 입음.
(1884.8.21 /마강 전투)
1 6
청군 세력이 지상전에선 대등.
(1884.8~1885.4)
복주
(福州)
기륭(基隆)
담수
(淡水)
주강
광주
(廣州)
팽호
(澎湖)
군도
점령.
대만
2
프랑스 극동 함대가 기륭 연안을 공격했으나 접근에 실패.
(1884.8.5)
랑선
하노이
홍콩(영국 점령)
해남
메콩강
마카오
(포르투갈 점령)
남중국해
라오스
필리핀
다낭
태국
베트남
인도차이나 반도
캄보디아
코친차이나
프랑스의 침략 경로
청군의 경로

천진 조약 이후 서구 열강들이 잇달아 청나라에 진출했다. 청나라는 아편전쟁의 패배로 버마(오늘날의 미얀마)와 홍콩은 영국, 마카오는 포르투갈, 베트남은 프랑스에 식민지로 내줌으로써 잇달아 영토를 빼앗기며 멸망의 내리막길을 걸었다.

조선의 동학농민운동 1894년

한반도 농민의 무장봉기가 '청일전쟁의 불씨'를 지폈다

일본 등 외세 침략과 조정의 무능과 부패에 대해 반외세·반봉건을 외치며 일으킨 농민 무장봉기

19세기 후반, 한반도에는 계속해서 외세가 진출하여 조선 조정과 강제로 불평등 조약을 맺었다. 이러한 상황에서 일본을 비롯한 외국 세력들의 침략과 조정의 무능과 부패로 인한 사회 혼란에 대한 농민의 분노가 폭발하며 1894년 동학농민운동이 일어났다.

동학농민운동은 전라도 고부군 군수 조병갑이 과도한 세금을 징수하자 반발한 농민들이 반외세 · 반봉건을 외치며 일으킨 무장봉기였다. 시기적으로는 1894년 1월의 고부 봉기(1차), 4월의 전주성 봉기(2차), 9월의 공주 봉기(3차)로 나뉜다.

1차 봉기에서는 동학 농민군이 고부 관아를 습격했지만 조정으로

1894년에 체포되어 한성부로 압송되는 전봉준, 사진 무라카미 텐신

부터 세제 개혁과 탐관오리 처벌을 약속받고 자발적으로 해산했다. 그런데 조정에서 파견한 안핵사 이용태는 봉기에 가담한 농민들에게 역적죄를 뒤집어씌워 처벌했다. 이에 동학 농민군의 지도자 전봉준은 김개남·손화중과 함께 총기와 농기구로 무장한 채 2차 봉기를 일으켰다. 전봉준이 이끄는 농민군은 고부의 황토현과 장성의 황룡촌에서 벌어진 전투에서 연이어 승리하며 전주성까지 점령했다.

농민군의 반란이 확산되자 조선 조정은 청나라에 군대 파병을 요청했는데, 일본도 청나라와 맺은 천진 조약을 구실로 자국 군대를 조선으로 보냈다. 각지에서 농민군 대 청일군의 전투가 벌어지는

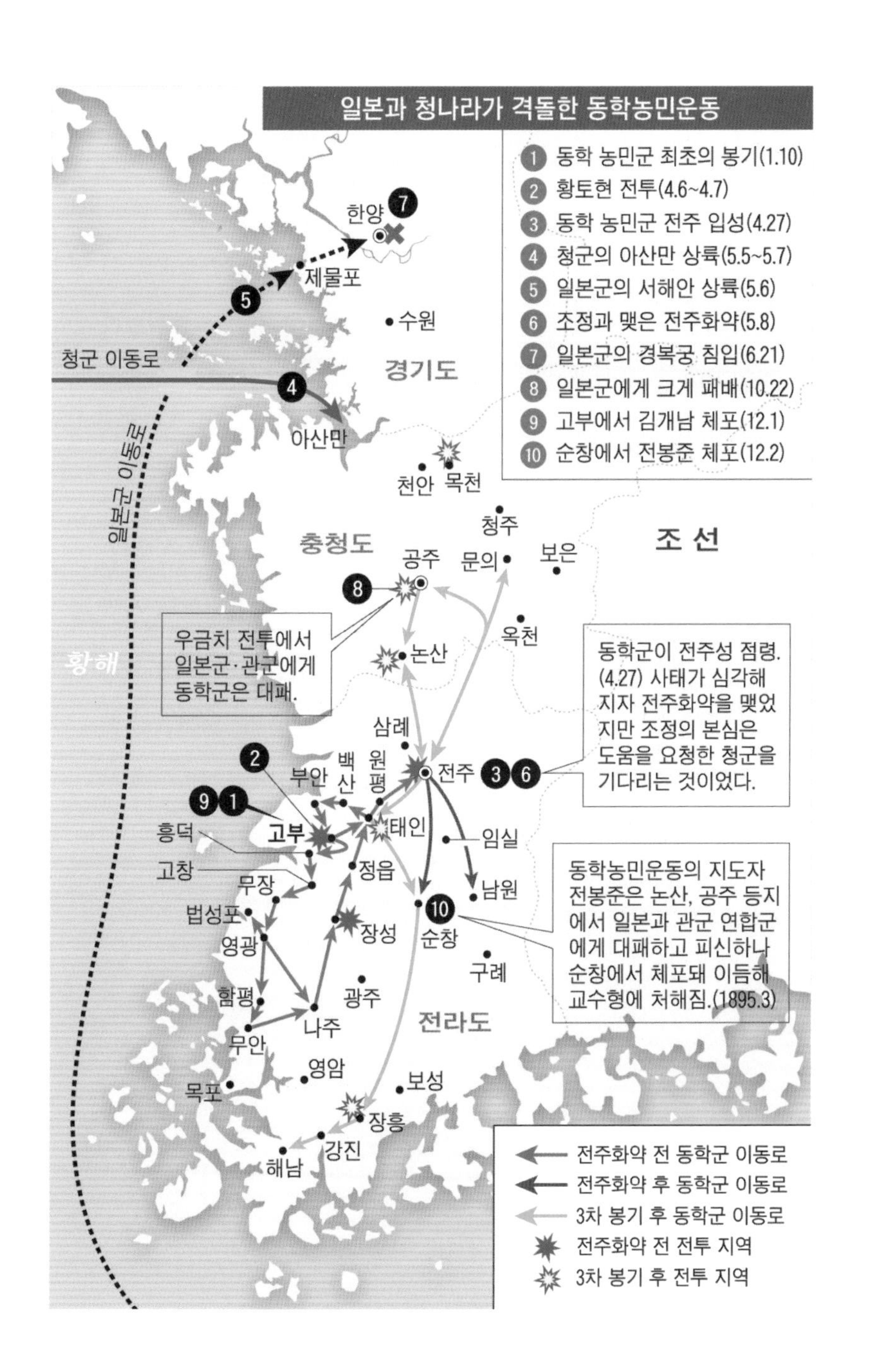

일본과 청나라가 격돌한 동학농민운동
1 동학 농민군 최초의 봉기(1.10)
2 황토현 전투(4.6~4.7)
3 동학 농민군 전주 입성(4.27)
4 청군의 아산만 상륙(5.5~5.7)
5 일본군의 서해안 상륙(5.6)
6 조정과 맺은 전주화약(5.8)
7 일본군의 경복궁 침입(6.21)
8 일본군에게 크게 패배(10.22)
9 고부에서 김개남 체포(12.1)
10 순창에서 전봉준 체포(12.2)
한양
제물포
수원
경기도
청군 이동로
아산만
일본군 이동로
천안
목천
청주
조선
충청도
공주
문의
보은
옥천
우금치 전투에서 일본군·관군에게 동학군은 대패.
논산
황해
동학군이 전주성 점령. (4.27) 사태가 심각해 지자 전주화약을 맺었지만 조정의 본심은 도움을 요청한 청군을 기다리는 것이었다.
삼례
백산
원평
부안
전주
고부
태인
흥덕
임실
고창
정읍
무장
남원
법성포
영광
장성
순창
동학농민운동의 지도자 전봉준은 논산, 공주 등지에서 일본과 관군 연합군에게 대패하고 피신하나 순창에서 체포돼 이듬해 교수형에 처해짐.(1895.3)
구례
함평
광주
무안
나주
전라도
영암
목포
보성
장흥
강진
해남
전주화약 전 동학군 이동로
전주화약 후 동학군 이동로
3차 봉기 후 동학군 이동로
전주화약 전 전투 지역
3차 봉기 후 전투 지역

동안, 사태의 심각성을 깨달은 조선 조정은 발 빠르게 농민군과 '전주화약'을 맺어 내란을 진정시켰다. 또한 청일 양측에 조선 반도에서 철수하라고 요청했다.

그러나 일본은 이를 거부하며 조선 조정에 친일파를 주축으로 신정권을 수립하도록 강요했다. 6월 21일, 일본군이 경복궁에 침입하여 친일 내각을 구성한 다음 7월에 청군을 기습 공격함으로써 청일전쟁이 일어났다.

청일전쟁으로 청군을 한반도에서 몰아낸 일본이 조선 침략을 노골화하자 동학 농민군은 일본군을 몰아내기 위해 3차 봉기를 했다. 전봉준의 지휘 아래 반외세의 기치를 내걸고 공주성을 공격했지만 우금치 전투에서 일본군과 관군의 연합군에 크게 패함으로써 농민군의 반란은 끝나고 말았다. 이어 동학 농민군 지도자 김개남이 고부에서 체포(12월 1일)되고, 전봉준마저 순창에서 체포(12월 2일)됨으로써 동학농민운동도 대단원의 막을 내렸다.

청일전쟁 1894~1895년

한반도에서 청나라를 몰아낸 일본이 조선의 지배자로 등장

동학 농민군 진압을 구실로 조선에 출병했던 청군과 일본군의 충돌은 예정된 수순이었다

청일전쟁은 1894년 7월~1895년 4월에 청나라와 일본이 조선의 지배권을 놓고 벌인 전쟁을 말한다. 청일전쟁의 발단은 1894년에 조선에서 일어난 동학농민운동이었다. 농민군의 반란으로 위기에 처한 조선의 조정이 청나라에 지원을 요청했고, 이 소식을 접한 일본도 뒤질세라 군대를 파병했다.

동학 농민군 진압을 구실로 조선에 출병했던 청군과 일본군의 충돌은 불가피한 것이었다. 농민 반란군이 해산한 뒤에도 일본군은 본국으로 철수하기를 거부하고, 조선에 대한 지배권을 강화하면서 청나라와 갈등을 빚었고 결국 청일전쟁으로 이어졌다.

청일전쟁의 발단과 과정
일본군의 진로
청나라
러시아
조선
일본
5 대련 부근의 황해 해전에서 일본군은 청국 함대를 격침해 또다시 승리.(9.17)
4 1894년 9월 15~17일. 평양에 집결한 1만 4,000명의 청군을 일본군이 공격해 승리.
6 일본군이 요동 반도를 점령.(10월 말)
1894년 5월, 일본군은 동학농민운동 진압 계획을 세우고 한양의 조선 군대를 무장시킨 후 아산에 집결한 청군의 공격을 준비한다.
1
전장대
압록강
요동 반도
북경
천진
대련
여순
발해만
평양
원산
동해
한성
7 산동 반도를 침략.(1895.2.2)
위해위
산동 반도
황해
천안
동학 운동 지역(진압)
부산
2 풍도 해전(1894.7.25)
일본 함대가 청군 함대를 기습 공격해 침몰시킨다. 이 해전이 청일전쟁의 발단이 되었다.
시모노세키
3 아산만에 상륙한 2,000명의 청군을 일본군이 공격하여 승리함.(7.29) 3일 후 일본은 청나라에 전쟁을 선포한다.
상해
동중국해
! 조선의 지배권에 우위를 점한 일본은 청일전쟁의 승리로 시모노세키 조약을 통해 요동 반도와 대만을 청나라로부터 할양받기로 했다. 이를 주시한 러시아가 일본 세력의 확장을 우려해 요동 반도는 다시 반환토록 압력을 가했다. 이에 일본은 굴복했지만 막대한 배상금을 청으로부터 받아내어 군수산업을 크게 성장시키고 러시아와 대립하게 된다.

1894년 7월, 일본군은 황해의 풍도(豊島) 앞바다에서 청군을 기습 공격하며 청일전쟁을 일으켰다. 그리고 같은 해 9월, 요동 반도(遼東半島) 대련(大連) 부근의 황해 해전에서 청나라의 주력 함대인 북양 함대를 괴멸했고, 같은 달 평양에서 벌어진 전투에서 승리해 청나라의 육군을 한반도에서 몰아냈다. 결국 청일전쟁은 근대적 군비를 갖춘 일본의 압승으로 끝났고, 이후 일본은 본격적으로 조선을 점령하는 수순을 밟게 된다.

1895년 4월에는 청나라의 강화 전권대사인 이홍장과 일본의 전권대사인 이토 히로부미, 무쓰 무네미쓰가 강화조약인 시모노세키 조약을 체결했다. 거기에는 조선의 독립, 대만의 팽호 제도(澎湖諸島) 및 요동 반도의 일본 할양, 중경(重慶)을 포함한 4개 항 개방, 일본의 최혜국 대우 등의 내용이 들어 있었다. '잠자는 사자'로 불릴 만큼 두려운 존재였던 청나라는 '왜국' 일본과의 전쟁에서 패배함으로써 순식간에 힘을 잃었다. 이후 극동에서의 세력 확장을 노리던 서양 열강은 잇달아 청나라 분할에 나섰다.

만주 지역으로 진출을 꾀하던 러시아는 일본이 요동 반도를 장악하는 것에 위기감을 느끼고, 프랑스와 독일을 동원해 요동 반도를 중국에 반환토록 외교적으로 일본을 압박했다. 결국 힘의 열세를 느낀 일본은 요동 반도를 반환했지만, 러시아에 대한 불만이 심화되어 새로운 전쟁을 예고하고 있었다.

미국-스페인 전쟁 1898년

신흥 강대국 미국의 화려한 부상, 무적함대 스페인의 쓸쓸한 침몰

파리 강화조약에서 스페인은 쿠바의 독립과 함께 푸에르토리코, 괌, 필리핀 등을 미국에 할양

미국-스페인 전쟁은 스페인의 식민지였던 쿠바의 반란과 미국의 순양함 메인(Maine)호 폭발 사건을 계기로 발발했다.

당시 미국과 스페인은 쿠바의 독립을 두고 대립하고 있었다. 스페인의 식민지였던 쿠바에서는 스페인군과 쿠바 혁명군의 전투가 끊이질 않았다. 스페인의 식민지 유화 정책도 역효과를 가져와 두 나라의 전투는 더욱 격렬해졌다. 미국 정부는 쿠바 내 미국인들의 생명과 재산을 보호한다는 이유로 1898년 1월 25일, 전함 메인호를 아바나항에 파견했다.

아바나항에 입항한 메인호는 2월 15일, 정체불명의 폭발 사고로 침몰하면서 미 해군 350명 가운데 266명이 사망하는 사건이 발생했다. 이 사건은 세계를 깜짝 놀라게 했다.

당시 미국 대통령이었던 윌리엄 매킨리는 들끓는 국내 여론의 압박을 받고 4월 25일, 스페인에 선전포고를 했다. 전투는 쿠바, 푸에르토리코와 카리브해, 스페인의 식민지인 필리핀 등 세 지역에서 이루어졌다.

필리핀 전투에서는 개전과 동시에 홍콩에 주둔해 있던 듀이 제독 휘하의 미 해군이 마닐라의 스페인 해군 기지를 기습 공격했다. 당시 스페인은 마닐라만의 해전에서 군함 8척 중 경순양함 2척만이 무장한 채 전투에 임했다. 미국 함대는 포격전을 전개하는 동안 마닐라만에서 같은 코스를 오가기를 반복하며 스페인 함대를 포격했다. 미국의 포격이 멈추고 검은 연기가 걷혔을 때는 이미 스페인의 모든 함대가 침몰하여 포격 불능 상태에 빠져 있었다. 반면 미국군은 거의 피해를 입지 않았다.

한편 쿠바에서는 미 해군이 관타나모만을 비롯한 해상을 장악했다. 7월 1일, 산티아고에서 상륙 작전을 실시한 미군은 바다와 고립된 스페인의 지상군을 공격해 2주일 만에 항복을 받아냈다. 그 후 푸에르토리코를 점령함으로써 스페인을 몰아내고 카리브해의 제해권을 완전히 장악했다.

이처럼 미국-스페인 전쟁은 군사력에서 압도적으로 앞선 미국이 개전 4개월 만에 완벽한 승리를 거두었다. 미국 군함이 철제의 강한 무기를 갖춘 반면 스페인은 목조선을 사용하는 등 양국의 전력 차

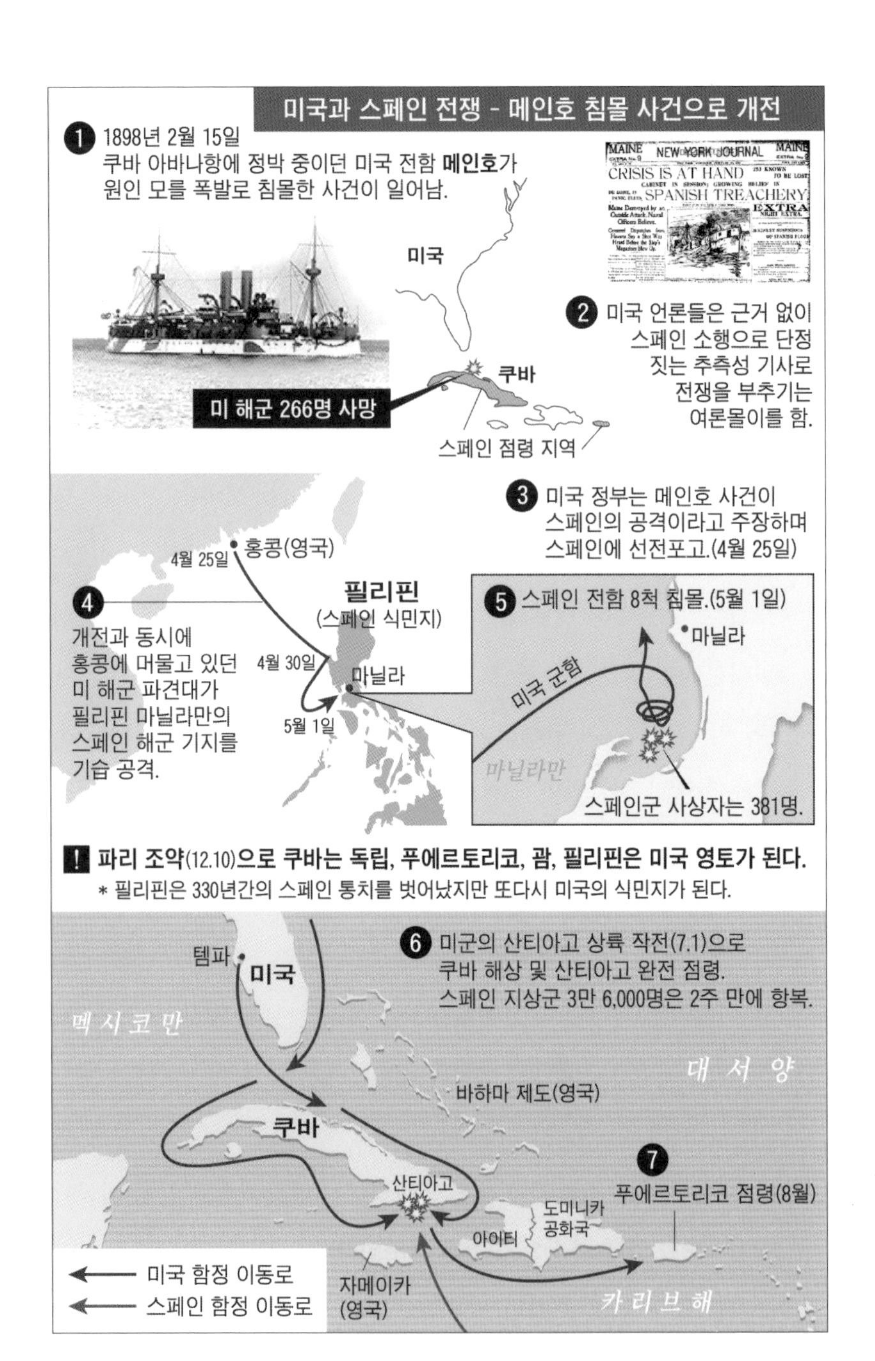

미국과 스페인 전쟁 - 메인호 침몰 사건으로 개전
1 1898년 2월 15일
쿠바 아바나항에 정박 중이던 미국 전함 메인호가
원인 모를 폭발로 침몰한 사건이 일어남.
MAINE NEW YORK JOURNAL MAINE
CRISIS IS AT HAND
SPANISH TREACHERY
EXTRA
미국
2 미국 언론들은 근거 없이
스페인 소행으로 단정
짓는 추측성 기사로
전쟁을 부추기는
여론몰이를 함.
쿠바
미 해군 266명 사망
스페인 점령 지역
3 미국 정부는 메인호 사건이
스페인의 공격이라고 주장하며
스페인에 선전포고.(4월 25일)
4월 25일
홍콩(영국)
필리핀
(스페인 식민지)
4
개전과 동시에
홍콩에 머물고 있던
미 해군 파견대가
필리핀 마닐라만의
스페인 해군 기지를
기습 공격.
4월 30일
마닐라
5월 1일
5 스페인 전함 8척 침몰.(5월 1일)
마닐라
미국 군함
마닐라만
스페인군 사상자는 381명.
! 파리 조약(12.10)으로 쿠바는 독립, 푸에르토리코, 괌, 필리핀은 미국 영토가 된다.
* 필리핀은 330년간의 스페인 통치를 벗어났지만 또다시 미국의 식민지가 된다.
6 미군의 산티아고 상륙 작전(7.1)으로
쿠바 해상 및 산티아고 완전 점령.
스페인 지상군 3만 6,000명은 2주 만에 항복.
템파
미국
멕시코만
대서양
바하마 제도(영국)
쿠바
7
푸에르토리코 점령(8월)
산티아고
도미니카
공화국
아이티
자메이카
(영국)
카리브해
미국 함정 이동로
스페인 함정 이동로

는 극명했다. 또한 미국은 자체적으로 신병기를 개발할 능력이 있었으나, 스페인은 근대 무기 대부분을 수입에 의존한 탓에 애초 상대가 되지 못했다.

결국 12월의 파리 강화조약에서 스페인은 쿠바의 독립을 승인하고 푸에르토리코, 괌, 필리핀 등을 미국에 할양했다. 이로써 스페인에 남은 해외 영토는 모로코 하나로 줄어들게 되었다. 한때 세계 바다를 지배했던 무적함대의 쓸쓸한 침몰이었다.

열강의 아프리카 침략과 분할 19세기 말~

서구 열강의 식민지 쟁탈전이 아프리카 민족 분쟁의 원인

원주민들의 민족 분포와 문화 등을 무시한 아프리카 국경선은 민족 간 분쟁의 요인

19세기 말, 아프리카의 풍요로운 자원을 넘보던 유럽 열강이 일제히 아프리카 침략에 나섰다. 산업화에 성공한 유럽의 열강들은 앞다투어 세계 각지에서 식민지 경쟁에 나섰으며, 아프리카 역시 이러한 식민지 쟁탈전의 각축장이 되었다.

1885년, 독일 재상 비스마르크 주재로 열린 베를린회의는 영국, 프랑스, 독일의 아프리카 분할과 벨기에의 콩고 식민 지배를 정당화했다. 베를린회의에서 확정된 아프리카 국경선은 유럽 열강들이 아프리카 원주민들의 민족 분포와 문화 등을 무시하고 강제로 설정한 것이다. 오늘날까지 이어지고 있는 아프리카 민족 간의 분쟁은

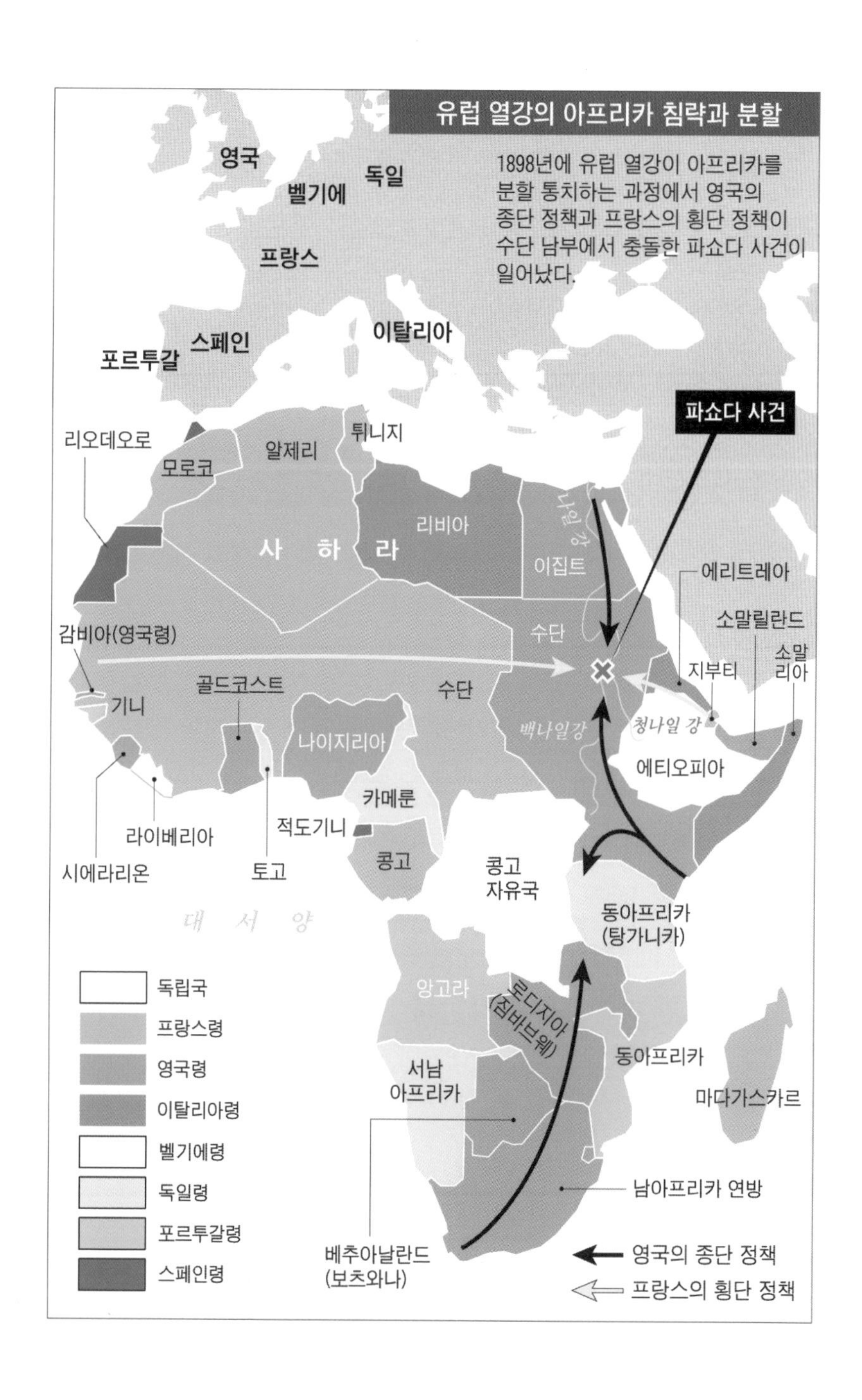
유럽 열강의 아프리카 침략과 분할
1898년에 유럽 열강이 아프리카를 분할 통치하는 과정에서 영국의 종단 정책과 프랑스의 횡단 정책이 수단 남부에서 충돌한 파쇼다 사건이 일어났다.
영국
독일
벨기에
프랑스
이탈리아
스페인
포르투갈
파쇼다 사건
리오데오로
모로코
알제리
튀니지
리비아
사 하 라
이집트
나일 강
에리트레아
소말릴란드
소말리아
지부티
감비아(영국령)
수단
기니
골드코스트
수단
나이지리아
백나일강
청나일 강
에티오피아
카메룬
적도기니
라이베리아
시에라리온
토고
콩고
콩고 자유국
동아프리카 (탕가니카)
대 서 양
독립국
프랑스령
영국령
이탈리아령
벨기에령
독일령
포르투갈령
스페인령
앙고라
로디지아 (짐바브웨)
서남 아프리카
동아프리카
마다가스카르
남아프리카 연방
베추아날란드 (보츠와나)
영국의 종단 정책
프랑스의 횡단 정책

바로 여기에서 기인한다.

영국은 1875년 수에즈 운하의 경영권을 확보하기 위해 주식을 대거 매입한 후, 이집트에서 반란이 일어나자 군대를 보내 보호국으로 삼았다. 이어 수단을 차지하면서 남아프리카의 케이프타운과 이집트의 카이로, 인도의 콜카타를 연결하는 3C 정책을 추진했다.

반면 프랑스는 알제리를 거점으로 사하라 사막과 그 주변의 광대한 영토를 차지한 후 동쪽으로 진출하려다 수단 남부의 파쇼다에서 영국의 3C 정책과 충돌했다. 1898년에 영국의 종단 정책과 프랑스의 횡단 정책이 충돌한 이른바 '파쇼다 사건'으로, 유럽의 아프리카 식민지 정책을 상징하는 사건이다. 이때 프랑스가 양보해서 수단은 영국령이 된다.

독일은 카메룬, 토고, 아프리카 서남부와 동부에 식민지를 건설했고, 이탈리아는 리비아, 에리트레아, 소말리아를 식민지로 삼았다. 에티오피아와 라이베리아를 제외한 아프리카 대륙 전체가 유럽 열강의 전방위 공격에 먹잇감으로 희생되었다.

당시 서아프리카에는 이미 강력한 중앙 집권 국가가 존재하고 있었으나, 열강은 미개한 국민을 문명화한다는 명분으로 아프리카 진출을 정당화하고 자국의 이익을 추구했다.

남아프리카 전쟁 1899~1902년

남아프리카를 침략한 영국이 네덜란드계 보어인에게 승리

아프리카 종단 정책을 추진하던 영국은 다이아몬드 광산과 금광을 노리고 보어인 국가 침략

19세기에 일어난 남아프리카 전쟁은 아프리카를 둘러싼 유럽 열강의 패권 전쟁이었다. 결론부터 말하면 아프리카 종단 정책에 따라 서서히 지배 영역을 넓혀가던 영국과, 그 때문에 궁지에 몰리게 된 네덜란드계 이민들(보어인)이 식민지를 두고 충돌한 것이다.

아프리카 최남단에 위치한 케이프는 1652년 네덜란드가 동인도회사를 설립해 식민지로 편입했다. 동서양을 연결하는 중계무역지로 발전한 이곳은 1814년 무렵 영국인들에게 점령당해 네덜란드령에서 영국령으로 바뀌었다. 그러자 네덜란드계 이민들은 어쩔 수 없이 케이프타운 동북쪽으로 옮겨 갔고, 그곳에다 트란스발공화국

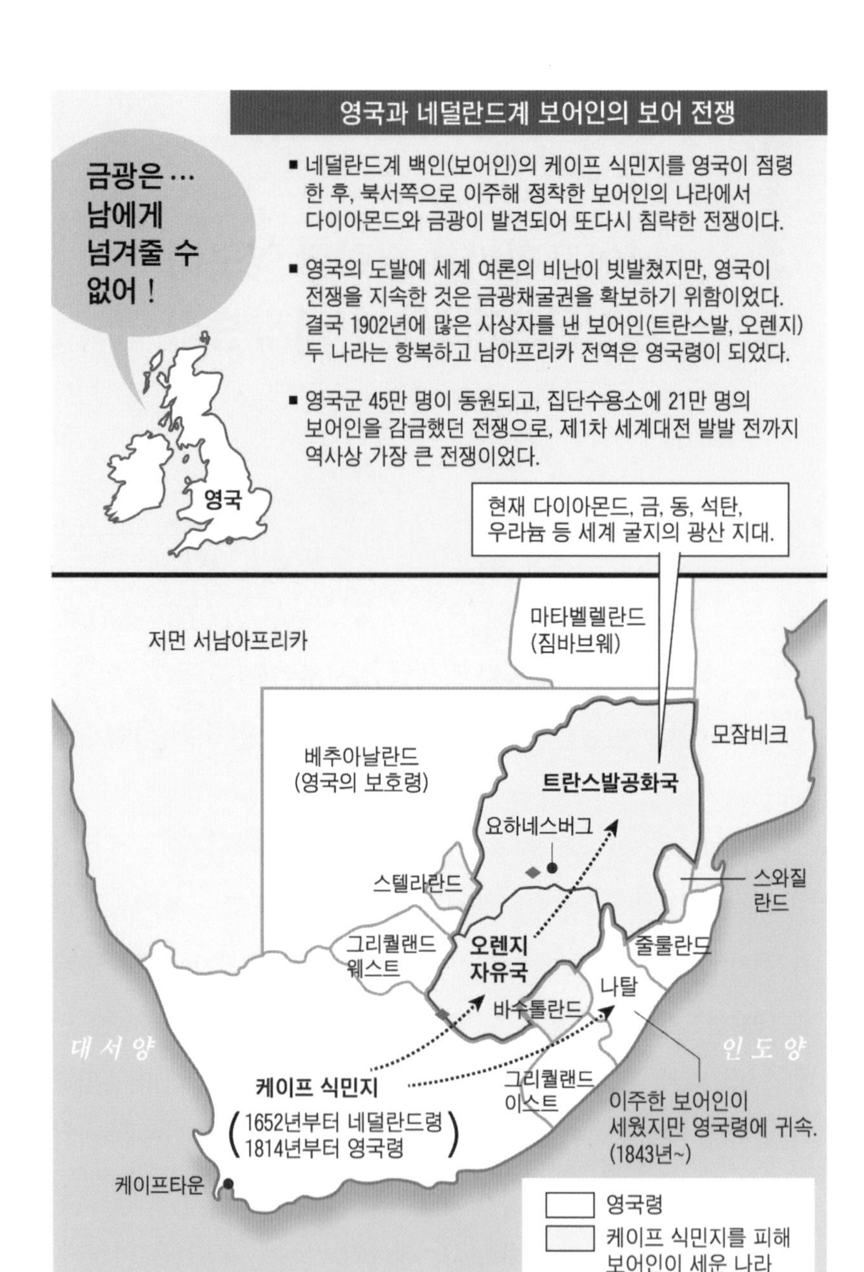
영국과 네덜란드계 보어인의 보어 전쟁
금광은…
남에게
넘겨줄 수
없어 !
영국
■ 네덜란드계 백인(보어인)의 케이프 식민지를 영국이 점령한 후, 북서쪽으로 이주해 정착한 보어인의 나라에서 다이아몬드와 금광이 발견되어 또다시 침략한 전쟁이다.
■ 영국의 도발에 세계 여론의 비난이 빗발쳤지만, 영국이 전쟁을 지속한 것은 금광채굴권을 확보하기 위함이었다. 결국 1902년에 많은 사상자를 낸 보어인(트란스발, 오렌지) 두 나라는 항복하고 남아프리카 전역은 영국령이 되었다.
■ 영국군 45만 명이 동원되고, 집단수용소에 21만 명의 보어인을 감금했던 전쟁으로, 제1차 세계대전 발발 전까지 역사상 가장 큰 전쟁이었다.
현재 다이아몬드, 금, 동, 석탄, 우라늄 등 세계 굴지의 광산 지대.
저먼 서남아프리카
마타벨렐란드
(짐바브웨)
모잠비크
베추아날란드
(영국의 보호령)
트란스발공화국
요하네스버그
스텔라란드
스와질
란드
그리퀄랜드
웨스트
오렌지
자유국
줄룰란드
나탈
바수톨란드
대서양
인도양
케이프 식민지
1652년부터 네덜란드령
1814년부터 영국령
그리퀄랜드
이스트
이주한 보어인이
세웠지만 영국령에 귀속.
(1843년~)
케이프타운
영국령
케이프 식민지를 피해
보어인이 세운 나라
보어인의 이주로
◆금광, 다이아몬드 발견 지역

과 오렌지자유국을 세웠다.

이집트의 카이로와 남아프리카의 케이프타운을 잇는 종단 정책을 추진하던 영국에 보어인의 국가는 지나가야 할 길목에 지나지 않았다. 1880년 12월 16일, 1차 보어 전쟁(제1차 앵글로-보어 전쟁)이 터졌지만 트란스발공화국과 오렌지자유국의 독립을 인정하는 조건으로 평화조약이 체결되면서 전쟁이 마무리되었다.

그런데 1884년 무렵 트란스발공화국과 오렌지자유국에서 거대한 금광맥과 다이아몬드 광산이 발견되자 수많은 영국인 광산 기사들이 이 지역으로 유입되면서 국가 간 갈등으로 비화되었다. 보어인들은 그들에게 과한 세금을 부과하는 등 불평등하게 대했고, 아프리카 종단 정책을 추진했던 영국은 이를 구실로 (사실은 다이아몬드 광산과 금광을 차지하기 위해) 보어인 국가를 침략했다.

1899년 10월부터 1902년 5월까지 약 3년에 걸친 전쟁에서 영국이 승리함으로써 트란스발공화국과 오렌지자유국은 영국의 식민지가 되었다. 이후 영국은 자국 식민지 내 보어인의 불만을 잠재우기 위해 남아프리카 원주민인 반투족보다 유리한 자치권을 부여했다. 이것은 훗날 남아프리카공화국에서 유색 인종에 대한 백인 정권의 인종 차별 정책인 아파르트헤이트로 이어졌다.

청나라의 의화단운동 1900~1901년

반외세 외친 농민의 폭력 투쟁을 영국 등 연합군이 무력으로 진압

의화단은 교회를 습격하거나 선교사를 살해했지만, 청나라 조정이 방조하거나 지원하면서 폭동이 확대

의화단 운동은 청나라 말기인 1900년 산동성에서 일어난 반기독교 폭동을 계기로 화북(華北) 일대에 퍼진 반제국주의 농민 투쟁을 말한다.

청일전쟁 이후 외국 열강은 쇠락해가는 청나라에 앞다투어 진출했다. 의화단 운동은 서양을 배척하고 전통적 가치관으로 돌아가자는 민족 봉기였다. 산동성을 중심으로 배외 감정이 고조되면서 전통적인 민간 신앙에 뿌리를 둔 농민 중심의 결사 운동이 활발하게 전개되었다. 그중에서도 중심 세력인 의화단은 특히 세력이 강했다. 의화단은 백련교(白蓮教)의 일파로 불리는 종교적 비밀 결사인

의화단원, 1900년,
르 휘가로지

데, 당시의 사회 모순, 기독교 포교, 독일의 진출 등에 반감을 품고 '부청멸양(扶淸滅洋)'을 부르짖으며 무력적 배외 운동을 전개했다.

의화단은 1899년 산동성 서부에서 폭동을 일으키고 교회를 습격하거나 선교사를 살해했는데, 청나라 조정이 이를 방조하거나 지원하는 태도를 취하면서 폭동이 확대되었다.

1900년 4월, 의화단은 북경에 입성했다. 의화단 지지파였던 일부 왕족과 고관들이 외세에 대항하기 위해 그들을 이용하면서 일촉즉

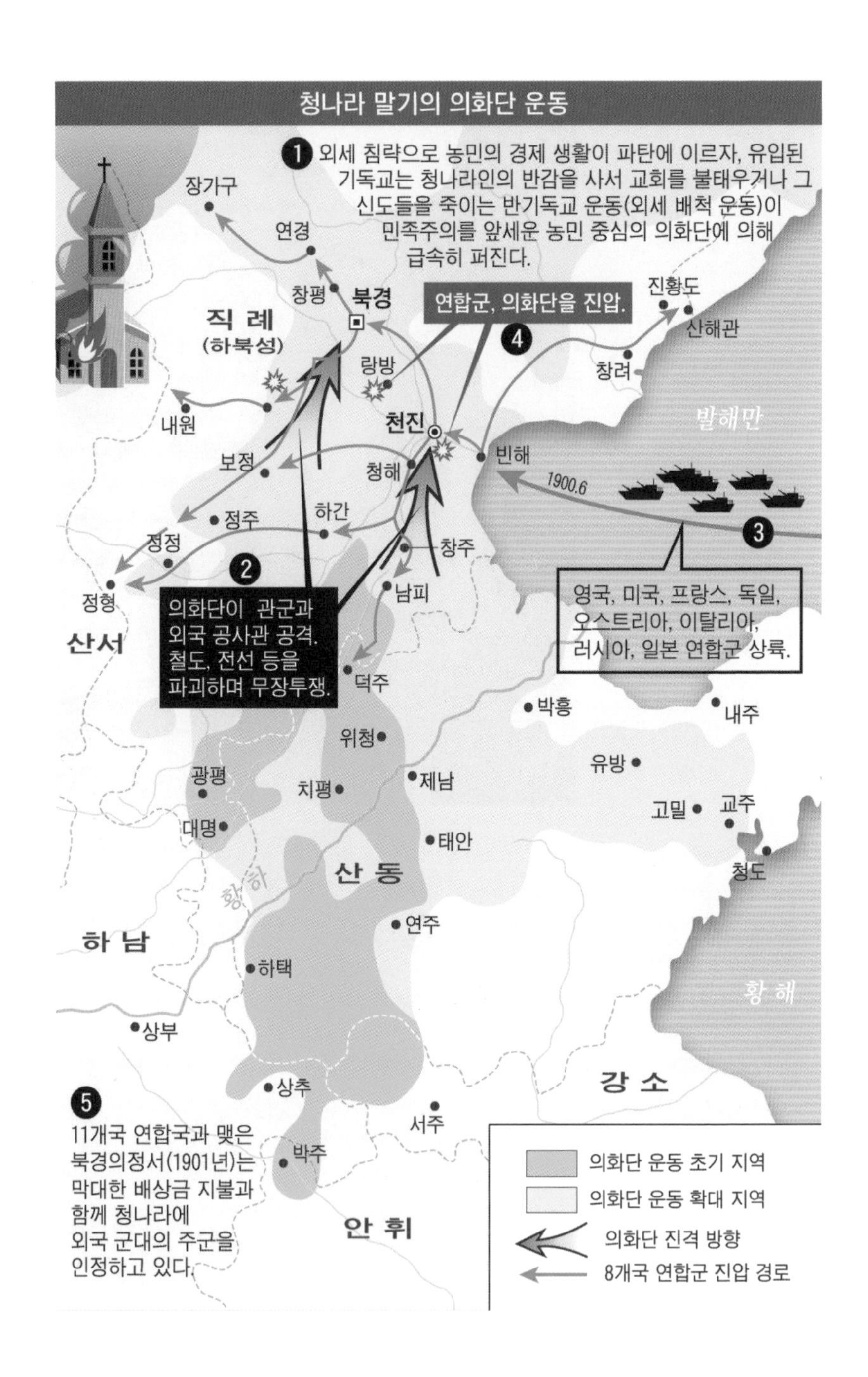
청나라 말기의 의화단 운동
1 외세 침략으로 농민의 경제 생활이 파탄에 이르자, 유입된 기독교는 청나라인의 반감을 사서 교회를 불태우거나 그 신도들을 죽이는 반기독교 운동(외세 배척 운동)이 민족주의를 앞세운 농민 중심의 의화단에 의해 급속히 퍼진다.
2 의화단이 관군과 외국 공사관 공격. 철도, 전선 등을 파괴하며 무장투쟁.
3 영국, 미국, 프랑스, 독일, 오스트리아, 이탈리아, 러시아, 일본 연합군 상륙.
4 연합군, 의화단을 진압.
5 11개국 연합국과 맺은 북경의정서(1901년)는 막대한 배상금 지불과 함께 청나라에 외국 군대의 주군을 인정하고 있다.
1900.6
장가구
연경
창평
북경
직 례
(하북성)
랑방
천진
내원
보정
청해
빈해
하간
정주
정정
정형
창주
남피
덕주
진황도
산해관
창려
발해만
산서
박흥
내주
위청
유방
광평
치평
제남
고밀
교주
대명
태안
청도
산 동
황하
연주
하 남
하택
황 해
상부
강 소
상추
서주
박주
안 휘
의화단 운동 초기 지역
의화단 운동 확대 지역
의화단 진격 방향
8개국 연합군 진압 경로

발의 긴장이 고조됐다. 그리고 6월, 일본 공사관의 서기관과 독일 공사가 청나라 군병에게 살해당하는 사건이 터지자 영국 등 8개국이 연합군을 형성해 진압에 나섰다. 격전 끝에 연합군이 북경을 점령하면서 1901년 강화조약(북경의정서)이 체결됐다. 하지만 엄청난 배상금 지불을 포함한 12개 항의 북경의정서는 중국의 식민지화를 더욱 촉진하는 결과를 가져왔다. 이후 청나라는 국가 체제가 붕괴하면서 사회 혼란이 극심해졌고, 이는 1911년에 일어난 신해혁명(辛亥革命)의 원인으로 작용했다.

다음은 1901년 9월 7일 청나라 정부 대표 이홍장과 영국 등 11개국 대표가 체결한 북경의정서의 주요 내용이다.

1. 청나라는 배상금 4억 5,000만 냥을 연리 4%로 1940년까지 지불해야 한다.
2. 북경에 공사관 구역을 설정하며, 외국 군대의 주둔을 허용한다.
3. 청나라는 중국인의 외세 배척 운동을 철저하게 탄압해야 한다.
4. 청나라는 총리아문 대신 외교부를 설치해 6부의 위에 둔다.
5. 통상 조약에 대해 열강이 수정을 요구하면 청나라는 응해야 한다.
6. 청나라는 독일과 일본에 사자·사절을 파견해야 한다.

5장

세계대전과 냉전 시대

서구 열강의 태평양 분할 17~20세기

하와이를 손에 넣은 미국은 태평양의 실질적인 지배자

서구 열강은 식민지를 효율적으로 관리하기 위해 점령한 섬들을 군사 기지와 보급 기지로 활용

16세기 대항해 시대에 서구 열강이 태평양으로 진출하기 시작했다. 제국주의 열강의 식민지 쟁탈전이 태평양에서도 벌어졌다. 당시 아시아와 아메리카 대륙에 진출하기 위해 해상 무역로 개척에 앞장섰던 스페인, 포르투갈, 네덜란드가 태평양 섬들의 선점에 나섰다. 태평양은 서구 열강들에 의해 분할되면서 치열한 패권 다툼의 무대가 되었다.

1606년에 네덜란드인 탐험가 태즈맨이 뉴질랜드를 발견했고, 1770년에는 영국인 쿡이 오스트레일리아를 발견한 후, 오스트레일리아는 범법자들을 유배 보내는 영국령 유형 식민지가 되었다.

하와이 다이아몬드 헤드, 2015년, © Eric Tessmer, W-C

18세기 후반 산업혁명에 성공한 영국은 시장 개척과 원료 확보에 적극적으로 나서면서 태평양 섬으로도 눈길을 돌렸다. 프랑스가 영국의 뒤를 따랐고, 독일도 뒤늦게 태평양 분할에 참여해 비스마르크 제도와 마셜 제도 등을 점령했다.

아시아, 아메리카, 아프리카에서 경쟁적으로 식민지 개척에 열을 올리던 서구 열강들이 태평양 진출에 나선 것은 금은 등 보석과 향신료를 확보하기 위함이었다. 그리고 유럽 대륙에서 멀리 떨어진 식민지를 효율적으로 관리하기 위해서는 중간 기착항과 보급 기지가 필수적이었다. 그래서 군사적·상업적으로 중요한 위치에 자리

서구 열강이 차지했던 태평양의 분할 구역
★ 핵 실험을 과거에 했던 섬
중국
일본령
미드웨이 제도
마리아나 제도
(미국령)
웨이크섬
독일령
미국령
하와이 제도
팔라우
(미국령)
괌섬
19세기
마셜 제도
19세기
미크로네시아
(미국령)
키리티마티섬
16~17세기
네덜란드령
나우루
키리바시
솔로몬 제도
18세기
투발루
영국령
라인 제도
프랑스령
무루로아·
판가타우파
산호해 제도
(호주령)
바누아투
사모아
(미국령)
쿡 제도
피지
통가
19세기
폴리네시아
오스트레일리아
뉴칼레도니아
(프랑스령)
핏케언섬
(영국령)
월리스 제도
(프랑스령)
케르메덱 제도
뉴질랜드
채텀 제도

잡은 섬들을 점령해 군사 기지와 보급 기지로 활용했던 것이다.

19세기 후반 오스트레일리아에서 금광맥이 발견되자 영국으로부터 이민 인구가 폭발적으로 증가했고, 1901년 오스트레일리아는 정식으로 영국의 연방에 편입되었다. 독립전쟁 이후 미국은 한동안 대외 불간섭 원칙을 고수하며 남북부 통합과 국내 산업화 정책에 몰두했다. 미국은 19세기 후반부터 자본주의 발달로 활발한 대외 진출을 시도하면서 기존 제국주의 열강들과 한판 승부가 불가피한 상황이었다.

신흥 강대국 미국의 첫 번째 희생양은 당시 눈에 띄게 국력이 약해진 스페인이었다. 스페인 식민지였던 쿠바의 아바나항에 정박 중이던 미국 군함 메인호가 폭발하는 사고가 일어난 것이다. 이를 계기로 미국-스페인 전쟁이 일어났고, 미국은 일방적인 승리를 거두고 쿠바, 필리핀, 괌을 스페인으로부터 할양받았다. 미국은 훗날 '태평양의 진주'라 불리는 하와이를 손에 넣어 태평양의 실질적인 지배자로 떠올랐다.

러일전쟁 1904~1905년

육·해전에서 러시아를 제압한 일본이 아시아의 강자로 부상

오랜 항해에 지치고 전의도 상실한 발틱 함대는 일본 함대에 전멸하는 수준으로 참패

19세기 후반, 유럽에서의 세력 확장에 한계를 느낀 러시아는 동쪽으로 관심을 돌렸다. 당시 청일전쟁에서 승리한 일본은 한반도를 발판으로 삼아 중국 대륙으로 진출하려는 야욕을 가지고 있었다. 일본은 조선과 만주의 지배권을 분할하자고 러시아에 제안했지만 러시아는 거절했다. 대신 자국의 만주 점령권과 조선의 중립 지대 설정을 요구하면서 협상이 결렬되었다.

조선과 만주의 지배권을 놓고 다투면서 두 나라의 관계는 점점 악화되었다. 결국 1904년 2월 8일, 일본 해군이 요동 반도의 여순항에 정박해 있던 러시아 함대를 기습 공격하면서 러일전쟁이 발발했다. 이어 다음 날, 일본군은 인천 앞바다에 대기 중인 러시아 군함 2척을 격침했다.

일본 육군은 한반도를 거쳐 압록강을 건너 만주로 북진했다. 일본군은 요양(遼陽)을 점령한 후 사하(沙河) 전투와 봉천(奉天) 전투에서 잇달아 러시아군을 물리침으로써 사실상 만주의 지배권을 확보했다. 유럽의 강국 러시아는 당연히 자국이 승리할 거라고 예상했지만 전황은 일본에 유리하게 흘러갔다.

동해에서는 일본군이 러시아군에게 수적으로 앞섰을 뿐만 아니라 일본 각지의 항구에서 즉각 지원군을 보낼 수도 있었다. 하지만 당시 러시아의 항구는 여순과 블라디보스토크 2개뿐이었다. 여순항의 러시아 함대도 서해에서 봉쇄당한 채 일본 함대의 공격에 속수무책으로 당할 수밖에 없었다. 시베리아 횡단 철도가 완성되지 않아 군수 물자의 보급 또한 제때 이루어지지 않았다.

러시아는 육전에서의 패배를 해전에서 만회하려고 발틱 함대를 동원해 반격에 나섰다. 5월 27~28일 이틀 동안 쓰시마 해협에서 치열한 해전을 펼쳤지만, 오랫동안 항해에 지치고 전의도 상실한 발틱 함대는 일본 함대에 전멸하는 수준으로 참패를 당했다.

러시아는 러일전쟁이 수세에 몰린 상황에서, 정부에 대한 불만으로 시위에 나선 노동자를 유혈 탄압한 '피의 일요일 사건'이 발생해 전쟁을 계속하기가 어려웠다. 일본도 장기간 전쟁을 수행하느라 전비 지출이 과다해서 국내 사정이 좋지 않았다.

1905년 9월 5일, 러시아와 일본은 미국의 중재로 포츠머스 강화

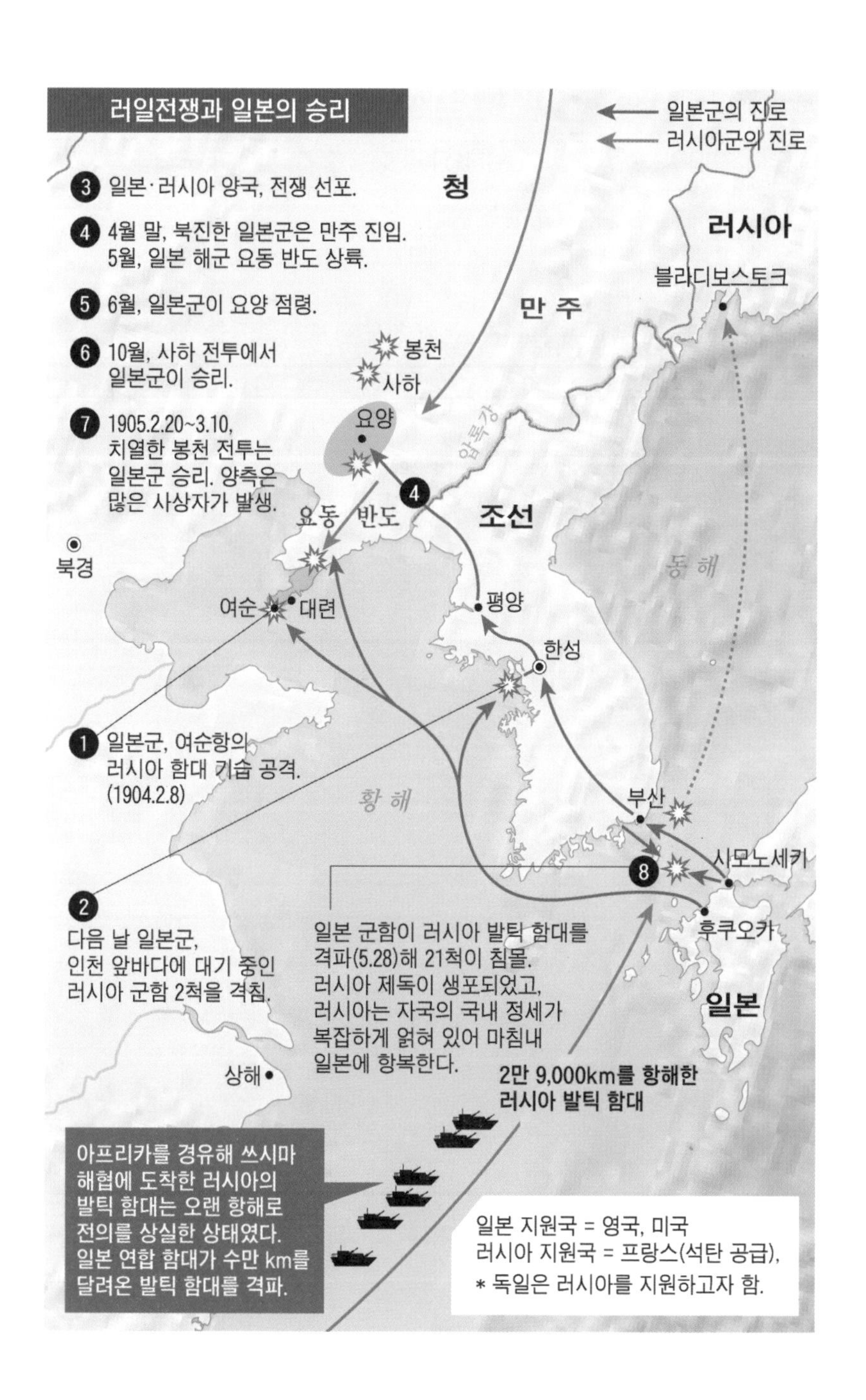
러일전쟁과 일본의 승리
일본군의 진로
러시아군의 진로
3 일본·러시아 양국, 전쟁 선포.
4 4월 말, 북진한 일본군은 만주 진입.
5월, 일본 해군 요동 반도 상륙.
5 6월, 일본군이 요양 점령.
6 10월, 사하 전투에서
일본군이 승리.
7 1905.2.20~3.10,
치열한 봉천 전투는
일본군 승리. 양측은
많은 사상자가 발생.
청
러시아
블라디보스토크
만 주
봉천
사하
요양
압록강
4
조선
요동 반도
북경
동 해
여순
대련
평양
한성
1 일본군, 여순항의
러시아 함대 기습 공격.
(1904.2.8)
황 해
부산
시모노세키
8
후쿠오카
2
다음 날 일본군,
인천 앞바다에 대기 중인
러시아 군함 2척을 격침.
일본 군함이 러시아 발틱 함대를
격파(5.28)해 21척이 침몰.
러시아 제독이 생포되었고,
러시아는 자국의 국내 정세가
복잡하게 얽혀 있어 마침내
일본에 항복한다.
일본
상해
2만 9,000km를 항해한
러시아 발틱 함대
아프리카를 경유해 쓰시마
해협에 도착한 러시아의
발틱 함대는 오랜 항해로
전의를 상실한 상태였다.
일본 연합 함대가 수만 km를
달려온 발틱 함대를 격파.
일본 지원국 = 영국, 미국
러시아 지원국 = 프랑스(석탄 공급),
* 독일은 러시아를 지원하고자 함.

조약을 맺었다. 이로써 일본은 아시아의 강국으로 부상했고, 대한제국의 지배권을 인정받고 을사늑약을 강행할 수 있었다. 포츠머스 강화조약의 주요 내용은 다음과 같다.

1. 러시아는 대한제국에 대한 일본의 지도와 보호 조치를 승인한다.
2. 러시아는 관동주 조차지와 장춘-여순 간 철도를 일본에 양도한다.
3. 러시아는 북위 50도 이남의 사할린섬 남쪽을 일본에 양도한다.
4. 러시아는 동해, 오호츠크해 및 베링해 연안의 어업권을 일본에 양도한다.

제1차 러시아혁명 1905년

'피의 일요일 사건'을 계기로 노동자의 파업과 무장봉기 발발

1905년 1월 22일 일요일, 페테르그라드에서 노동자들은 8시간 노동제와 최저임금제 등을 요구하며 대규모 시위

20세기 초, 차르(황제)가 통치하던 제정 러시아는 실업자의 증가와 공황으로 인한 사회 불안, 저임금에 시달린 노동자들의 불만이 최고조에 달했다. 그들의 분노는 러일전쟁의 패배를 계기로 마침내 폭발해 1905년의 제1차 러시아혁명으로 이어졌다.

1905년 1월 22일 일요일, 페테르그라드에서 노동자들은 8시간 노동제와 최저임금제 등을 요구하며 대규모 시위를 벌였다. 차르의 초상화를 들고 시가행진을 하는 시위대를 향해 군인들이 대포와 총을 발포하여 수백 명이 죽고 수천 명이 다쳤다. 그렇지 않아도 정부에 대한 불신감이 날로 깊어지던 민중은 이 '피의 일요일 사건'을 계

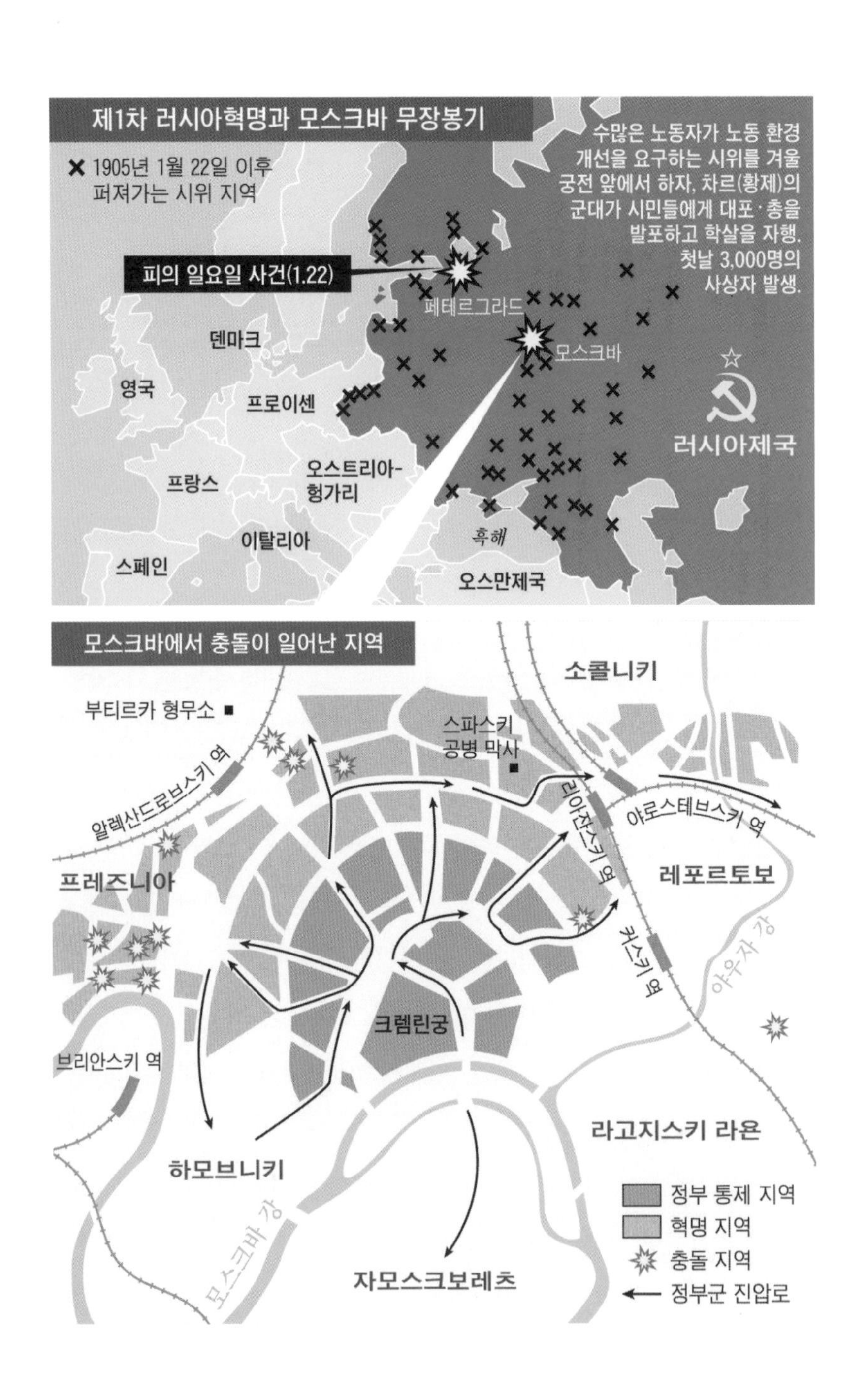
제1차 러시아혁명과 모스크바 무장봉기
× 1905년 1월 22일 이후 퍼져가는 시위 지역
수많은 노동자가 노동 환경 개선을 요구하는 시위를 겨울 궁전 앞에서 하자, 차르(황제)의 군대가 시민들에게 대포·총을 발포하고 학살을 자행. 첫날 3,000명의 사상자 발생.
피의 일요일 사건(1.22)
페테르그라드
모스크바
덴마크
영국
프로이센
프랑스
오스트리아-헝가리
이탈리아
스페인
흑해
오스만제국
러시아제국
모스크바에서 충돌이 일어난 지역
소콜니키
부티르카 형무소
스파스키 공병 막사
알렉산드로브스키 역
리아잔스키 역
야로스테브스키 역
레포르토보
프레즈니아
쿠르스키 역
아우자 강
크렘린궁
브리안스키 역
라고지스키 라욘
하모브니키
모스크바 강
자모스크보레츠
정부 통제 지역
혁명 지역
충돌 지역
정부군 진압로

기로 전국적인 파업에 들어갔고, 모스크바에서는 무장봉기로 발전했다.

각지에서 무장 시위대와 군대의 충돌이 끊이지 않았고, 10월에는 모스크바에서 노동자들의 대규모 총파업이 발생했다. 농민들까지 들고일어나 제1차 러시아혁명으로 발전했다. 마침내 니콜라이 2세는 국민의 기본권 인정, 선거에 의한 제헌의회 창설을 약속하는 '10월 선언'을 발표했다.

그러나 노동자와 농민들은 투쟁을 계속했다. 12월 7일, 모스크바에서 공장 노동자 5만 명이 모여 대규모 시위에 돌입했다. 시내는 전기가 끊겼고 모스크바 철도 대부분이 운행을 중지했다. 파업 정보를 사전에 입수한 정부는 비상사태를 선언하고 주요 활동가를 체포했다. 9일에는 크렘린궁을 중심으로 시내에서 본격적인 시가지 투쟁이 시작됐다. 무장한 민중과 정부군의 충돌은 모스크바강의 북부부터 서부 일대로 확산되었다.

한편 니콜라이 2세의 10월 선언으로 인해, 입헌정부를 요구해온 혁명 세력의 내부에 분열이 일어나면서 대규모 혁명은 끝나고 말았다. 12월 19일, 격렬한 전투 끝에 노동자와 농민의 무장봉기가 진압되면서 제1차 러시아혁명은 종언을 고했다.

혁명은 실패로 끝났지만, 1906년 5월에 최초로 간접선거에 의한 민선 의회인 두마(duma)가 구성되면서 민주적인 통치의 첫걸음을 뗄 수 있었다.

신해혁명 - 손문의 삼민주의 1911년

손문의 주도로 무장투쟁 전개, 청나라의 멸망과 중화민국 수립

손문은 도쿄 유학 중 중국동맹회를 결성해 신정부 수립을 목표로 혁명 투쟁을 전개

청나라 정부는 열강의 분할 통치에 따라 쇠퇴 일로를 걷게 되고, 그 때문에 민중의 불만이 고조되자 과거제 폐지와 국회 개설 등을 공약으로 내걸고 개혁을 시도했다. 그러나 개혁이 난항에 부딪치고 경제 상황도 나아지지 않자 새로운 정책을 들고 나왔다. 바로 철도 국유화 정책이었다.

청나라는 철도 부설에 필요한 경비를 외국의 차관 도입으로 조달하려고 했다. 그런데 차관 도입을 통한 철도 건설은 곧 철도가 외국 자본에 넘어간다는 것을 의미했다. 청나라 정부가 민영 철도 회사의 국유화를 시도하자, 철도 건설을 추진하던 사업가들이 무턱대고

신해혁명을 주도한 손문

이권을 외국에 넘기려는 정부의 행태에 거세게 반발했다. 그러나 청나라 정부는 외국과의 차관 계약에 서명했을 뿐 아니라 민영 철도 회사를 강제로 접수했다.

마침내 철도 국유화 반대 운동이 일어나 전국으로 확산되었다. 지방의 철도 회사는 국유화 정책을 취소하라고 요구했으나 청나라 정부는 시위대에 대한 강경 탄압으로 맞섰다. 광동성과 사천성에서 시위가 계속되면서 반정부 투쟁으로 확산될 조짐을 보이기 시작했다.

결국 1911년 10월, 무창(武昌)의 신군(서양식 군대)이 봉기하며 청나

신해혁명 - 청나라 멸망과 중화민국 수립
혁명에 동참한 지역
★ 주요 시위 및 혁명지
❶ 청나라는 외국과 차관 계약에 서명하고 민간인 철도 회사를 접수함. 영국, 프랑스, 미국, 독일 등은 호북성, 호남성 일대의 철도 부설권을 갖게 됨. 이에 국민의 철도 국유화 반대 운동이 전국적으로 확산.
길림성 (吉林省)
❺ 위안스카이는 청 황제를 퇴위시키고 대총통 취임.(1912.3.10)
외몽고(外蒙古)
淸(청)
봉천성(奉天省)
내몽고(內蒙古)
직례성 (直隸省)
조선 (일본)
철도 국유화 반대 운동이 무장 투쟁으로 확대되어 청나라는 강경 탄압과 학살을 자행. (1911.9) ❷
북경 (北京)
산서성 (山西省)
위해위 (영국)
황해
청도(독일)
산동성 (山東省)
감숙성(甘肅省)
중화민국 수립 후, 손문 임시 대총통 취임. (1912.1.1) ❹
하남성(河南省)
섬서성(陝西省)
강소성 (江蘇省)
안휘성 (安徽省)
남경 (南京)
상해 (上海)
호북성(湖北省)
사천성(四川省)
무창(武昌)
항주 (杭州)
최초 혁명지
절강성(浙江省)
강서성(江西省)
호남성(湖南省)
복건성(福建省)
귀주성(貴州省)
운남성 (雲南省)
광서성(廣西省)
광동성(廣東省)
대만 (일본)
광주 (廣州)
❸
홍콩 (영국)
마카오 (포르투갈)
1911년 10월, 청나라 군대에게 승리 후 혁명 정부를 수립하고 독립 선언.(타 지역도 독립 선언)
인도차이나 (프랑스)
남중국해

라로부터의 독립을 선언했다. 한 달 후에는 대부분의 성이 뒤를 따랐다. 이것을 신해혁명이라고 한다.

손문(孫文)은 신해혁명의 핵심 인물이었다. 그는 도쿄 유학 중 중국동맹회를 결성하여 신정부 수립을 목표로 혁명 투쟁을 전개했다. 이듬해인 1912년 1월 1일, 혁명파는 남경(南京)에서 손문을 임시 대총통으로 추대하고 손문의 삼민주의(三民主義)를 지도 이념으로 한 중화민국을 세웠다. 결국 선통제 부의(溥儀)가 퇴위당하며 청나라도 함께 멸망했다. 손문을 임시 대총통으로 하는 중화민국 임시정부가 수립되었으나 혁명 주체의 갈등과 군벌 간 항쟁으로 불안정한 상태가 계속됐다. 선통제 퇴위로 청나라를 멸망시키는 데 성공한 손문은 사임하고, 위안스카이가 3월 10일 대총통이 되었다.

혁명이 중반에 접어들 무렵 손문은 병으로 세상을 떴고, 이후 중국에는 만주사변을 비롯한 열강의 침략이 끊이질 않았다.

제1·2차 발칸 전쟁 1912~1913년

러시아가 지원한 발칸 동맹국은 오스만제국으로부터 독립 쟁취

세르비아 왕국이 발칸 반도의 강국으로 부상, 제1차 세계대전이 발발하는 불씨로 작용

발칸 전쟁은 발칸 반도의 기독교 국가들(트라키아 제외)을 오스만제국으로부터 해방시킨 전투이자 이후 유럽 열강과 주변국 사이에 거센 대립을 야기한 제1차 세계대전의 불씨로 작용했다.

이탈리아-오스만 전쟁으로 오스만제국의 약체화를 확인한 그리스, 세르비아, 불가리아는 1912년, 오스만제국에 선전포고를 날린다. 여기에 몬테네그로가 가세한 발칸동맹은 기독교도 구제와 마케도니아의 자치권 회복 등의 명분을 내세우며 제1차 발칸 전쟁을 개시했다.

1912년 10월, 발칸동맹은 유럽 열강의 제지에도 불구하고 러시

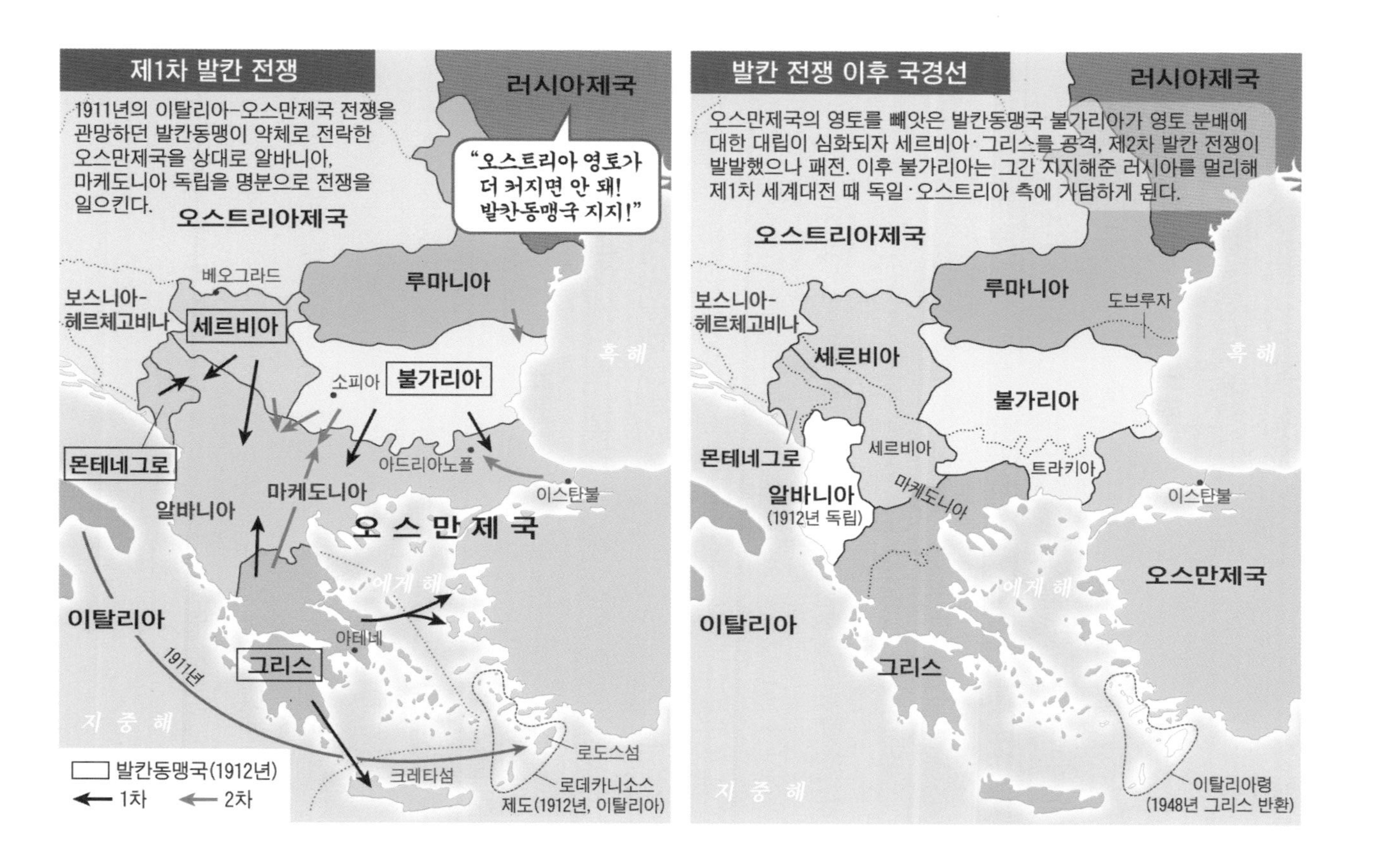
제1차 발칸 전쟁
1911년의 이탈리아-오스만제국 전쟁을 관망하던 발칸동맹이 약체로 전락한 오스만제국을 상대로 알바니아, 마케도니아 독립을 명분으로 전쟁을 일으킨다.
러시아제국
"오스트리아 영토가 더 커지면 안 돼! 발칸동맹국 지지!"
오스트리아제국
베오그라드
보스니아-헤르체고비나
세르비아
루마니아
소피아
불가리아
흑해
몬테네그로
아드리아노플
이스탄불
마케도니아
알바니아
오스만제국
에게해
이탈리아
아테네
그리스
1911년
지중해
로도스섬
크레타섬
로데카니소스 제도(1912년, 이탈리아)
발칸동맹국(1912년)
1차
2차
발칸 전쟁 이후 국경선
러시아제국
오스만제국의 영토를 빼앗은 발칸동맹국 불가리아가 영토 분배에 대한 대립이 심화되자 세르비아·그리스를 공격, 제2차 발칸 전쟁이 발발했으나 패전. 이후 불가리아는 그간 지지해준 러시아를 멀리해 제1차 세계대전 때 독일·오스트리아 측에 가담하게 된다.
오스트리아제국
보스니아-헤르체고비나
루마니아
도브루자
세르비아
흑해
불가리아
몬테네그로
세르비아
트라키아
이스탄불
알바니아
(1912년 독립)
마케도니아
오스만제국
에게해
이탈리아
그리스
지중해
이탈리아령
(1948년 그리스 반환)

아의지원을 받아 오스만제국과 전쟁을 개시했다. 패전을 거듭한 오스만제국은 발칸동맹국에 휴전을 요청해 런던에서 강화회의가 열렸다. 이후 협상이 교착 상태에 빠지면서 다시 전투가 벌어졌으나 1913년 5월, 휴전 협정을 맺고 전쟁에 종지부를 찍었다. 발칸 반도의 지배자에서 패전국으로 전락한 오스만제국은 강화조약에 따라 이스탄불 주변 지역을 제외하고, 유럽 대륙의 식민지와 크레타섬을 발칸 동맹국에 넘겼다.

그런데 강화조약에서의 영토 배분을 둘러싸고 발칸동맹국 내부에 심각한 대립이 발생했다. 결국 마케도니아 지방을 독차지하려는 불가리아가 1913년 6월 29일, 세르비아 왕국과 그리스 왕국을 공격함으로써 제2차 발칸 전쟁이 일어났다. 여기에 발칸동맹국들 대부분이 불가리아 반대편에 서면서 전쟁은 한 달 만에 종결되었다.

전쟁과 외교에서 모두 참패한 불가리아는 그해 8월에 부쿠레슈티 조약을 맺고 마케도니아를 그리스 왕국과 세르비아 왕국에 넘겨줄 수밖에 없었다. 전쟁 결과 불가리아는 제1차 발칸 전쟁을 통해 획득한 영토를 모두 잃었고, 세르비아 왕국이 발칸 반도의 강국으로 부상하면서 제1차 세계대전의 불씨를 남기게 되었다.

오스만제국은 제2차 발칸 전쟁에서 승리를 거두었지만 식민 지배하던 영토의 대부분 국가가 독립하는 상황을 받아들여야만 했다. 그 결과 오스만제국은 발칸 전쟁 이후 발칸 반도의 지도에서 사라진다.

제1차 세계대전-타넨베르크 전투 1914년

사라예보에 울린 한 발의 총성이 독일과 러시아 전쟁의 신호탄

전쟁 초기에 병력과 군비에서 뒤졌던 독일은 통신을 도청한 정보를 이용해 러시아군을 괴멸

발칸 반도에서는 오스만제국이 물러난 후 다시 유럽 열강의 식민지 쟁탈전이 벌어졌다. 따라서 민족과 종교 문제가 복잡하게 얽혀 있는 발칸 반도에서 각국의 민족주의와 독립운동도 뜨겁게 달아오르고 있었다.

1914년 6월, 세르비아의 사라예보(현재 보스니아-헤르체고비나 수도)에서 오스트리아 황태자 부부 암살 사건이 발생했다. 오스트리아는 즉각 세르비아에 선전포고를 했고, 러시아가 발칸 반도의 강국으로 부상한 세르비아의 지원에 나섰다. 이에 오스트리아와 동맹 관계에 있던 독일이 러시아에 선전포고를 하면서 전쟁에 뛰어들었다. 한

독일군 8군 사령관 힌덴부르크,
1914년, 베를린 주립도서관

발의 총성이 유럽의 화약고에 불을 붙인 것이다.

제1차 세계대전 초기(1914년 8월 26일부터 8월 31일까지)에 발발한 독일과 러시아의 타넨베르크 전투는 단일 전투로는 인류 역사상 가장 큰 희생자를 낳은 전투로 알려져 있다. 1914년 8월, 렌넨캄프 대장이 이끄는 러시아 제1군과 삼소노프 대장이 이끄는 러시아 제2군이 독일의 동프로이센을 침공했다. 그 규모는 동부 전선에 병력을 거의 배치하지 않은 독일의 전투력을 압도하는 것이었다.

전쟁 초기 병력에서 뒤지는 독일은 러시아에 비해 통신 장비를 이용한 정보력에서 우세를 보이고 있었다. 《아집과 실패의 전쟁사》(에

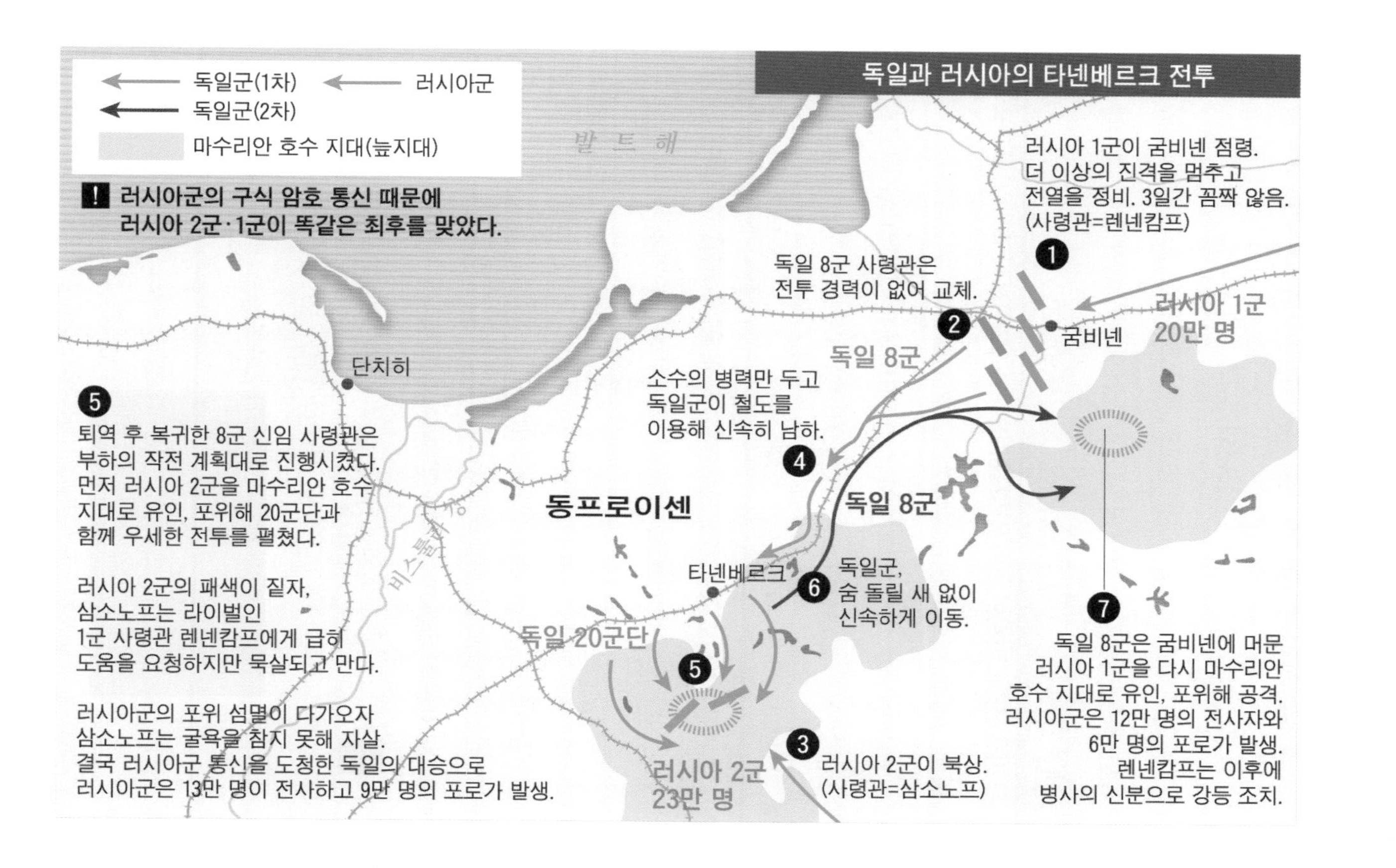
독일과 러시아의 타넨베르크 전투
독일군(1차)
러시아군
독일군(2차)
마수리안 호수 지대(늪지대)
발트 해
러시아군의 구식 암호 통신 때문에
러시아 2군·1군이 똑같은 최후를 맞았다.
러시아 1군이 굼비넨 점령.
더 이상의 진격을 멈추고
전열을 정비. 3일간 꼼짝 않음.
(사령관=렌넨캄프)
1
독일 8군 사령관은
전투 경력이 없어 교체.
2
러시아 1군
20만 명
굼비넨
독일 8군
단치히
소수의 병력만 두고
독일군이 철도를
이용해 신속히 남하.
4
5
퇴역 후 복귀한 8군 신임 사령관은
부하의 작전 계획대로 진행시켰다.
먼저 러시아 2군을 마수리안 호수
지대로 유인, 포위해 20군단과
함께 우세한 전투를 펼쳤다.
동프로이센
독일 8군
타넨베르크
6
독일군,
숨 돌릴 새 없이
신속하게 이동.
7
러시아 2군의 패색이 짙자,
삼소노프는 라이벌인
1군 사령관 렌넨캄프에게 급히
도움을 요청하지만 묵살되고 만다.
독일 20군단
5
독일 8군은 굼비넨에 머문
러시아 1군을 다시 마수리안
호수 지대로 유인, 포위해 공격.
러시아군은 12만 명의 전사자와
6만 명의 포로가 발생.
렌넨캄프는 이후에
병사의 신분으로 강등 조치.
러시아군의 포위 섬멸이 다가오자
삼소노프는 굴욕을 참지 못해 자살.
결국 러시아군 통신을 도청한 독일의 대승으로
러시아군은 13만 명이 전사하고 9만 명의 포로가 발생.
3
러시아 2군이 북상.
(사령관=삼소노프)
러시아 2군
23만 명

릭 두르슈미트 지음)에 따르면, 독일군은 러시아군의 통신을 도청한 정보를 전쟁에 이용했다. 러시아군의 두 지휘관(렌넨캄프와 삼소노프)의 라이벌 의식으로 인한 오랜 불화로, 삼소노프 대장의 제2군이 공격당할 경우 렌넨캄프 대장의 제1군이 엄호하러 오지 않을 것이라는 내용이었다.

도청을 통해 러시아군의 상황을 미리 알게 된 독일군은 지원군을 동원해 북쪽과 서쪽에서 러시아 제2군을 포위했다.

독일군의 정보대로 러시아 제1군은 굼비넨을 점령한 후 진격을 멈추고 진지를 구축했다. 독일 8군 사령관 힌덴부르크와 루덴도르프 참모장은 삼소노프의 러시아 제2군을 마수리안 호수 지대로 유인, 포위한 뒤 협공했다. 이 전투에서 러시아군은 약 13만 명이 전사했고, 9만 명이 포로가 되었다. 삼소노프 대장은 권총으로 자살했고, 총 23만 명에 이르던 러시아 제2군 중 약 2만 명만이 독일군의 포위에서 탈출했다.

러시아 제2군을 물리친 독일 8군은 렌넨캄프가 지휘하는 러시아 제1군마저 마수리안 호수 지대로 유인해 괴멸했다. 이 전투에서 패한 렌넨캄프는 직위 해제와 함께 병사 신분으로 강등당했다. 타넨베르크 전투에서 패해 러시아로 탈출한 병사들이 전한 전장의 참상과 패배가 내부의 혼란과 맞물리면서 러시아혁명이 일어났다.

제1차 세계대전 – 베르됭 전투 1916년

자동차를 동원한 살육전으로 70만 명이 희생된 '지옥 전쟁'

베르됭 전투 당시 독일의 공격으로 철도가 파괴되자 프랑스는 자동차(트럭)로 병력과 군수물자를 보급

베르됭 전투는 1916년 프랑스의 소도시 베르됭에서 프랑스군과 독일군이 치른 전투로, 제1차 세계대전 때 가장 많은 희생자를 낸 '지옥의 전쟁'이라 불린다.

여러 전선에서 오랜 전투로 반전 분위기가 고조되던 독일은 프랑스에 조기 화평을 강요하기 위해 1916년 2월에 베르됭 요새를 공격했다. 처음에는 프랑스군의 전력 소모가 목적이었던 이 전투는 하지만 결과적으로 70여만 명의 엄청난 사상자를 낳은 최악의 격전이 되고 말았다.

독일군은 1916년 2월 21일, 약 1,200문에 이르는 화포 부대와 최정에 사단을 투입해 집중적인 공격을 퍼부었다. 공격 개시 후 불과 4일 만에 프랑스군의 전사자가 10여만 명에 이르렀고, 25일에는 베르됭을 지키는 전방 보루였던 두오몽 요새가 함락되었다.

독일의 기습적인 선제공격으로 두오몽 요새가 점령당하자 위기감을 느낀 프랑스는 필리프 페탱 장군의 지휘 아래 보급로를 통해 수천 대의 트럭을 동원하고 예비 병력과 군수물자를 적극적으로 전선에 투입해 독일군의 공격을 저지했다. 소모전을 노린 독일과 같은 전술로 격퇴하려고 했던 것이다. 프랑스가 의외로 강하게 반격하자 독일 황제 빌헬름 2세는 본래 목적인 소모전에서 베르됭 점령으로 수정하고 병력 증강을 명령했다.

프랑스도 소모전을 성공적으로 이끌었던 페탱을 후방으로 빼내고 공격주의를 신봉하는 니벨 장군을 2군 지휘관으로 임명했다.

이때부터 독일군과 프랑스군은 뫼즈강 동서쪽 언덕과 능선을 사이에 두고 제1차 세계대전 사상 가장 길고 참혹한 전투를 치르게 된다. 결국 서부 전선에서는 영국이 참전해 대대적인 공세를 퍼붓고, 동부 전선에서는 잠잠하던 러시아가 공격을 개시해 전세를 역전시켰다. 독일이 더 이상 베르됭에 매달릴 수 없는 상황에서 프랑스는 10월에 대대적인 공격을 감행해 베르됭 전투의 상징이었던 두오몽 요새를 탈환하는 데 성공했다. 프랑스의 승리로 막을 내린 전투에서 독일은 33만 명, 프랑스는 37만 명 이상이라는 어마어마한 사상자를 냈다.

베르됭 전투 당시 독일의 공격으로 철도를 못 쓰게 된 프랑스는

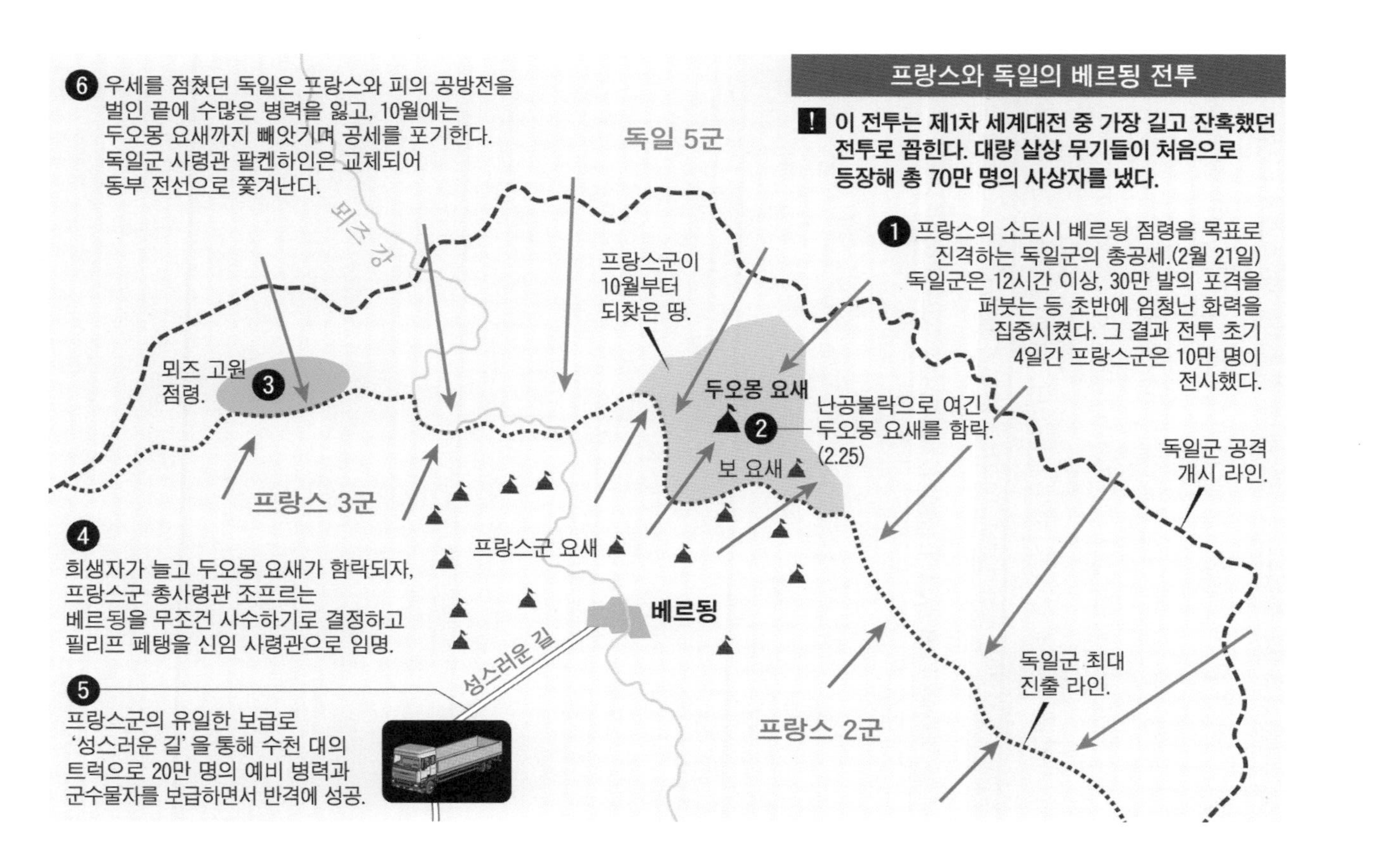

프랑스와 독일의 베르됭 전투
! 이 전투는 제1차 세계대전 중 가장 길고 잔혹했던 전투로 꼽힌다. 대량 살상 무기들이 처음으로 등장해 총 70만 명의 사상자를 냈다.
1 프랑스의 소도시 베르됭 점령을 목표로 진격하는 독일군의 총공세.(2월 21일) 독일군은 12시간 이상, 30만 발의 포격을 퍼붓는 등 초반에 엄청난 화력을 집중시켰다. 그 결과 전투 초기 4일간 프랑스군은 10만 명이 전사했다.
2 난공불락으로 여긴 두오몽 요새를 함락. (2.25)
3 뫼즈 고원 점령.
4 희생자가 늘고 두오몽 요새가 함락되자, 프랑스군 총사령관 조프르는 베르됭을 무조건 사수하기로 결정하고 필리프 페탱을 신임 사령관으로 임명.
5 프랑스군의 유일한 보급로 '성스러운 길'을 통해 수천 대의 트럭으로 20만 명의 예비 병력과 군수물자를 보급하면서 반격에 성공.
6 우세를 점쳤던 독일은 프랑스와 피의 공방전을 벌인 끝에 수많은 병력을 잃고, 10월에는 두오몽 요새까지 빼앗기며 공세를 포기한다. 독일군 사령관 팔켄하인은 교체되어 동부 전선으로 쫓겨난다.
독일 5군
뫼즈 강
프랑스군이 10월부터 되찾은 땅.
두오몽 요새
보 요새
독일군 공격 개시 라인.
프랑스 3군
프랑스군 요새
베르됭
성스러운 길
독일군 최대 진출 라인.
프랑스 2군

'성스러운 길'이라 불리는 도로를 통해 자동차(트럭)로 병력 수십만 명과 막대한 군수물자를 보급했다. 프랑스는 자동차를 전투에 적극적으로 활용한 덕분에 베르됭을 사수하는 데 성공했다.

자동차가 사용된 최초의 공방전인 베르됭 전투는 자동차의 군사적 가치를 각국에 알리는 계기가 되었다. 그런데 자동차가 전투에 중요한 병기로 등장함으로써, 소규모 전투가 대규모 전투로 확대되는 등 양측의 피해 규모가 늘어나는 부작용은 필연적이었다.

제2차 러시아혁명 - 레닌의 볼셰비키 혁명 1917년

레닌이 볼셰비키의 무장투쟁으로 세계 최초로 사회주의 정권 수립

볼셰비키를 이끄는 레닌이 11월 무장혁명으로
세계 최초로 사회주의 정권의 러시아혁명을 완성

제1차 세계대전이 시작되자 러시아의 수도 페트로그라드는 밀가루 반입량이 절반으로 줄어듦에 따라 보급제로 식량을 나눠주는 등 민중의 삶이 전반적으로 어려움에 빠졌다. 사람들은 매서운 추위 속에서 빵과 우유를 구하기 위해 새벽부터 밤까지 상점 앞에 줄을 서야만 했다. 도심 곳곳의 거리는 가난하고 굶주린 사람들이 내뱉는 불만의 목소리로 가득 찼다.

1917년 3월 8일(러시아력으로 2월 23일), 식량 부족으로 배급이 중단되자 시민들은 영하 20도 밑으로 떨어진 추위에도 아랑곳하지 않고 빵을 요구하며 시위에 들어갔다. 노동자 거주 구역인 비보르크 지

러시아 스몰니에서의 레닌,
1925년 이전, Isaak Brodsky, W-C

구의 여성 노동자들 또한 빵 부족에 항의하며 파업에 들어갔다. 빵과 우유를 요구하는 페트로그라드 여성 노동자들의 시위에 같은 처지의 노동자와 농민들이 가세하면서 대규모 시위로 확산되었다.

지도와 같이 비보르크구는 네바강을 사이에 두고 정부 각 부처가 있는 부유층 거주 구역과 마주 보고 있었다. 네바강 왼쪽은 페트로그라드의 중심지로 귀족들의 저택과 각 부처가 집중되어 있는 부유층 마을이었고, 오른쪽은 비보르크구로 공장과 감옥이 있는 노동자

빵 지급하라!

페트로그라드에서 일어난 제2차 러시아혁명

1917년 3월, 수도 페트로그라드에서 일어난 민중 혁명은 1차 세계대전의 장기화에 따른 거듭된 패전과 물자 부족에 불만을 품은 대규모 시위다. 3월 혁명으로 황제가 물러나고 임시정부가 수립되었지만 사회적 혼란이 계속 되었다. 이에 레닌이 11월 혁명을 일으켜 세계 최초로 사회주의 정권을 수립했다.

마을이었다. 시위가 점차 과격해지면서 파업에 참여한 일부 사람들이 부유층 거주 구역으로 향했다.

심상치 않은 분위기를 감지한 당국은 미리 노동자 거주지로 연결된 다리를 봉쇄했다. 그러나 추위에 강물이 얼어 시위대는 다리 없이도 강을 건너 정부 청사와 부자 마을로 갈 수 있었다. 시위 대열은 고급 주택가의 상점을 습격했다. 러시아 민중의 시위는 전쟁에서 패하고 돌아온 일부 병사들이 참여하면서 노동자와 병사들의 소비에트 무력혁명으로 발전했다.

시위대의 기세가 가라앉지 않자 26일, 당국은 시내에 경계 태세를 발령했다. 데모대가 다시 거리에 집결하자 경찰과 군대가 포격을 개시했고 150명 이상의 사상자가 발생했다. 이 대규모 파업이 전국으로 확산되면서 제2차 러시아혁명이 일어났고, 이로써 제정 러시아는 종말을 맞이하고 말았다.

로마노프 왕조가 무너지고 민주주의 임시정부가 수립되었지만 국내 정세의 극심한 혼란은 수습되지 않았다. 이런 상황에서 볼셰비키를 이끄는 레닌이 11월(러시아력 10월) 무장혁명을 일으켜 세계 최초로 사회주의 정권을 수립하고 러시아혁명을 완성했다.

스페인 내전-인민전선과 군부의 대립 1936~1939년

우익 파시즘 세력이 지원한 프랑코 장군이 쿠데타에 성공

인민전선 내각은 반란군에 의해 붕괴되었고,
프랑코 장군은 내란을 끝내고 독재정치를 시작

스페인 내란(1936년 7월~1939년 3월)은 1936년 2월 선거에서 승리한 노동자 연합인 인민전선의 집권이 발단이 되었다. 선거에서 과반수로 승리한 사회주의 계열의 인민전선 정부는 토지 분배를 골자로 하는 사회 개혁 정책을 추진했다.

인민전선이 주도한 급진적인 사회주의 정책은 스페인의 전통적 기득권 세력인 교회, 지주 계층, 그리고 군부의 이익에 정면으로 도전하는 것이었다. 그리하여 인민전선 내각의 스페인 사회는 점점 불안정해지기 시작했다. 우익 파시즘을 추종하는 세력들이 노골적으로 인민전선 정부의 반대를 선동하거나 타도를 부추기는 행동에

스페인 내란 중 벨치테 전투 © Augusto Ferrer-Dalmau, W-C

나선 것이다.

그러던 중 1936년 7월, 파시즘을 지지하는 일부 군대가 스페인령 모로코에서 프랑코 장군의 지휘하에 쿠데타를 일으켰다. 그러자 스페인 각지에서 쿠데타에 동조하는 군사 반란이 잇달아 발발해 치열한 내전으로 발전했다.

프랑코군은 내란이 발발한 지 2개월도 못 되어 스페인 전역의 2분의 1에 해당하는 지역을 장악했다. 그러나 스페인 정부군이 수

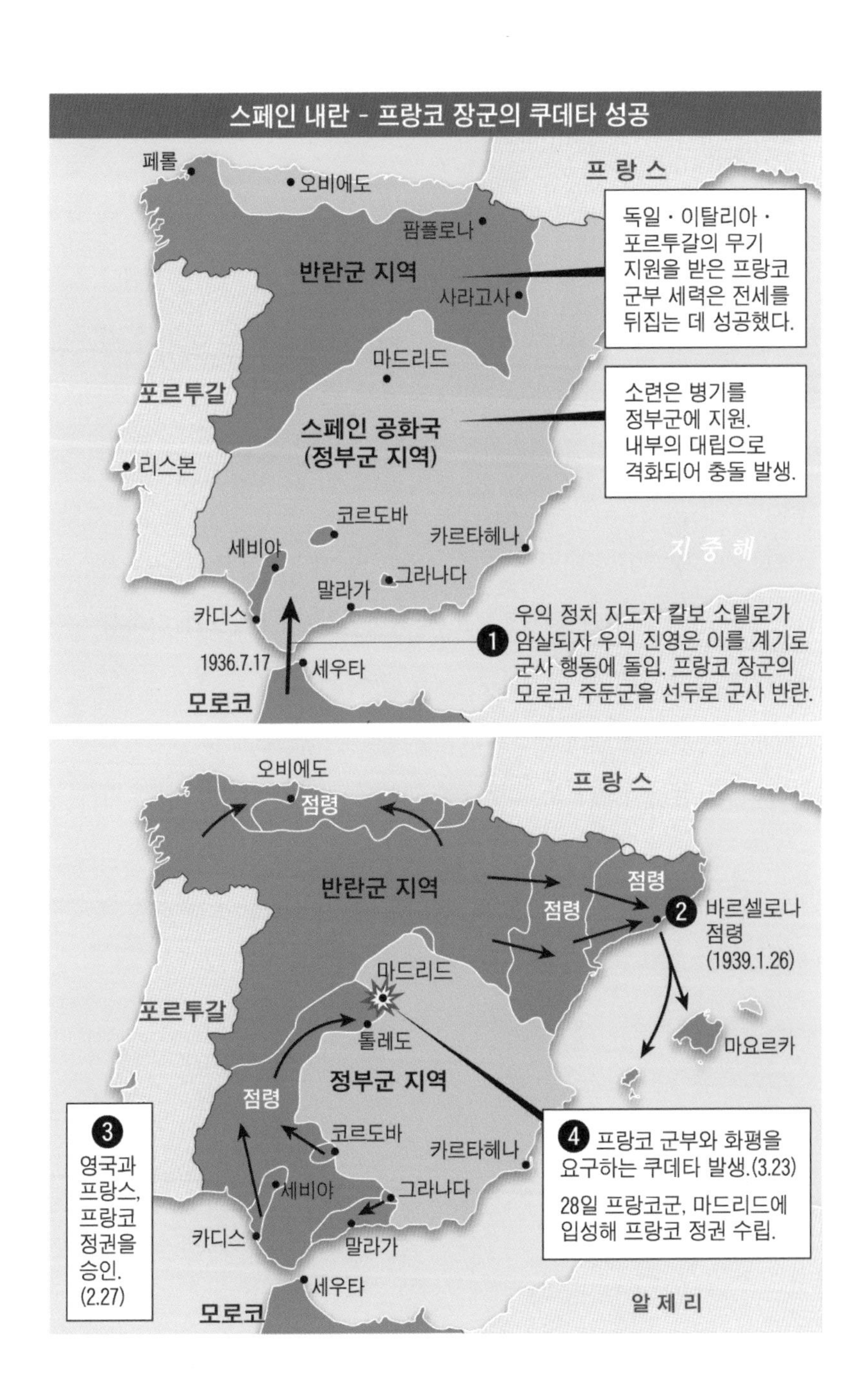

스페인 내란 - 프랑코 장군의 쿠데타 성공
페롤
오비에도
프랑스
독일 · 이탈리아 · 포르투갈의 무기 지원을 받은 프랑코 군부 세력은 전세를 뒤집는 데 성공했다.
팜플로나
반란군 지역
사라고사
마드리드
포르투갈
소련은 병기를 정부군에 지원. 내부의 대립으로 격화되어 충돌 발생.
스페인 공화국
(정부군 지역)
리스본
코르도바
카르타헤나
세비아
지중해
그라나다
말라가
카디스
우익 정치 지도자 칼보 소텔로가 암살되자 우익 진영은 이를 계기로 군사 행동에 돌입. 프랑코 장군의 모로코 주둔군을 선두로 군사 반란.
1936.7.17
세우타
모로코
오비에도
프랑스
점령
반란군 지역
점령
점령
바르셀로나 점령 (1939.1.26)
마드리드
포르투갈
톨레도
마요르카
정부군 지역
점령
영국과 프랑스, 프랑코 정권을 승인. (2.27)
코르도바
프랑코 군부와 화평을 요구하는 쿠데타 발생.(3.23)
28일 프랑코군, 마드리드에 입성해 프랑코 정권 수립.
카르타헤나
세비아
그라나다
카디스
말라가
세우타
모로코
알제리

도 마드리드와 바르셀로나 등 주요 도시를 장악하고 있어서 전세는 교착 상태에 들어갔다.

그러자 이 상황을 타개하기 위해 반란군 수장 프랑코 장군은 독일과 이탈리아에 지브롤터 해협으로 수송선과 수송기를 원조해달라고 요청했다. 이탈리아의 독재자 무솔리니는 프랑코 군부를 지원하기 위해 군수물자는 물론 병력도 일부 파견했다. 독일의 히틀러도 병력과 군수물자를 지원하는 등 스페인 내전에 적극적으로 개입했다.

사회주의 정권이 들어선 소련은 스페인의 인민전선 정부군을 지원하는 바람에 내전이 국제전으로 발전하면서 이데올로기 각축장이 되어버렸다.

결국 독일과 이탈리아 두 나라의 원조로 형세는 단숨에 역전되었다. 프랑코 장군이 이끄는 반란군은 기세를 몰아 1939년 1월에 바르셀로나를 점령하고, 3월에는 마드리드에 입성했다. 인민전선 내각은 반란군에 의해 붕괴되었고, 정권을 장악한 프랑코 장군은 스페인 내란을 끝내고 공포의 독재정치를 시작했다.

제2차 세계대전 – 독일과 소련의 폴란드 침공 1939년

독일 히틀러의 폴란드 침공이 2차 대전의 방아쇠를 당겼다

독일과 소련은 폴란드 전역을 양분한 상태로 점령, 결국 폴란드는 두 나라에 의해 다시 영토 분할

제1차 세계대전 이후 유럽 각국은 군사력을 앞세운 히틀러의 공세에 양보를 거듭했다. 히틀러의 목표는 제1차 세계대전의 패전으로 인한 베르사유 조약의 불공정을 바로잡고, 원래 독일의 영토를 회복하는 것이었다. 그래서 베르사유 조약으로 독립한 폴란드에 할양한 영토인, 폴란드 회랑에 있는 단치히와 독일 본토를 연결하는 도로를 건설하겠다고 나섰다. 그런데 독일이 단치히와 연결하는 치외법권의 도로를 건설하면 폴란드는 발트해로 나가는 통로가 봉쇄되기 때문에 도저히 수용할 수 없는 요구였다.

폴란드가 반발하자 영국을 비롯한 베르사유 조약의 당사국들이

독일과 소련의 폴란드 침공
히틀러는 제1차 세계대전 때 빼앗긴 자국의 영토 단치히의 할양과, 본토와 분리된 동프로이센을 잇는 연결도로 건설을 요구했으나 폴란드 정부는 단호하게 거절. 이에 독일이 폴란드를 침공하면서 제2차 세계대전이 발발하게 되었다.
핀란드
노르웨이
스웨덴
소비에트연방
(소련)
폴란드 회랑
리투아니아
덴마크
단치히
동
프로이센
2 9월 17일
침공
1
9월 1일
침공
폴 란 드
독일
보헤미아
메렌
슬로바키아
3
폴란드군은
더 이상 방어가
불가능해 중립국
으로 모두 대피.
폴란드 정부는 끝내
항복하지 않았다.
프랑스
오스트리아
헝가리
스위스
루마니아
유고슬라비아
이탈리아
4 1939년 10월 16일,
독일과 소련은 상호 합의하에
경계 조약을 맺고 폴란드를
분할 점령한다.
알바니아
터키
그리스

폴란드를 옹호하기 시작했다. 그러나 히틀러는 영국과 프랑스와 협상하는 과정에서 두 나라의 소극적인 태도를 보고, 영국과 프랑스가 폴란드를 위한 전쟁에 뛰어들 의지가 없음을 확신했다.

독일은 1939년 9월 1일, 폴란드 침공을 개시했다. 독일은 군대를 동프로이센에서 내려가는 북방군과 아래쪽의 남방군으로 나눠 양쪽에서 압박하는 형태로 바르샤바를 향해 진격했다. 독일의 우세한 공군력, 기갑부대, 포병대에 맞선 폴란드군은 상대가 되지 못하는 전력 탓에 남동부 국경 지대로 후퇴할 수밖에 없었다. 결국 전투는 겨우 2주 만에 끝났고, 폴란드 서부는 독일에 점령당했다.

소비에트연방(소련)은 독일의 갑작스러운 폴란드 침략을 수수방관할 수만은 없었다. 독·소불가침조약의 비밀 합의에 따라 폴란드에서 양국 간의 세력 범위를 정해두고 있었던 소련은 독일 침략의 여파로 자국의 세력권이 위협당할 처지에 놓였기 때문이다.

9월 17일, 소련은 지체할 사이도 없이 급하게 폴란드의 동부 지역을 침공했다. 유럽의 강국인 독일과 소련의 침공에 직면한 폴란드는 더 이상 자국 방어에 나설 능력도 의지도 사라져버렸다. 소련은 독일과 옥신각신한 결과 폴란드 동부 지역을 점령하는 데 성공했다.

폴란드는 루마니아 국경 지역의 교두보 방어가 더 이상 불가능해지자 모든 군대를 중립국인 루마니아로 긴급하게 대피시켰다. 이후 독일과 소련은 폴란드 전역을 양분한 상태로 점령했다. 히틀러의 무모한 폴란드 침략은 제2차 세계대전의 발단이 되었다.

제2차 세계대전 - 독일과 소련의 전쟁 1941년

소련 침공한 300만 독일 대군이 '겨울 추위'에 무릎을 꿇었다!

히틀러는 소련 공략을 위해 300만 대군을 북부군, 중부군, 남부군으로 나눠 총공세

제2차 세계대전이 시작되기 전, 독일과 소련은 독·소불가침조약을 체결하고 우호 관계를 맺었다. 이것은 독일과 소련이 폴란드의 분할 지배에 합의하고 상호안전보장 조약을 맺은 것이다. 독·소불가침조약은 독일이 폴란드를 침공하기 위해 취한 히틀러의 제스처에 불과했다.

독일이 폴란드를 점령하자 영국과 프랑스의 연합군이 참전을 선언하면서 제2차 세계대전의 방아쇠가 당겨졌다. 제2차 세계대전이 시작되자 독일은 파죽지세로 진격하면서 덴마크를 비롯한 주변국을 집어삼키며 유럽 대륙의 패권 장악을 노렸다. 이후 프랑스까지

아돌프 히틀러,
1938년, Bundesarchiv,
Bild 183-H1216-0500-002 /
CC-BY-SA

함락하고 대서양 건너 영국 침공에 나섰지만 실패한 다음, 독일의 총구는 곧바로 소련을 향했다.

마침내 1941년 6월, 독일은 독·소불가침조약을 무시한 채 소련을 침공했다. 히틀러는 소련 공략을 위해 300만 대군을 북부군, 중부군, 남부군으로 나눠 공격하는 '바르바로사' 작전을 실행했다. 신성로마제국 프리드리히 1세의 별명이었던 '바르바로사(붉은 수염)'를 작전명으로 삼았다.

독일은 개전 일주일 만에 북부군이 러시아군을 물리치며 드비나강에 도착했고, 중부군은 스몰렌스크를 공략했다. 한편 남부군은

독일과 소련의 전쟁과, 히틀러의 바르바로사 작전
독일 침공에 대비하여 소련군은 국경마다 막강한 전력을 집결했지만 전투 첫날 수많은 병사가 목숨을 잃는다.
히틀러는 독일군 300만 명을 동원해 전쟁의 승리를 낙관했다. 하지만 강추위가 일찍 시작돼 독일군의 보급 차질과 소련의 겨울 추위로 침공은 실패로 끝나고 말았다.
핀란드
레닌그라드
300만 명의 독일군이 소련 국경을 넘었다. (1941.6.22)
소비에트연방 (소련)
모스크바
드비나 강
2단계 진입
스몰렌스크
툴라
동 프로이센
북부군
1단계 진입
중부군, 스몰렌스크 공략에 성공.(7.16)
민스크
키예프 전투에 동참하느라 모스크바 진격이 늦어짐.
중부군
벨고르드
독일
10월 중순 키예프 점령. (소련군 포로 65만 명)
스탈리노
남부군
로스토프
헝가리
오데사
크림 반도
세바스토폴
루마니아
흑해

소련의 국경 부근에서 고전한 끝에 가까스로 키예프 근처까지 전진하는 데 성공했다.

여기서 히틀러는 작전을 변경했다. 그는 모스크바를 향해 진격 중이던 중부군에게 목적지를 잠시 키예프로 변경하라고 명령했다. 키예프에 주둔하고 있는 소련의 주력 부대를 협공으로 물리칠 생각이었던 것이다.

8월 말부터 한 달간 계속된 격전 끝에 독일군은 키예프 전투에서 승리를 거두었다. 하지만 이 전투에서 독일군은 막대한 전력을 잃었을 뿐만 아니라 너무 많은 시간을 소비했다. 동계전에 임할 준비가 안 된 독일군은 의외로 강한 소련군의 저항에 일진일퇴를 거듭하며 전선에서 겨울을 맞고 말았다.

소련 공략을 목표로 순조롭게 나아가던 독일은 모스크바 공략을 목전에 두고 군수물자의 보급 차질과 소련의 '겨울 추위'에 무릎을 꿇고 후퇴할 수밖에 없었다.

제2차 세계대전 - 노르망디 상륙 작전 1944년

아이젠하워가 지휘한 연합군이 제2차 대전의 승리자가 되었다

미국을 비롯한 연합군은 독일군을 패퇴시키고 유럽 대륙에서 제2차 세계대전을 종결

제2차 세계대전에 참전하지 않은 채 고립주의를 유지하며 군수물자의 수출과 지원으로 막대한 국부를 쌓은 미국은 경제 강국으로 급부상했다. 전쟁 중에 주로 연합군 측에 군수물자를 지원하던 미국이 영국과 소련으로 대량의 물자를 보내자 독일군과 연합군의 전력 차이는 더욱 크게 벌어졌다.

그러던 미국이 참전하게 된 결정적 계기는 일본의 하와이 진주만 폭격이었다. 1941년 12월 7일, 일본이 자국에 대한 석유 등의 금수 조치를 이유로 내세워 미국의 태평양 함대를 불시에 공격한 것이다.

노르망디 상륙 작전을 성공으로 이끈 미국의 34대 대통령 아이젠하워, 1959년, 아이젠하워 대통령 도서관(백악관)

일본과 태평양 전쟁을 수행하던 미국은 연합군의 일원으로 영국 등과 함께 나치 독일의 유럽 침탈 저지에 나섰다. 1944년 6월 6일, 연합군은 2년에 걸쳐 구상한 사상 최대의 상륙 작전을 개시했다. 당시 독일은 소련과의 전투에서 정예부대 대부분을 소모한 상태였고, 프랑스에 배치된 부대는 주로 보충병으로 연합군의 상대가 되지 않았다.

미국과 영국을 주축으로 결성된 연합군이 감행한 북프랑스의 노르망디 상륙 작전은 독일 본토를 직접 공격할 수 있는 교두보를 마련하기 위함이었다. 연합군은 노르망디 상륙 작전을 위해 독일군의

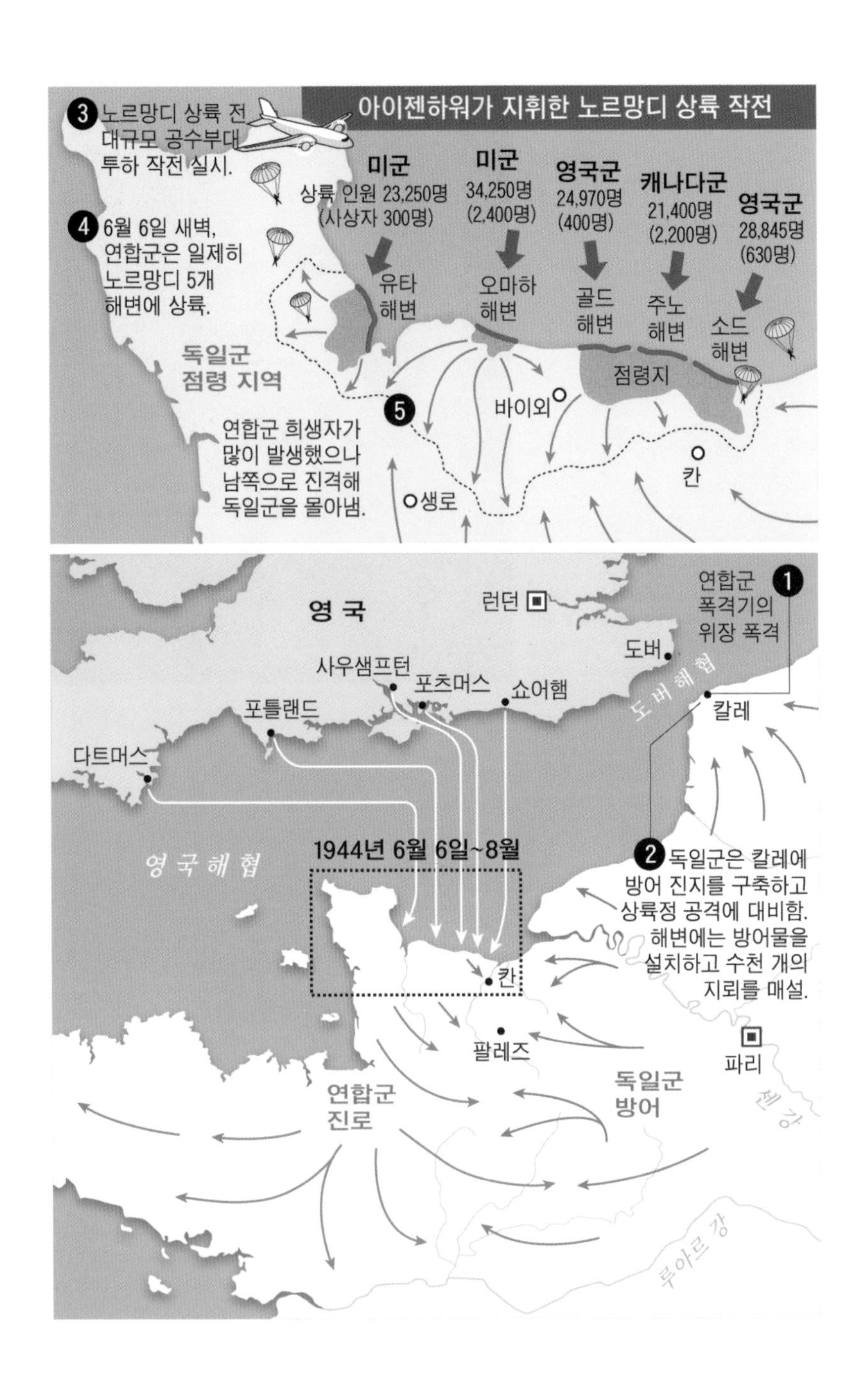
아이젠하워가 지휘한 노르망디 상륙 작전
3 노르망디 상륙 전 대규모 공수부대 투하 작전 실시.
4 6월 6일 새벽, 연합군은 일제히 노르망디 5개 해변에 상륙.
미군
상륙 인원 23,250명
(사상자 300명)
미군
34,250명
(2,400명)
영국군
24,970명
(400명)
캐나다군
21,400명
(2,200명)
영국군
28,845명
(630명)
유타 해변
오마하 해변
골드 해변
주노 해변
소드 해변
독일군 점령 지역
점령지
바이외
5
연합군 희생자가 많이 발생했으나 남쪽으로 진격해 독일군을 몰아냄.
칸
생로
영 국
런던
연합군 폭격기의 위장 폭격
1
도버
도버해협
사우샘프턴
포츠머스
쇼어햄
칼레
포틀랜드
다트머스
영국해협
1944년 6월 6일~8월
2 독일군은 칼레에 방어 진지를 구축하고 상륙정 공격에 대비함. 해변에는 방어물을 설치하고 수천 개의 지뢰를 매설.
칸
팔레즈
파리
독일군 방어
연합군 진로
센 강
루아르 강

보급로를 차단하는 동시에 칼레 침공 작전을 흘리며 독일군의 전력을 분산시키는 기만전술을 전개했다.

마침내 1944년 6월 6일 새벽, 미국의 아이젠하워 장군이 총지휘하는 연합군은 함선 6,500여 척, 비행기 1만 2,000여 대를 동원해 13~4만 명의 병력을 노르망디 해변에 상륙시켰다. 연합군은 다섯 군데 해변으로 일제히 상륙한 다음 견고한 요새를 구축했다. 이어서 독일군의 저항 거점인 칸 등의 탈환을 목표로 삼아 공격에 나섰다.

상륙 작전에 성공한 연합군은 전투가 치러진 노르망디의 지역적 특징인 높은 언덕에 자리 잡은 독일군을 향해 대규모 화력을 집중했다. 한 달 뒤인 7월, 칸에서 독일군을 몰아내는 데 성공한 연합군은 이어서 벌어진 팔레즈 전투에서도 독일군 포위 작전을 펼쳐 대승을 거두었다.

독일군의 필사적인 저항으로 약 2개월이 소요된 노르망디 상륙 작전은 그렇게 막을 내렸다. 노르망디 상륙 작전의 성공을 발판으로 연합군은 프랑스 영토 내의 독일군을 궁지에 몰아넣었고, 1944년 8월 25일, 마침내 파리를 탈환하게 된다. 이후 미국을 비롯한 연합군은 연전연승하며 독일군을 패퇴시키고 유럽 대륙에서 제2차 세계대전의 승리자가 되었다.

지도로 읽는다
세계사 명장면 97 지식도감

초판 1쇄 발행 | 2017년 6월 14일
개정판 1쇄 발행 | 2024년 8월 23일

지은이 | 역사미스터리클럽
펴낸이 | 황보태수
기획 | 박금희
편집 | 오윤
교열 | 이동복
마케팅 | 유인철
디자인 | 김민정
지도 | 김태욱
지도수정 | 박해리
인쇄 | 한영문화사
제본 | 한영제책

펴낸곳 | 이다미디어
주소 | 경기도 고양시 일산동구 강석로 45, 2층 3호
전화 | (02) 3142-9612
팩스 | 070-7547-5181
이메일 | idamedia77@hanmail.net

ISBN 979-11-6394-068-5
978-89-94597-65-2 (세트)